尚書覈詁

楊筠如 著　黃懷信 標校

鳳凰出版社

圖書在版編目（CIP）數據

尚書覈詁 / 楊筠如著 ； 黄懷信標校. -- 南京 : 鳳凰出版社, 2022.7

ISBN 978-7-5506-3686-6

Ⅰ. ①尚… Ⅱ. ①楊… ②黄… Ⅲ. ①中國歷史一商周時代②《尚書》一研究 Ⅳ. ①K221.04

中國版本圖書館CIP數據核字(2022)第097551號

書　　名	尚書覈詁
著　　者	楊筠如 著　黄懷信 標校
責任編輯	孫　州
裝幀設計	陳貴子
出版發行	鳳凰出版社(原江蘇古籍出版社) 發行部電話025-83223462
出版社地址	江蘇省南京市中央路165號,郵編:210009
照　　排	南京理工出版信息技術有限公司
印　　刷	南京凱德印刷有限公司 江蘇省南京市江寧濱江開發區寶象路16號，郵編:210001
開　　本	880毫米×1230毫米　1/32
印　　張	12.5
字　　數	276千字
版　　次	2022年7月第1版
印　　次	2022年7月第1次印刷
標準書號	ISBN 978-7-5506-3686-6
定　　價	78.00圓 (本書凡印裝錯誤可向承印廠調换,電話:025-52603752)

新序

尚書覈詁這部書，是二十世紀尚書研究最重要的成果之一。王國維先生特爲撰序，以之與歷史上的孔傳、蔡傳相比，認爲其書「博採諸家，文約義盡，亦時出己見，不愧作者。其於近三百年之説，亦如漢魏諸家之有孔傳，宋人之有蔡傳。其優於蔡傳，亦猶蔡傳之優於孔傳。」這無疑是非常高的學術評價。

覈詁的作者楊筠如先生，湖南常德人，一九二五年考入清華國學研究院，爲研究院第一屆學生，王國維是當時的導師。他聽王國維講授尚書，於是選取覈詁爲研究題目。在那屆同學中，以經學爲題目的衹有他和杜鋼百（原名百煉），杜氏治經學史，致力經注的惟楊筠如先生一人。

如覈詁自序所述，他在清華期間草成了覈詁四卷的初稿。畢業後到南方福建。一九二七年將書的修訂稿寄回清華，王國維加批作序。這裏應該説明，尚書覈詁序大約是王國維最後一篇著作，文末署「丁卯四月」，即一九二七年五月。到六月二日，王國維就在昆明湖自沉了。這篇序又收進觀堂別集，文字和覈詁書前所印有不少出入，當係王國維自留底稿。看來序文曾經推敲修改，絶非草率應酬之作。

覈詁的首次面世，是在一九二八年，其一部分刊登在廣州中山大學語言歷史研究所周刊上。此後，楊筠如先生對書的内容反復修改補訂。特别是自序提到的，他於一九三三年到河南大學任教，以此書作爲講義，其間吸收了同時學者，包括他在清華的同學高亨、裴學海的見解，使覈詁益加充實。由此足見這部書實爲作者多年精力所萃。

我在一九四九年前後見到的尚書覈詁，又是一種本子。這是北强月刊的特輯，有覈詁的前半，與裴學海的老子正詁合印在一起。這個本子我多次閲讀，極多獲益，直到一九五九年陝西人民出版社覈詁全本的印行。

尚書覈詁的一九五九年版是四卷全本，但僅印兩千册，流傳有限。尤其是大家都知道那時的物質條件，紙墨都不理想，也難免有誤植之處。我自己收藏的一部，儘管着意保護，還是有不少地方焦酥裂碎了。

「文革」過後，屢次有朋友或學生詢問怎樣能得到尚書覈詁。一次我在西安會晤陝西人民出版社領導，談到學術界這方面的要求，蒙其慨允重版，並托我協助整理，在當時還很不方便的情況下，提供我一部複印本，以資校改。然而我工作繁多，竟再三拖延，未能着手，内心常覺愧疚。前些時候，我把這項工作轉托給黄懷信教授，他欣然允可，旋即全力投入，終使此書新版順利付梓。

由黄懷信教授負責覈詁的整理，是再適當也没有的。他多年研究和整理古籍，廣有經驗，對尚書更下過很大功夫，著有尚書注訓。同時他是西北大學出身的，而楊筠如先生正終老於西大，整理覈詁可謂對母校傳統的推闡發揚。

近年關心中國傳統文化、讀尚書的人，多採用過去楊樹達先生推薦的曾運乾先生的尚書正讀。在臺灣的學者，多看屈萬里先生的尚書集釋。尚書覈詁的性質體例，又與曾、屈二氏不同，其特色在於不受家法師説束縛，擇善而從，而且儘可能引用甲骨金文等出土材料進行對比，在研究方法上完全遵循王國維先生的矩矱。王國維精研尚書，但没有寫出書注，楊筠如則最後撰成了覈詁。我們説，這就像朱子没有一部書傳，書集傳由其門人蔡沈承擔一樣，堪稱學術史上的美談，恐怕没有什麽過分吧。

王國維先生對書注懸格甚高，他在覈詁序文中説：「筠如英年力學，異日當加研求，著爲定本，使人人聞商周人之言如鄉人之相與語，而不苦古書之難讀。」這是注釋的最高境界。在具體對尚書的探索過程中，王國維又是十分謹慎，看其學生吴其昌、劉盼遂在清華聽講尚書的筆記，王國維對於經文的難點常常説「不解」「實不能解」「不能解釋」「不能知道」。楊筠如先生覈詁自序也説：「自信可通者，尚不過十之四五。求如先師所謂『如鄉人之相與語』者，尚未可以道里計也。」多聞闕疑，與其師一脉相承。這樣實事求是的精神，是我輩後學應該好好學習的。

謹此對陝西人民出版社重版尚書覈詁這一編輯排校都很費力的書，表示敬佩和感謝！

李學勤　二〇〇五年十二月九日

目録

王序

古經多難讀，而尚書爲最。伏生今文之學，其傳爲歐陽、大小夏侯，各有章句。而孔安國本傳伏生之學，别校以壁中古文，爲一家。傳至賈馬鄭王，各有修正。今今古文諸家之學並亡，然傳世之僞孔傳，殆可視爲集其大成者也。然有今古文之説，而經書之難讀如故也。僞孔之學，經六朝而專行于唐。而宋而歐陽永叔、劉原父始爲新學；而蘇氏之傳、王氏之新義、林氏之集解，皆脱注疏束縛，而以己意説經。朱子草創書傳，多採其説。朱傳雖未成，而蔡氏集傳可謂集其大成者也。蔡氏之書，立于學官者又數百年，然書之難讀仍如故也。至近世，閻、惠二氏始證明孔本及傳之僞，〔一〕王氏、江氏復搜輯馬、鄭之説，段氏、孫氏又博之以歐陽、夏侯氏之説，而高郵王氏父子，涵泳經文，求其義例，所得尤多。德清、瑞安，並宗其學，惜尚未有薈萃而畫一之如孔、蔡二傳者。惟長沙王氏雖有成書，然網羅衆説，無所折衷，亦頗以繁博爲病。門人常德楊筠如近作尚書覈詁，博採諸家，文約義盡，亦時出己見，不愧作者。其於近三百年之說，亦如漢魏諸家之有孔傳，宋人之有蔡傳；其優於蔡傳，亦猶蔡傳之優於孔傳，皆時爲之也。筠如英年力學，異日當加研求，著爲定本，使人人聞商周人之言如鄉人之相與語，而不苦古書之難讀，則孔、蔡二傳又不足道矣。丁卯四月，海寧王國維。

校勘記

〔一〕「僞」字舊誤「譌」，今改正。

自序

尚書非一時之作，其中方言非一代可賅。然皆遠出先秦，詞多雅古，自昔苦其詰屈，續學未能精知。博士馬、鄭而下，穎達、朱、蔡之儔，詮釋雖多，條達蓋寡。遜清樸學昌明，大師輩出，段若膺、陳樸園訂其異同，江艮庭、王西莊、孫淵如、簡竹居集其訓詁，而高郵王氏父子、德清俞氏、瑞安孫氏，抽繹諸經，尤多創獲。吾湘善化皮氏、長沙王氏，網羅異說，亦稱功臣。但既駢枝後出，爲新注所未收，而又膠柱陳言，即大師亦難免焉。先師海寧王静安先生講學故京上庠，以此循誘後進，博考甲文金銘，所獲遠邁前修。予於此時親炙師說，旁考遜清諸家，間附己見，草成覈詁四卷。先師頗奬其勤，而梁師任公先生亦許以高出江、王、孫、段四家之上。實則此時尚未獲籀仲容、益吾兩先生之書，其所搜録，尚多未備也。爾後南遊閩海，以暇晷復加讎削，重郵故京，蘄先師詳爲指政。承先師錫以序文，加以批語，甫歸予於鷺島，而先師即自沈於鼎湖。從此問字無門，痛心可想矣！翌年有羊城之遊，因以此書之一部，刊于中山大學語言歷史周刊。又得仲容、益吾二先生之書，知尚有可取者。重加訂補，由友人顧頡剛先生介于海上某書肆，擬付諸欹劂，質之大雅，以爲引玉之資。尋復悔其孟浪，索歸敝篋，決作覆瓿之計矣。癸酉之夏，北來中州，與同門高晉生先生相遇，取予舊稿讀之，勉其完成，以無負先師之意，因復取爲中州諸生課之。而晉生先生於堯典諸篇，時亦出其新誼。予因觸類旁通，復能間有所獲。同時若同門裴會川先生有尚書成語之研究，海城于省吾氏亦有尚書新證問世。裴書多彈聲韻，略近高郵；于書證以彝鼎，亦法先師。雖予獲讀二書較遲，未能盡採，但已擇其善者改予舊說，以視皮、王二氏之輯，似又稍備矣。然而自信可通者，尚不過十之四五。求如先師所謂「如鄉人之相與語」者，尚未可以道里計也。甲戌孟夏，楊筠如自序於河南大學。

凡例

一、本書對於僞古文尚書溢出今文二十八篇原文之外者，概行割愛不取，以省讀者之腦力，亦以原尚書之本來面目。

二、本書分篇，係根據馬、鄭本參以史記諸書，如盤庚分爲三篇，史公與鄭本相同，漢石經亦空一格，以示不相連屬，茲亦定爲三篇。康王之誥，大小夏侯及歐陽本與顧命合篇，茲仍馬、鄭本之舊，分「王若曰」以下爲康王之誥，故較今文二十八篇溢出三篇，實計三十一篇。

三、本書篇次，亦係根據馬、鄭本，故金縢次於大誥之前，與大傳之次序不同，粊誓亦移次吕刑之前，不從僞古文本。

四、本書既名覈詁，故對於各家師説，概不墨守，惟求與經旨相協，其文字異同，亦不專從一家一本。兼採今古文以及日本所藏古本、敦煌所出諸隸古定本，以取其長，而求其當。

五、本書爲求真起見，對於訓詁，務求有所根據，除甲文、金石文例之外，所用字義，皆用唐人以前之訓詁。每字上並標明所引原書，冀免鑿空之病。

六、本書僅於每句艱深之字加以考釋，不復逐字逐句詳爲解説，以免卷帙浩繁，反令讀者忘本經用意所在。惟對於異文，則大致並録，以備參考。

七、本書爲補救簡略之弊，採用新式符號，庶使句讀既明，文義自顯。

標校凡例

一、本書原版（陝西人民出版社一九五九年六月版）因諸種原因字迹不清且多誤字，今受李學勤先生委托進行整理。整理主要在標、校兩個方面，故曰「標校」，現校記皆置各卷之末。

二、本書原版用繁體字竪排而無標號（書名號、專有名號）及引號、頓號之類，今皆施加，以從規範，亦便閱讀。

三、尚書經文以民國十五年（一九二六）皕忍堂刊唐石經本及中華書局影印十三經注疏尚書正義本校對，因二本具有代表性，故於校勘記中合稱「諸本」。

四、因原書於尚書經文「不專從一家一本，兼採今古文以及日本所藏古本、敦煌所出諸隸古定本，以取其長」，故文字多與諸本異，今凡作者有意而改者，如「女（汝）」「烏（嗚）」「道（導）」「熒（滎）」「共（恭）」之類，皆從其舊，並於首出字下出校記以説明之；個别雖屬有意而改，但前後不一、或容易引起誤解者如「害（曷）」「宏（弘）」「大（太）」之類，則改從諸本，亦出校記。

五、雖屬有意而改，但覈詁内注明「今本作某」者，一般不出校。

六、原版無校勘價值、亦不影響作者本意之古體、異體字如「湼（汪）」「亯（享）」「濢（淄）」「渻（省）」之類，皆徑改爲正體，不出校。

七、凡經文異文、衍文、誤字而覈詁未指明者，皆視爲原版之誤而徑改，出校記。

八、經文斷句，除明顯屬印刷之誤者徑作改正外，一從其舊（標點或有改動），以體現作者對原文的理解。

九、注文（即覈詁）句讀，一般皆維持原貌，以保持作者舊有風格。

十、單字加引號以便利閲讀、避免誤解爲目的；凡引號内之單字，一般不再加單引號。

十一、凡主要引文皆查原書進行核對，誤者改之、脱者補之、衍者删之，不出校記。

十二、引非原文或引其大意者，一般不加引號，個别易引起誤解者除外。

十三、原版字迹之漫漶不清或造字不準者，今皆詳正。

十四、核對原書據用書目：

十三經之屬，據中華書局影印十三經注疏本；

二十四史之屬，據中華書局標點本；

二十二子之屬，據中華書局二十二子本；其他子書，皆據常見本。

尚書大傳，據叢書集成初編本；

西周金文，據中華書局殷周金文集成引得；

説文解字，據中華書局一篆一行本（或參上海古籍出版社影印段玉裁説文解字注本）；

國語及其韋注，據上海書店影印本；

逸周書，據四部叢刊本；

山海經，據上海古籍出版社袁柯校注本；

秦、漢諸碑，據中華書局隸釋隸續本；

三體石經，據上海古籍出版社尚書文字合編。

標校者

尚書覈詁　卷一

虞夏書

虞，舜國名；夏，禹國名。僞古文本題曰「虞書」。按正義引馬融、鄭玄、王肅真古文本及劉向別録俱題曰「虞夏書」。又尚書大傳亦於唐傳、虞傳、夏傳之前，各題「虞夏傳」三字，似今文本亦作「虞夏書」。

堯典第一

堯，唐帝名或號。典，説文：「大册也。」後世史之名典者本此。

曰若稽古，

曰，文選李善注作「粵」。粵、曰通用字。爾雅釋詁：「粵，曰也。」曰若，詞之「惟」也。逸武成：「粵若來三月。」小盂鼎：「雩若翌乙亥。」漢書王莽傳：「越若翌辛丑。」召誥：「越若來三月。」雩，吉金文「粵」字。粵、越古亦通用。曰、若兩字同義，用在文中者並猶「及」也。召誥「若翌日乙卯」，又曰「越翌日戊午」，王引之謂皆「及」義，是也。用在文首者，則並與「惟」同：大誥「越予小子」，猶惟予小子也；「越予沖人」，猶惟予沖人也。呂刑「若古有訓」，言惟古有訓也；吴語「伯父令汝來明紹享余一人，若余嘉之」，言惟余嘉之也。連用、單用並同可證。稽，小爾雅廣言：「考也。」則稽爲考義。漢書律曆志：「三代稽古，法度章焉。」師古曰：「稽，考也。」正與之同。又武紀元狩六年詔曰：「稽諸往古。」逸周書小明武解：「觀之以今，稽之以古。」其爲考古之義甚明。蓋「稽」借爲「卟」。説文：「卟，卜以問疑也。从口、卜，〔一〕讀與稽同。」引申之，故有考義。

帝堯曰放勳，

勳，説文作「勛」。孟子引堯典「放勳乃殂落」，又引「放勳曰：勞之來之」，是以「放勳」爲堯之名。馬融曰：「堯，謚也。放勳，堯名。」按檀弓：「死謚，周道也。」則周以前無之。先師王静安先生曾據吉金文以證文、武、成、康、昭、穆之非謚，近人更推至春秋以下，馬説自不足據。史紀三代世表謂號唐堯，蓋後人以「堯」爲帝號，而另予以「放勳」一名。

欽明文思安安，允恭克讓。

欽，爾雅釋詁：「敬也。」按欽，説文：「欠貌。从欠，金聲。」同門高晉生謂欽借爲「鈙」。説文：「鈙，持也。从攴，金聲。讀若琴。」鈙即持事敬慎之意，故从攴。敬亦从攴，是也。思，尚書考靈耀魏受禪表作「塞」。古惪、塞通用。皋陶謨「剛而塞」，説文引作「惪」。説文：「惪，實也。」〔二〕詩燕燕「其心塞淵」、定之方中「秉心塞淵」，並假「塞」爲之。思、寋、塞同部雙聲，思、塞並「寋」之假。安安，尚書考靈耀作「晏晏」。安、晏古通用字。哀六年左傳安孺子，漢書人表作晏孺子，即其證。説文：「安，竫也。从女在宀中。」爾雅釋訓：「晏晏，温和也。」安静、温和，其義並同。允，説文：「信也。从儿，㠯聲。」〔三〕高晉生謂説文「能」亦從㠯聲，足證允、能古音近，允亦能也。允恭克讓，謂能恭能讓也。讓，漢書藝文志作「攘」。説文：「攘，推也。」「讓，相責讓也。」則「攘」爲本字。

光被四表，格于上下。

光，漢書王褒傳、王莽傳並作「横」。禮樂志及禮緯含文嘉、成陽靈臺碑並作「廣」。按説文：「黄，从田从芨，芨亦聲。〔四〕芨，古文光。」是光、廣、横同聲通用。正義引釋言：「光，充也。」蓋以光爲「桄」假。説文：「桄，充也。」但其義仍以「光」爲長，立政「以覲文王之耿光」可證。格，後漢書明帝紀。順帝紀，白虎通禮樂篇並作「假」。格、假通用字。本書格字如「格人元龜」「格于皇天」「格于上帝」，史記並作「假」。説文作「徦」，云：「至也。从彳，叚聲。」按吉金文通作「各」，惟師虎敦作「𢓊」，庚羆卣作「𨒅」。方言：「𢓊，至也。」格者「𢓊」之假，「𢓊」又「各」之繁文。説文「各」從口夊，當是神祇來饗之意。引申之，凡來皆曰各。詩烈祖「以假以饗」「來假來饗」，楚茨「神保是饗」「神保是格」，格、饗同誼，猶信南山言「是烝是享」、潛「以享以祀」、載見「以孝以享」，烝、祀、孝同謂享也。論語言「禱爾于上下神祇」。合觀之，可以知「格于上下」之意也。

克明俊德，以親九族。

俊，大學引作「峻」。俊、峻通用字。說文：「俊，才千人也。」引申爲大義。夏小正：「俊也者，大也。」史記作「馴」，假「馴」爲「順」，微失經旨。九族，馬、鄭並謂上自高祖，下至玄孫。按禮記喪服小記：「親親以三爲五，以五爲九。」大傳又言「敬宗九族」，九族疑以同姓爲是。五經異義、白虎通謂父族四，母族三，妻族二，非也。

九族既睦，平章百姓。

睦，說文：「敬和也。」〔五〕平，史記作「便」，索隱：「一作辯。」後漢書劉愷傳、班固典引同作「辨」，白虎通姓名篇作「釆」。說文：「釆，讀若辨。」辨、辯同聲，平、便、辨亦通用，故下文「平秩」，史記作「便程」。鄭本「平」作「辯」，馬本「平」作「苹」，皆以聲近相假。鄭注：「辨，別也。章，明也。」百姓，吉金文止作「百生」。伯吉父盤「其惟諸侯百生」，史頌敦「里君百生」，王師謂百生即百官。考逸周書商誓解「昔及百官里居」，又曰「百姓里居」，「居」爲「君」字之譌。是「百姓」即百官之明證。但禮記諸侯納女于天子曰「備百姓」，「百姓」蓋畿内之衆諸侯，實直接統治之小部落也。

百姓昭明，協和萬邦，黎民於變，時雍。

昭，說文：「日明也。」協，說文：「衆之同和也。」史記作「合」。邦，史記、漢書並作「國」。黎，爾雅釋詁：「衆也。」按此黎民當即九黎之民。楚語「其後三苗復九黎之德，堯復育重、黎之後使復典之」，即「黎民於變」之事。嗣後乃沿用爲齊民之誼，非其朔也。於，高晉生謂猶「以」也。老子「夫慈以戰則勝」，韓非解老篇引「以」作「於」，即於、以同誼之證。時，是也，亦猶今言於是也。禹貢：「桑土既蠶，是降丘宅土。」詩葛覃：「是刈是濩。」王引之曰：「是，猶於是也。」變，漢書作「蕃」，孔宙碑作「天」，段玉裁謂即卞字。釋詁：「卞，樂也。」按盤庚「民用丕變」，與此誼同，從「變」爲長。雍，釋訓：「廱廱，和也。」

乃命羲、和，欽若昊天，歷象日月星辰，〔六〕敬授民時。

羲、和，即下文羲仲、羲叔、和仲、和叔也。若，釋詁：「善也。」釋言：「順也。」漢志作「順」。按卜辭每言「貞帝弗若」，又曰「則帝降若」；宣三年左傳「不逢不若」，昭廿六年左傳「王昏不若」，「若」並善也。莊子秋水「望洋向若而嘆」，司馬注以爲海神。文選西京賦「海若遊於玄渚」，薛注亦以爲海神。甲骨文作「」，疑本初民所奉之善神，訓善訓順，皆其後起誼也。曆，〔七〕釋詁：「數也。」大戴禮「帝嚳曆日月而迎送之」，是其義也。象，楚辭王注：「法也。」易繫辭：「天垂象，見吉凶，聖人則之。」「則」亦法也。史記曆書以曆爲推步學，象爲占驗學，斯二者之別矣。辰，昭七年左傳「日月之會是爲辰」，是也。民，今僞古文本作「人」，唐天寶三年衛包所改。史記、漢書及大傳鄭注並作「民」。

分命羲仲，宅嵎夷，曰暘谷。

宅，釋言：「居也。」漢石經作「度」。方言：「度，居也。」古音宅、度同。嵎夷，地名。說文土部作「堣夷」，山部作「嵎銕」，釋文引尚書考靈耀作「禺銕」，正義引夏侯等書作「嵎鐵」。「銕」，古鐵字。「鐵」乃「鐵」之譌作，餘並同聲通用字。說文：「嵎，封嵎之山，在吳楚之間，汪芒之國。」〔八〕與禹貢嵎夷在青州者不合。「堣，堣夷，在冀州陽谷」，則直據經文爲說。又隅，陬也。廣雅：「陬，角也。」堣、隅當即一字，謂海隅也。史記又作「郁夷」，禺、郁一聲之轉。章太炎先生謂郁夷即倭夷。詩四牡「周道倭遲」，漢書地理志倭作「郁」，是其證。暘，說文一作「崵」。史記索隱舊本作「湯谷」，淮南子「日出于湯谷」，並假「湯」爲之。說文：「暘，日出也。」

寅賓出日，平秩東作。

寅，假爲「夤」。說文：「夤，敬惕也。」集韻引書「夤淺内日」，亦作「夤」。賓，史記作「道」。說文：「儐，道也。」則讀賓爲「儐」。平，大傳作「辯」，白虎通作「辨」，史記作「便」。辨，別也。秩，察也。釋訓：「秩秩，清也。」釋言：「察，清也。」是秩、察誼同。說文「秩」作「豑」，爵之次弟也。史記作「程」。程、秩聲近通用。如詩巧言「秩秩大猷」，說文作「𢧤𢧤大猷」，即其證。按說文「秩」本訓積貌，積之必有次敘，故引申有清察之意。

日中、星鳥，以殷仲春。厥民析，鳥獸孳尾。

日中，晝夜長短相等也。鳥，星名，南方朱鳥七宿也。大傳：「主春者張昏中。」淮南主術訓：「三月昏張，其星中于南方。」朱熹曰：「中星或以象言，或以次言，或以星言。蓋星適當昏中，則以星言，如星虛、星昴是也；星不當中而適當其次者，則以次言，如星火是也；次不當中適界于兩次之間者，則以象言，如星鳥是也。」殷，廣雅：「正也。」仲，史記作「中」。厥，釋言：「其也。」析，高晉生謂析薪也。說文：「析，破木也，一曰折也。从木，从斤。」詩車舝「析其柞薪」、小弁「析薪杝矣」、南山「析薪如之何？非斧不克」，皆用析之本誼。蓋古者析薪在春初。周禮山虞春秋之斬木不禁，是春時可以伐木之證。孳，史記作「字」。廣雅：「孳，孿也。」孿，說文作「孿」，一乳兩子也。徐鍇繫傳：「孿，猶連也。」易小畜「有孚攣如」，釋文：「馬云『孿，連也』。」尾，史記作「微」。微者，「尾」之假字。論語微生高，國策假「微」爲「尾」，是其證。

申命羲叔宅南交。

申，釋詁：「重也。」王引之謂「宅南」爲句，「交」上「南」下有「曰大」二字。宅南，猶言宅西、宅朔方也。曰大交，猶言曰暘谷、曰昧谷、曰幽都也。通鑑前編引書大傳「中祀大交」，與「秋祀柳谷」「冬祀幽都」對文。鄭注：「南稱大交，書曰宅南交也。」大傳所稱，皆今文尚書；鄭注大傳所引，皆古文尚書：是古文作「交」，今文作「大交」也。按墨子節用篇、韓非十過篇並有「堯治天下，南撫交阯」之文，南交當即交阯，不必如王說另有大交也。竊謂「交」假爲「徼」。詩桑扈「彼交匪敖」，漢書五行志「交」作「徼」；論語「惡徼以爲智者」，〔九〕釋文：「徼，鄭本作絞。」是其證。史記平準書「或千里無亭徼」，集解引晉灼曰：「徼，塞也。」司馬相如傳：「南至牂牁爲徼。」漢書鄧通傳：「盜出徼外鑄錢。」則南徼即南之邊塞也。

平秩南僞，敬致。

僞，僞古文本作「訛」，史記作「爲」。按周禮馮相氏鄭注「辨秩南僞」，釋文：「僞，五禾反。」群經音辨：「僞，化也，音訛。」引書「平秩南僞」。則今古文並作「僞」。其本字當從史記作「爲」。甲骨文「爲」字，羅振玉先生謂象以象耕作之形，引申爲凡作爲字。致，釋言：「厎也。」〔一〇〕桓十七年左傳：「日官居卿以厎日。」〔一一〕考工記：「土圭尺有五寸以致日。」周禮馮相氏「致日」。說文：「致，送詣也。」按致兼迎、送二義。漢書五帝紀「存問致賜」，注：「致，送至也。」公孫弘傳「致利除害」，注：「致，謂引而至也。」如左傳之「致師」，引也、迎也。晉語、禮記之「致政」，歸也、還也。此處蓋兼二義。

日永，星火，以正仲夏。

永，釋詁：「長也。」夏至之日，晝長六十刻，夜短四十刻。火，星名。夏小正五月：「初昏，大火中。」

厥民因，鳥獸希革。

因，即古茵字。說文：「茵，車重席也。」古文弼字毛公鼎作「弻」，從因，番生敦作「弻」，因即席字。是因、席同誼之證。謂暑日而民織席也。希，假爲「晞」。方言：「晞，暴也。」革，說文：「獸皮治去其毛革，更之。」謂鳥獸羽毛脱落而暴露其皮革也。

分命和仲，宅西，曰昧谷。

分，史記作「申」。昧谷，大傳作「柳谷」。〔一二〕吴志虞翻傳注：「昧，古大篆作丣，鄭玄讀爲昧。」按説文分卯、丣二部，昧音與丣不近。王師謂説文劉、柳雖從丣得聲，但殷墟書契前編卷一第二十四葉「卯一牛」，卯即劉字，殺也。漢人亦稱劉爲卯金刀，蓋字本從卯。散氏盤柳字作「[illegible]」，石鼓文作「[illegible]」，亦均從卯，不從丣，蓋卯、丣本即一字，卯、昧同聲通用。詩小星「惟參與昴」，與下文「稠」「猶」叶韻，足證卯昧、劉柳古音本近，故得通用也。淮南子又作「蒙谷」，蒙、昧亦通用字。

寅餞納日，平秩西成。宵中、星虚，以殷仲秋。

餞，集韻引作「淺」。群經音辨同，謂「淺，送也、滅也」。按釋文引馬云滅也，似馬、鄭古文本作「淺」，大傳作「餞」，史記作「道」。陳喬樅謂「道」兼迎、送二義，周禮候人「爲導」，〔一三〕注云：「謂賓至而先導也。」孟子：「有故而去，則君使人導之出疆。」此送往而導之使去也。納，當本作「内」，大傳、史記並作「入」。古内、入通用。無專鼎「司徒南中右無專内門」，〔一四〕吴尊「宰朔右作册吴入門」，〔一五〕即其證。宵，釋言：「夜也。」宵中，亦謂晝夜相等。

厥民夷，鳥獸毛毨。

經典中常假「夷」爲「刈」。齊語：「時雨既降，〔一六〕挾其槍、刈、耨、鎛。」注：「刈，鎌也。」管子小匡：「惡金以鑄斤、斧、鉏、夷、鋸、斸。」〔一七〕注：「夷，鋤類也。」刈、夷同爲農具，即假「夷」爲「刈」之證。成十三年左傳「芟夷我農功」，隱六年「芟夷蘊崇之」，或訓傷，或訓殺，其本字並當爲「刈」。說文：「乂，芟草也，从丿與乀相交。刈，乂或从刀。」詩葛覃「是刈是濩」，此謂農功收穫也。毛，周禮司裘注作「毨」，釋文「毨」音毛。毨，說文：「鳥獸毛盛可選取以爲器用也。」簡朝亮謂毨、洗同義。白虎通：「洗者，鮮也。」漢書律曆志：「洗，潔也。」謂新生之羽毛鮮潔也。

申命和叔，宅朔方，曰幽都，平在朔易。

朔，釋訓：「北方也。」在，釋詁：「察也。」朔易，大傳、史記並作「伏物」。按大傳：「北方，伏方也。」是伏、朔同誼。「物」「易」則形之譌。鄒漢勛謂「易」當作「昒」。昒、昧、蔑、微，一聲之轉。廣雅：「昒，冥也。」王莽傳：「北巡以勸蓋藏。」〔一八〕蓋藏與冥伏義近。按「易」讀如字。孟子「易其田疇，薄其稅斂」，注：「易，治也。」竊謂「易」當訓爲疆場之「場」。詩信南山「疆場翼翼」，呂君碑「慎守畺易」，即場、易通用之證。疆場同指田之阡陌。廣雅：「場，界也。」詩傳：「場，畔也。」疆易其田疇，即孟子正經界之意。此謂秋成後而修築其疆易也。甲骨、吉金文「易」字頗象治土之器，或古本治疆之器歟。

日短，星昴，以正仲冬。厥民奥，鳥獸氄毛。

奥，僞古文本作「隩」，史記作「燠」。爾雅釋宮音義引尚書、說文並云：「奥，室也。」後漢書梁冀傳注：

「奥，深室也。」按豳風七月十月之下云「穹室熏鼠，塞向墐户。嗟我婦子，曰爲改歲，入此室處」，則奥正謂塞向墐户、修理房室之意。高晉生謂廣雅釋詁：「奥，藏也。」老子「道者，萬物之奥」，河上注：「奥，藏也。」奥、隩古通用。蒼頡篇：「隩，藏也。」厥民奥，謂其民冬時藏穀也。説文：「𢍜，宛也，室之西南隅。从宀，𢍜聲。」𡩡、𢍜聲不相近，奥之本義爲藏穀，字當作𡩡，從廾持米内宀中，其義尤勝。毴毛，説文毛部作「毴髦」，氄部作「褎毛」，漢書晁錯傳作「毳毛」。毴、毳古音同部。説文：「毴，毛盛也。毳，獸細毛也。」其字從三毛，亦毛盛之意。集韻「毴」或作「⿰鬲毛」。「褎」則聲近通假字也。

帝曰：「咨，女羲暨和！〔一九〕期三百有六旬有六日，〔二〇〕以閏月定四時，成歲。

咨，釋詁：「嗟也。」暨，釋詁：「與也。」字本作「臮」，説文引書「臮咎繇」可證。吉金文並作「」。期，説文作「稘」，復其時也。史記、漢書作「歲」。旬，説文：「徧也。十日爲旬。」有，假爲「又」。吉金文皆用本字。如寰盤「廿又八年」、鬲攸從鼎「隹卅又一年」等是。〔二一〕經典中則通以「有」代之。

允釐百工，庶績咸熙。」

允，王念孫謂猶「用」也。釐，詩箋：「理也。」史記作「飭」。易釋文：「飭，整治也。」工，詩傳：「官也。」熙，釋詁：「興也。」劇秦美新作「熹」。

帝曰：「疇咨若時登庸？」

疇，説文作「嚋，詞也。」段玉裁謂當作「誰詞也」。又謂尋此經之旨，當云「咨疇若時登庸」「咨疇若予采」，乃與「疇若予工」「疇若予上下草木鳥獸」一例。按段説是也。若，善也。時，是也。登，謂登記也。周禮小司徒：「使各登其鄉之衆寡六畜車輦」、司民「掌登萬民之數」、遂人「以歲時登其夫家之衆寡」，皆此誼。庸，謂勳庸也。晉語：「無功庸者不敢居高位。」周禮大司徒「以庸制録」，注：「庸，功也。」後漢書朱祐等傳注：「勳也。」

放齊曰：「胤子朱，啓明。」帝曰：「吁！嚚訟，可乎？」

放齊，堯臣名。胤，釋詁：「嗣也。」朱，説文作「絑」，即丹朱也。啓，史記作「開」。啓，開也。嚚，僖二十年左傳：「口不道忠信之言爲嚚。」訟，馬本作「庸」。古庸、頌通用。周禮注：「頌，或作庸。」儀禮注：「古文頌爲庸。」故訟、庸得相通假。説文：「訟，争也。」詩傳：「訩，訟也。」嚚訟，史記作「頑凶」。訩、凶通用字。

帝曰：「疇咨若予采？」驩兜曰：「都！共工方鳩僝功。」

采，事也。皋陶謨「載采采」，史記作「始事事」可證。按説文：「采，捋取也。」由捋取引申爲理事之意，因之而居官理事曰采，因官事而食之地亦曰采。驩兜，堯臣名。都，釋詁：「於也。」歎辭。共工亦堯臣名。昭十七年左傳共工氏以水紀，周語共工壅遏百川。方，説文人部作「仿」，辵部作「旁」。古文作「方」

者，今文並作「旁」。鳩，説文攴部作「救」，辵部作「逑」。高晉生謂「方」借爲「徬」。説文：「徬，附行也。」古亦以「放」爲「徬」。廣雅：「放，依也。」方、放、徬古並通用。鳩，借爲「軌」。廣雅：「軌，道也。」周語「度之于軌儀」，韋注：「軌，道也。」方鳩，猶今言循軌耳。僝，説文辵部作「孱」，字借爲「孨」。説文：「孨，謹也。」小爾雅：「功，事也。」詩、書多謂事爲功。僝功，猶今言慎事也。

帝曰：「吁！靖言庸違，象恭滔天。」

靖，巧也。僞古文本作「靜」。漢書翟義傳：「靜言令色。」吴志陸抗傳「靖譖庸回」，亦同。段玉裁謂僞孔傳凡「靖」皆訓謀，正義引爾雅釋詁：「靜，謀也。」爾雅本作「靖」，漢書王尊傳亦作「靖」，則作「靜」爲衛包所改。按「靜」假爲「靖」，乃三家異文，僞孔本之改字，不能即定爲出于衛包之手。史記「靖」作「善」。按秦誓「惟截截善諞言」，公羊傳「諞」作「竫」，潛夫論作「靖」。説文戈部引周書「戔戔巧言」，則直作「巧」也。文十八年左傳：「靖譖庸回。」吴志陸抗傳：「靖譖庸回，唐書攸戒。」是「言」一作「譖」。庸，與「訟」通，凶也。違，論衡亦作「回」。昭二十六年左傳「君無違德」，論衡亦作「回德」。國語韋注：「違，邪也。」文選李注：「回，邪僻也。」象，史記作「似」。滔，假爲「慆」。詩蕩「天降滔德」，毛傳：「滔，慢也。」白虎通：「滔天則司令舉過。」並假「滔」爲「慆」。詩東山「慆慆不歸」，御覽引作「滔滔」，即滔、慆通用之證。周語「無即慆淫」，韋注：「慆，慢也。」

帝曰：「咨，四岳！湯湯洪水方割，蕩蕩懷山襄陵，浩浩滔天。

四岳，四方諸侯之長也。下文「覲四岳群牧」，又曰「詢于四岳，咨十有二牧」，大傳「巡守四岳八伯」，皆謂四方諸侯之長。史記「湯湯洪水滔天，浩浩懷山襄陵」，與今本不同。皮錫瑞謂皋陶謨「鴻水滔天，〔二二〕浩浩懷山襄陵」，今文蓋與之同，只多「湯湯」二字。臧琳謂今文作「湯湯」，古文作「蕩蕩」，今本誤衍「蕩蕩」二字。按臧説是也。湯湯，詩傳：「水盛貌。」洪，石經作「鴻」。方，廣雅：「大也。」又與「旁」通。説文：「旁，溥也。」割，詩唐譜正義引作「害」。按「割」假爲「害」。大誥「天降割于我家」，馬本「割」作「害」，亦割、害通用之證。懷，漢書地理志作「褢」。説文：「褢，俠也。」段注：「俠當作夾。」亦部曰：「盜竊褢物也，从亦有所持。」襄，猶滅也。釋言：「襄，除也。」詩牆有茨「不可襄也」、出車「玁狁于襄」，並同此義。

下民其咨，有能俾乂？」

咨，史記作「憂」。有，猶誰也。有、或古通用。孟子「行或使之」「止或尼之」，詩鴟鴞「或敢侮予」，「或」並謂誰也。下文「有能奮庸，熙帝之載」，「有能典朕三禮」，並同此誼。俾，治也。俾與「比」通。詩皇矣「克順克比」，樂記「比」作「俾」；漸漸之石「俾滂沱矣」，論衡明雩「俾」作「比」，即其證。比又與「庀」通。魯語「夜庀其家事」，韋注：「治也。」左傳「子木使庀賦」，杜注：「治也。」書序「王俾榮伯作賄肅慎之命」，馬本「俾」作「辯」。辯亦治也。乂，説文作「嬖」，治也。王師謂嬖爲「辪」之譌變，克鼎「保辪周邦」，宗婦敦「辥鄦國」，〔一三〕即君奭之「保乂有殷」、巫咸「乂王家」也。按俾乂即保乂。盤庚「罔不惟民之承保」，下文之曰「承女俾女」，即其證也。

僉曰：「於，鯀哉！」帝曰：「吁！咈哉！方命圮族。」

僉，釋詁：「皆也。」於，嘆辭。鯀，禹父也。咈，說文：「弗，撟也。咈，違也。」微子「咈其耇長」，並與「拂」同。方，漢書作「放」，史記作「負」。孟子「方命虐民」，趙注：「方，猶逆也。」按放猶廢也。詩韓奕：「無廢朕命。」孟鼎：「無灋朕命。」金文假「灋」爲「廢」，〔一四〕與此假「方」爲「廢」者同。圮，釋詁：「毀也。」

岳曰：「异哉！試可乃已。」帝曰：「往，欽哉！」九載，績用弗成。

釋文徐云：「异，鄭音異。」已，說文：「用也。」績，釋詁：「功也。」

帝曰：「咨，四岳！朕在位七十載，女能庸命，巽朕位。」岳曰：「否德忝帝位。」

朕，釋詁：「我也。」庸，詩傳：「用也。」巽，史記作「踐」。俞樾謂「巽」假爲「纂」，說文「饌」或作「籑」；詩猗嗟「舞則選兮」，韓詩「選」作「纂」。司馬遷傳「乃父子相繼纂其職」，顏注：「纂讀與撰同。」則巽謂纂承也。又謂古音戔聲與巽近，史記仲尼弟子列傳宓不齊字子賤，任不齊字子選，是其證。史記作「踐」者是也。按後說較確。否，史記作「鄙」。古否、鄙通。按否即不也。忝，釋言：「辱也。」

曰：「明明揚側陋。」

明明，釋訓：「察也。」揚，猶舉也。禮記：「或以言揚，或以事舉。」魏志「堯復使岳揚舉仄陋」，〔二五〕揚、舉並文同誼。文選宋書恩倖傳論李注引作「明明敭仄陋」，揚、敭同字。古仄、側亦通。說文：「仄，側傾也。」考工記注：「故書仄爲側。」是其證。按廣雅：「仄，陋也。」

師錫帝曰：「有鰥在下，曰虞舜。」帝曰：「俞，予聞，如何？」

師，釋詁：「衆也。」錫，釋詁：「賜也。」史記作「皆言於堯」。按古下對上似亦稱錫。禹貢「九江內錫大龜」，又曰「禹錫玄龜」，錫並謂獻也。鰥，史記作「矜」。古鰥、矜通用。王制：「老而無妻謂之矜。」孟子：「老而無妻曰鰥。」俞，釋言：「然也。」「予聞」二字一逗。

岳曰：「瞽子。父頑、母嚚、象傲，克諧以孝，烝烝乂不格姦。」

瞽，汪中謂周禮春官有「瞽矇」，周頌謂之「矇瞍」，舜父謂之「瞽瞍」，皆樂官之名。鄭語：「虞幕能聽協風，以成物樂生者也。」昭八年左傳：「自幕至于瞽瞍，無違命。」頑，廣雅：「愚也。」象，舜弟名。諧，釋詁：「和也。」以，廣雅：「與也。」烝烝，廣雅：「美也。」格，史記作「至」。按乂，治也，安也。格姦，劉師培謂扞格也。學記：「發然後禁，〔二六〕則扞格而不勝。」一作「間介」。孟子：「山徑之蹊間介，然用之而成路。」〔二七〕一作「間關」。漢書馬援傳注：「間關，猶崎嶇也。」

「我其試哉！女于時觀厥刑于二女。」釐降二女于嬀汭，嬪于虞。

「我」字上，僞古文本有「帝曰」二字。史記亦有「堯曰」二字，是今文本有「帝曰」，當從之。正義謂馬、鄭、王本俱無之，蓋古文本脱落二字也。按第一「女」字因下兩「女」字而衍。于時，猶「於是」也。史記「於是堯妻之二女」可證。刑，借爲「型」，説文：「鑄器之法也。」古止作「井」。詩思齊「刑于寡妻」，文王「儀刑文王，萬邦作孚」，並謂儀法也。釐降，史記作「飭下」。後漢荀爽傳：「降者，下也；嬪者，婦也。」按飭、敕古通。説文：「敕，誡也。」廣雅：「語也。」多士：「敕殷命終于帝。」敕引申有命令之誼，猶告也，故又曰「告敕于帝」。古「釐」又與「來」通。漢書劉向傳「飴我釐麰」，注：「釐又讀與來同。」周禮獸人注：「釐，本亦作萊。」而「敕」又作「勑」，故釐、敕可通。

帝曰：「欽哉！」慎徽五典，五典克從。

徽，史記作「和」，高晉生謂徽疑假爲「敳」。説文：「敳，有所治也。」徽、敳並從敱聲。五典，左傳以爲五教，謂父義、母慈、兄友、弟恭、子孝也。按曲禮：「天子之五官曰司徒、司馬、司空、司士、司寇，典司五衆。」昭二十九年左傳：「故有五行之官，是謂五官。」「木正曰句芒，火正曰祝融，金正曰蓐收，水正曰玄冥，土正曰后土。」五典，疑即五官之典也。

納于百揆，百揆時叙。

納，當本作「内」。史記作「入」。文十八年左傳：「舜臣堯，舉八愷，使主后土以揆百事。」本書下文：「使宅百揆，亮采惠疇，僉曰：伯禹作司空。」則百揆似即司空，平水土之官。但史記直作「百官」，兩詁各別。按大傳及淮南泰族訓並云「任以百官」，與史記同。官、揆雙聲通用。叙，史記作「序」。時叙，王引之謂猶承叙也。楚策「仰承甘露而飲之」，新序雜事篇「承」作「時」，即時、承通用之證。雒誥「王伻殷乃承叙」，與此同誼。叙，釋詁：「順也。」

賓于四門，四門穆穆。

賓與「儐」同。説文：「儐，道也。」〔二八〕四門，即逸周書明堂之東西南北四門。穆穆，釋詁：「敬也。」

納于大麓，烈風雷雨弗迷。

麓，説文：「一曰守山林吏也。」晉語韋注：「主君苑囿之官。」烈，方言：「暴也。」迷，疑假爲「弭」。説文：「敉，撫也，讀若弭。」周禮男巫注：「弭讀若敉，字之誤也。」又彌與弭、敉並通。文選羽獵賦李注：「彌與弭古字通。」儀禮士喪禮釋文：「彌，本作弭。」周禮眂祲注：「故書彌作迷。」又小祝注：「彌讀曰敉。」皆彌、弭、敉、迷聲近互通之證。弭，晉語「衆不可弭」、詩沔水「不可弭忘」，注並云：「止也。」又逸周書「内弭父兄」，注：「安也。」此謂止息之意，言其不敢自息也。

帝曰：「格，女舜！詢事考言，乃言厎可績，三載。女陟帝位！」

格，釋言：「來也。」湯誓「格爾衆庶」，與此同。詢，史記作「謀」，釋詁：「謀也。」乃言厎可績，皋陶謨同。按「厎可績」爲「可厎績」之倒。禹貢「覃懷厎績」「和夷厎績」「原隰厎績」，並以「厎績」連文。又如「震澤厎定」、「東原厎平」、孟子「瞽瞍厎豫」，文法亦同。皋陶謨「朕言惠可厎行」，尤其明證。史記作「女謀事至而言可績三年矣」。孫星衍謂「考」古作「丂」，「乃言」爲「丂言」之衍文，是也。禹貢「厎績」，夏本紀並作「致功」，至、致通用。按「厎」借爲「奃」，大也。績，釋詁：「成也。」説文「奃三載」，即用下文「三載考績」之意。陟，釋詁：「登也。」

舜讓于德，弗嗣。

嗣，史記作「懌」，徐廣曰：「今文尚書作『不怡』。」史記太史公自序、漢書王莽傳並作「不台」。台聲、司聲同部通用。莊八年左傳「治兵」，公羊作「祠兵」；詩子衿「子寧不嗣音」，韓詩作「詒音」，即其證。按今文作「不台」有二義：一謂不爲百姓所悦，如班固典引「惠之早殞，諸呂不台」是；一謂堯不悦，如史公報任安書「聽朝不怡」是。皆不如古文作「弗嗣」之直捷也。

正月上日，受終于文祖，在璿機玉衡以齊七政。

上日，大傳謂元日，王引之謂上旬之善日，非謂朔日也。元日，善日也，吉日也。王制：「元日，習射上功。」月令：「孟春，天子乃以元日祈穀于上帝。」盧植、蔡邕注並曰：「元，善也。」按文本作「上」不作

「元」,成十七年穀梁傳「正月上辛」,謂上旬辛日,此疑謂上甲也。終,疑假爲「中」。藝文類聚引書大傳:「冬,中也。」詩終南傳:〔二九〕「周之名山中南也。」潘岳關中記:「終南,一名中南。」皆終、中聲近可通之證。論語「允執厥中」,王師釋史謂「中」爲貯册之器,是也。「文」疑當作「大」,形近而誤。説文:「祖,始廟也。」大祖即太廟,謂舜受傳國寶册於太廟中也。下文「文祖」亦當作「大祖」。在,釋詁:「察也。」璿,大傳作「旋」。説文:「璿,美玉也,或作琁。」機,僞古文本作「璣」,兹據今古文改正。鄭注:「轉運者爲機,持正者爲衡。」七政,鄭謂日、月、五星。按「政」與「正」通。左傳:「五行之官,謂之五正。」此謂日官、月官與五正也。

肆類于上帝,禋于六宗。

肆,遂也。史記、漢書並作「遂」。類,祭名。説文:「禷,以事類祭天神也。」詩文王:「是類是禡。」禋亦祭名,路史引大傳作「煙」,劉昭續漢書祭祀志注作「垔」,一作「堙」。鄭謂「禋,煙也,取其氣升達于陽也」。

望于山川,徧于群神。

望,公羊傳:「三望者何?望祭也。」漢書郊祀志、王莽傳等並作「望秩」。徧,亦祭名,楊雄太箴、續漢書祭祀志作「班」。古班、徧通用字。按曲禮:「天子祭天地,祭四方,祭山川,祭五祀,〔三〇〕歲徧;大夫祭五祀，歲徧；士祭其先。」疑徧亦爲祭名。

輯五瑞，既月乃日，覲四岳群牧，班瑞于群后。

輯，白虎通同，史記、漢書並作「揖」，集解引馬云：「斂也。」則馬本亦作「揖」。揖、輯通用字。晉語「君輯大夫就車」，即假「輯」爲「揖」。釋詁：「輯，合也。」五瑞，周禮典瑞：「公執桓圭九寸，侯執信圭七寸，伯執躬圭五寸，〔三二〕子執穀璧，男執蒲璧，皆五寸。」白虎通：「何謂五瑞？珪、璧、琮、璜、璋也。」簡朝亮謂「既月」二字一逗。桓三年公羊傳：「既，盡也。」覲，釋詁：「見也。」按史記、漢書作「擇吉月日」，並以「乃日」上屬爲句。謂既月而日，猶言既擇月與日也。班，説文：「分瑞玉也。从玨，从刀。」后，釋詁：「君也。」

歲二月，東巡守，至于岱宗，柴。

守，釋文：或作「狩」。孟子：「天子適諸侯曰巡狩，巡狩者，巡所守也。」岱，釋山：「河東岱。」又名泰山，爲東嶽。宗，月令高注：「尊也。」風俗通：「長也。」上文所謂「六宗」，疑即此類。岱宗，爲群山所宗也。柴，説文：「柴，燒柴尞以祭天神也。」

望秩于山川，肆覲東后，協時月正日，同律度量衡。

正，定也。王制：「命典禮考時月定日。」續漢書祭祀志與詩時邁鄭箋並作「望秩于山川，偏（志作班）于群神」，較今本多一句，蓋今文異本。按「秩」疑假爲「祀」。説文「祀」或作「禩」，古讀如忒，「秩」讀如迭。周禮大司樂「以祀天神」，郊祀志「祀」作「竢」；列子說符釋文：「失一作矢。」是祀、秩可通之證。

修五禮、五玉、三帛、二生、一死贄。

五禮，馬謂吉、凶、軍、賓、嘉也。五玉，大傳、漢志並作「五樂」。王制「同律、禮樂、制度、衣服正之」，亦明有五樂。皮錫瑞謂「五玉」上脱「五樂」二字，是也。三帛，鄭謂高陽氏後用赤繒，高辛氏後用黑繒，其餘諸侯皆用白繒。此據黑、白、赤三統之説，今未能詳。生，史記、漢書並作「牲」，當從之。白虎通：「卿大夫贄，古以麑鹿，今以羔雁。」是也。死，説文「𡠗」下引作「雉」，當從之。白虎通：「士以雉爲贄。」是也。贄，漢書同，史記作「摯」。禮記郊特牲：「執摯以相見。」士相見禮注：「君子見于所尊敬，必執贄以將其厚意。」

如五器，卒乃復。

如，王引之曰：「與也，及也。」廣雅：「如，與也。」蒙上文「修」字而言。器，禮器也。卒，釋詁：「終也。」復，鄭云：「歸也。」巡守禮畢，乃反歸矣。馬云：「五玉，禮終則還之，三帛已下不還也。」按馬以五器爲五玉，未確，似從鄭義爲長。但下文始言「歸格于藝祖」，此「復」字不當釋爲歸，「復」疑假爲「服」。禮記表記注：「復或爲服。」爾雅釋文：「服本作䑺。」即其證。説文：「服，用也。」謂修治畢乃用也。

五月，南巡守，至于南岳，如岱禮。八月，西巡守，至于西岳，如初。十一月，朔巡守，至于北岳，如初。

如初，今僞古文本作「如西禮」，釋文引馬本作「如初」，公羊正義引鄭注亦同，是古文本作「如初」。惟公羊解詁引作「如西禮」，蓋今文異本。又解詁尚有「還至嵩如初禮」六字。

歸格于藝祖，用特。

格，猶饗也。藝，史記、大傳並作「禰」，白虎通「藝祖」作「祖禰」。馬云：「藝，禰也。」俞樾謂「藝」當讀爲「暬」。楚語「居寢有褻御之箴」，韋注：「褻，近也。」〔三二〕禰義亦爲近。襄十二年左傳正義：「禰，近也。」字通作「昵」。高宗肜日：「典祀無豐于昵。」説文：「昵，日近也。」釋文引馬云：「昵，考也，謂禰廟也。」王師謂克鼎、番生敦並有「擾遠能𤞷」語，〔三三〕即詩、書之「柔遠能邇」也。「𤞷」即古「埶」字，是埶、禰古通之證。特，説文：「朴特，牛父也。」

五載一巡守，群后四朝，敷奏以言，明試以功，車服以庸。

鄭謂巡守之年，諸侯見于方嶽之下，則五年中來朝者四。敷，漢書作「傅」，應劭曰：「敷，陳也。」史記作「徧告以言」。按皋陶謨作「敷納以言」。敷，徧也。奏，説文：「進也。」謂進用也。納即「納于百揆」之納，亦謂進用也。庸，勳也。

肇十有二州，封十有二山，濬川。

肇，大傳作「兆」。古兆、肇通用。詩生民「后稷肇祀」，表記「肇」作「兆」，即其證。説文：「庫，始開也。」封，齊語：「積土爲封。」濬，史記作「決」。說文作睿，〔三四〕深通川也。濬，睿或從水。

象以典刑。

象，刑名，皋陶謨「方施象刑」可證。荀子：「古無肉刑而有象刑。」墨子：「畫衣冠而民不犯。」慎子：「有虞氏之誅，以幪巾當墨，以草纓當劓，以菲履當刖，以艾韠當宮，布衣無領當大辟。」大傳略同。以，玉篇：「爲也。」典，主也。又周禮太宰注：「常也，經也，灋也。」高晉生疑「典」假爲「倎」。說文：「青、齊謂慙曰倎。」謂倎辱之刑，亦勝。

流宥五刑。

宥，假爲「有」。王引之曰：「有亦爲也。」周語「胡有孑然其效戎狄也」，言胡爲其效戎狄也。孟子：「人之有道也，飽食煖衣，逸居而無教，則近禽獸。」言人之爲道如此也。五，亦與「午」通。周禮壺涿氏注：「故書午爲五。」成十七年左傳晉羊夷五晉語作羊夷午，並其證。午，古「悟」字，謂對悟逆者之刑也。

鞭作官刑，扑作教刑，金作贖刑。

金，甲兵刀鋸之刑也。魯語：「大刑用甲兵，中刑用刀鋸，薄刑用鞭扑。」贖，假爲「黷」。易蒙：「再、三瀆。」釋文：「瀆，亂也。」禮記表記注：「瀆之言褻也。」又少儀注：「瀆，謂數而不敬。」是也。

眚災肆赦，怙終賊刑。

眚，説文：「目病生翳也。」易訟鄭注：「過也。」災，史記作「裁」。災，疑假爲「哉」。釋詁：「哉，始也。」肆，釋詁：「故也。」怙，借爲「辜」，惡也。賊，疑假爲「則」，盤庚「女有戕則在乃心」，散氏盤「余有散氏心賊，則爰千罰千」。〔三五〕戕則在心，即散氏盤之「心賊」也。古「賊」字從則作「賊」，故則、賊可通。

欽哉！欽哉！惟刑之恤哉！

恤，史記索隱引古文作「卹」，今文作「謐」。漢書刑法志作「恤」，僞古文蓋據今文異本。史記作「静」。王引之謂卹者，慎也。爾雅：「溢，慎也。」〔三六〕周頌「假以溢我」，襄二十七年左傳作「何以恤我」，是恤亦謂慎也。釋詁：「慎、謐，静也。」則謐亦可訓慎。按説文：「恤，憂也。」憂思故有慎誼。

流共工于幽州，放驩兜于崇山，竄三苗于三危，殛鯀于羽山，四罪而天下咸服。

幽州，史記作「幽陵」。崇山，當即嵩山。周語韋注：「崇山，即崇高山。」是也。竄，説文：「匿也。」史記作「遷」。孟子萬章篇作「殺」，「殺」假爲「䊛」。説文：「𥻦䊛，散之也。」古竄、殺同音通用。殛，説文：「誅也。」段玉裁謂「殛」當作「極」，亦放也。天問：「永遏在羽山，夫何三年不施？」蓋長放之極邊以死曰殛。漢書地理志：東海郡祝其縣，禹貢羽山在南。

二十有八載，放勳乃殂落。

放勳，僞古文本作「帝」。按説文：「殂，往死也。」引書「勛乃殂」。孟子、春秋繁露並作「放勛乃殂落」。蓋姚方興不以「放勳」爲名而改之。釋詁：「殂落，死也。」論衡亦作「殂落」。

百姓如喪考妣，三載四海遏密八音。

釋親：「父爲考，母爲妣。」古以祖妣、考母對稱。易小過「過其祖，遇其妣」，詩斯干「似續妣祖」，豐年「烝畀祖妣」；又雝篇「既右烈考，亦右文母」，齊侯鎛鐘「用考享于皇祖皇妣皇母皇考」，召伯虎敦「我考我母」，師趛鼎「文考聖公，文母聖姬」，並與爾雅不同。郭沫若君謂此與爾雅並爲後出之據，是也。遏，釋詁：「止也。」密，釋詁：「静也。」静，亦止也。八音，白虎通引樂記謂土曰塤，竹曰管，皮曰鼓，匏曰笙，絲曰弦，石曰磬，金曰鐘，木曰柷梧。

月正元日，舜格于文祖，詢于四岳，闢四門，明四目，達四聰。

薛綜東京賦注引作「正月元日」，當從之。格，猶饗也。元，善也。闢，説文作「𨳡」，古文闢。史記作「辟」。達，史記、韓詩外傳、王莽傳並作「通」。文十八年左傳杜注：「開四門，達四窻。」「聰」作「窻」。風俗通十反篇：「蓋人君者，闢門開窗。」後漢書郅壽、魯丕、班固傳並有「闢四門，開四聰」語。疑有一本無「明四目」三字，故直讀「聰」爲「窗」。史記作「明通四方耳目」，作「聰」與今本同。

咨十有二牧曰：「食哉！惟時柔遠能邇。

咨，釋詁：「謀也。」食哉，許宗彥謂爲「欽哉」之譌脱。按「食」當爲「飭」之假字。説文：「飭，从人从力，食聲」。匡謬正俗：「飭者，謹也、敬也。」僞孔傳以「惟時」上屬爲句，據下文「惟時懋哉」「惟時亮天功」，「惟時」自應下屬。時者，是也、此也。柔，詩傳：「安也。」能，漢書百官公卿表注：「善也。」康誥「不能厥家人」，僖九年左傳「入而能民」，「能」並善也。説苑君道篇説是節云：「是以近者親之，遠者安之。」是直以「能」爲親善也。漢督郵班碑作「渘邇而遠」，渘、柔同聲，而、能古通用字。

惇德允元，而難任人，蠻夷率服。」

惇，釋詁：「厚也。」允，釋詁：「信也。」元，善也。難，釋詁：「阻也。」阻，猶拒也。任人，皋陶謨「巧言令色孔壬」，釋詁：「任、壬，佞也。」史記「孔壬」直作「佞人」。難任人，亦作「遠佞人」，蓋任、壬並「佞」之假字。率，漢書作「帥」。古帥、率通用。詩周頌「率時農夫」，漢書「率」作「帥」，即其證。率，詩傳：「用也。」用猶以也。

舜曰：「咨，四岳！有能奮庸，熙帝之載，

首言「舜曰」，以下乃言「帝曰」，以别于前之「帝曰」也。有，誰也。奮，王先謙謂廣雅：「奮，進也。」奮庸言進用。熙，史記作「美」；載，史記作「事」，並訓詁字。

使宅百揆，亮采惠疇？」

亮，釋詁：「亮、相，導也。」居官治事曰采，采之言治也。皋陶謨「亮采有邦」，與此同誼。惠，高晉生疑借爲「澮」。山海經中山經「祠嬰用圭璧十五，五采惠之」，即假「惠」爲「繪」，故得假爲「澮」。周禮雍氏「掌溝瀆澮池之禁」，鄭注：「澮，田間通水者也。」説文：「疇，耕治之田也。从田，象田溝詰屈之形。」重文作「𠃬」，純象形。論語「禹卑宮室而盡力乎溝洫」，是其義也。

僉曰：「伯禹作司空。」帝曰：「俞，咨，禹！女平水土，惟時懋哉！」禹拜稽首，讓于稷、契暨皋陶。帝曰：「俞，女往哉！」

僉，史記作「皆」，「俞」作「然」，「咨」作「嗟」，並訓詁字。惟，史記作「維」，用今文字。懋，説文：「勉也。」稷，名棄，周之始祖。契，説文作「偰」，商之始祖。暨，史記作「與」。説文引書「臮皋繇」，「臮」，古暨字。

帝曰：「棄！黎民阻飢，女后稷，播時百穀。」

阻，史記作「始」，漢書作「祖」，詩思文正義引鄭云：「阻讀曰俎。阻，戹也。」王先謙引宋本「黎民俎飢」，「俎」讀曰「阻」。則本字作「俎」，古文讀爲「阻」，今文讀爲「祖」。詩正義誤倒「俎」「阻」二字，遂不可通。俞樾謂阻、祖並「且」之假字。説文：「且，荐也。」詩雲漢「饑饉薦臻」，毛傳：「薦，重也。」正義引釋天：「仍飢爲薦。」荐、薦字異義同，則阻飢即荐飢矣。后，列女傳作「居」。播，説文：「布也。」時，讀爲「蒔」。説文：「蒔，更別穜也。」

帝曰：「契！百姓不親，五品不遜，女作司徒，敬敷五教，在寬。」

遜，說文作「愻」，順也。大傳作「訓」，史記作「馴」。訓、馴並「順」通用字。「敬」上史記及蔡邕司空楊公碑並多一「而」字。敬敷，漢孔宙碑作「祗傅」，左傳「敷」作「布」，王莽傳作「輔」。按訓布者是也。「在寬」上殷本紀及後漢書並重「五教」二字，唐石經「五教」下疊二字尚可辨，是今本脱去重文也。

帝曰：「皋陶！蠻夷猾夏，寇賊姦宄。

夏，假爲「㝵」，即古「擾」字。廣雅：「猾，擾也。」漢孔宙碑「東嶽黔首，猾夏不寧」，李翊碑「時益部擾攘」，樊敏碑「京師擾攘」，周公禮殿記「會值擾亂」，並其明證。姦，大傳作「奸」。宄，史記作「軌」。説文：「宄，姦也。外爲盜，内爲宄。」晉語：「亂在内爲軌，在外爲姦。」

女作士，五刑有服，五服三就；

士，史記作「理」，馬云：「獄官之長。」吕覽高注、文選注引作「士師」，今文别本多一「師」字。五刑、五服之「五」，疑當讀爲「吾」。周策注：「吾當爲五。」即其證。就，曲禮「就屨」鄭注：「就，猶著也。」荀子正論注引大傳：「唐虞之象刑，上刑赭衣不純，中刑雜屨，下刑墨幪以居州里，而民恥之。」正吾服三就之誼。

五流有宅，五宅三居：惟明克允。」

「五」亦「吾」字。宅，史記作「度」。馬謂大罪投四裔，次九州之外，次中國之外。克允，漢衡方碑作

「維允」，當從之。

帝曰：「疇若予工？」僉曰：「垂哉！」帝曰：「俞，咨，垂！女共工。」垂拜稽首，讓于殳斨暨伯與。帝曰：「俞，往哉！女諧。」

共工，官名，猶上文之后稷。說文：「共，同也。」猶言統也。殳斨、伯與，漢書人表作朱斨、柏譽，以爲二人。哉，崔瑗河間相張平子碑作「才」。才、哉古通用。諧，孫星衍讀爲「偕」，是也。

帝曰：「疇若予上下草木鳥獸？」禹曰：「益哉！」帝曰：「俞，咨，益！女作朕虞。」益拜稽首，讓于朱、虎、熊、羆。帝曰：「俞，往哉！女諧。」

禹，僞古文本作「僉」，正義謂馬、鄭、王本並作「禹」。文選羽獵賦「禹任益虞」，李注引書亦作「禹」。惟史記作「皆」，或今文異本。虞，馬云：「掌山澤之官。」人表有伯虎、仲熊、季熊，左傳有伯虎、仲熊、叔豹、季貍，季熊當即季羆、季貍，惟叔豹與朱不同。吉金文「朱」作「鼄」，即「蛛」字。

帝曰：「咨，四岳！有能典朕三禮？」僉曰：「伯夷。」帝曰：「俞，咨，伯！女作秩宗。

典，說文：「敟，主也。」〔三七〕有，誰也。伯夷，人表作「柏夷」，蔡邕姜淮碑作「百夷」。咨伯，史記作「嗟伯夷」，則脫一「夷」字。白虎通引作「咨爾伯」，以爲老臣不名，蓋今文異說。秩宗，官名，禮官也。

夙夜惟寅，直哉！惟清。」伯拜稽首，讓于夔、龍。帝曰：「俞，往，欽哉！」

夙，釋詁：「早也。」寅，敬也。清，史記作「静絜」。説文：「瀞，無垢穢也。」史公以「静絜」爲「瀞潔」耳。按「直」假爲「識」。禹貢「厥土赤埴墳」，鄭本「埴」作「戠」，即其明證。皋陶謨「書用識哉」，周禮司刺注：「審也。」

帝曰：「夔！命女典樂，教胄子：

夔，水經注江水篇引樂緯、宋注引尚書中候並作「歸」。胄，説文作「育」，史記作「穉」。王引之謂育子，穉子也。育字或作「毓」，通作「鬻」，又通作「鞠」。堯典之育子，即豳風之「鬻子」，亦即康誥「不念鞠子哀」、顧命所謂「無遺鞠子羞」者也。育、胄古聲相近，作「胄」者，假借字耳。

直而温，寬而栗。剛而無虐，簡而無傲。

栗，漢衡方碑作「慄」。聘義「鎮密以栗」，注：「栗，堅貌。」無，猶不也。蔡邕太尉橋公廟碑直作「不」。傲，漢書作「敖」，師古注：「慢也。」

詩言志，歌永言，聲依永，律和聲；八音克諧，無相奪倫，神人以和。」

志，史記作「意」。永，漢書禮樂志作「咏」，藝文志「歌」作「哥」、「永」作「詠」。按詠者，長言之，史記作「長」。説文：「咏，歌也。」諧，説文作「龤，樂和龤也」。無，史記作「毋」，書無逸、漢石經亦作「毋佚」。倫，説文：「理也。」

夔曰：「於！予，擊石拊石，百獸率舞。」

於，音烏。擊石，漢紀引劉向説作「擊磬」。〔三八〕説文：「磬，樂石也。」拊，廣雅：「擊也。」

帝曰：「龍！朕堲讒説殄行，震驚朕師，命女作納言，夙夜出納朕命，惟允。」

堲，説文：「疾惡也。」讒，史記集解徐廣云：「一作『齊』。」段玉裁云：「齊者，『讒』之駁文。」齊，疾也，謂利口捷給也。殄行，史記作「殄僞」，「震」作「振」。按殄猶病也、敗也。魯語：「固國之殄病是待。」詩瞻仰：「邦國殄瘁。」瘁亦病也。宣二年左傳：「敗國殄民。」殄與病、敗義近可證。周禮稍人注：「殄，病也、絶也。」殄行，猶言病行、敗行也。師，釋詁：「衆也。」納，史記作「入」。納言，官名。詩烝民：「出内王命，王之喉舌。」

帝曰：「咨，女二十有二人，欽哉！惟時亮天功。」

二十二人，按禹、稷以下受命者九人，殳斨以下爲佐者七人，止十六。王引之謂「二十」當爲「三十」之譌，蓋合四岳十二牧數之。史記則以九官十二牧加彭祖爲二十二人，顧頡剛先生則疑本作九州九牧，今本十二州十二牧乃漢武時本。亮，詩釋文引韓詩「亮彼武王」。亮，相也。史記亦作「相」。功，史記作「工」。皋陶謨：「天工人其代之。」〔三九〕

三載考績，三考黜陟幽明，庶績咸熙。

載，大傳作「歲」。黜，周語注：「廢也。」陟，釋詁：「陞也。」大傳以「三考黜陟幽明」爲句。史記訓「幽明」爲遠近，則以「黜陟」絶句，白虎通、漢書李尋傳、魏志杜恕傳並同。大戴禮引虞史伯夷曰：「明，孟也。幽，幼也。」古孟、明聲近可通。釋詁：「孟，勉也。」王念孫謂明亦勉也。顧命「爾尚明時朕言」、雒誥「明作有功」，並以「明」爲「勉」。幽、幼亦聲近而通。禮記玉藻注：「幽讀爲黝。」即其證。按楚語「爲之昭明德而廢幽昏焉」，注：「幽，闇也。」幽、明相對，與此同誼。謂廢黜幽昏，而昭陟明德也。

分北三苗。舜生三十徵庸，三十在位，五十載陟方乃死。

北，吴志虞翻傳注引鄭云：「北，猶別也。」古北、背同字。吴語韋注：「北，古之背字。」説文：「八，別也。象分別相背之形。」又曰：「八，猶背也。」是八、北、背並同義。徵，釋言：「召也。」鄭本作「登」。中庸鄭注：「徵或爲登。」古徵、登通用字。庸，用也。方，地名。淮南精神訓：「禹南省方，濟于江。」其地在長江附近。史記、淮南並謂舜南征三苗，道死蒼梧，葬于九疑山。古之九疑山或一名方山，但非今之九疑。禹貢有外方、内方，當即其地。正義引鄭云「登庸二十」，史記「年五十攝行天子事」，今文「三十」，一作「二十」也。鄭以「舜生三十，登庸二十，在位五十載」斷句。史記「年五十八堯崩」，〔四〇〕合登庸二十爲二十有八載，「年六十一代堯踐帝位，三十九年南巡狩，崩于蒼梧之野」，合攝政八年、遏密三年、在位三十九年，是爲在位五十也。

皋陶謨第二

謨，釋詁：「謀也。」此篇叙皋陶陳謨于帝前，故謂之皋陶謨也。

曰若稽古，皋陶曰：「允迪厥德，謨明弼諧。」禹曰：「俞，如何？」

允，猶能也。迪，釋詁：「進也。」下文「迪朕德，時乃功」，與此正同。弼，釋詁：「輔也。」諧，和也。

皋陶曰：「都！慎厥身修思永。

漢書元帝本紀永光四年詔曰：「慎身修永。」是以「慎厥身」爲句、「修思永」爲句，相對成義。顔師古曰：「『永』上有『職』字。」是「思」亦作「職」。按「修」假爲「攸」。攸與迪、由通用，王引之謂猶用也，以也。永，讀爲「祥」。盤庚「崇降弗祥」，漢石經作「不永」，即其證。祥，釋詁：「善也。」

惇叙九族，庶明萬翼，邇可遠在兹。」

惇，釋詁：「厚也。」史記作「敦」，「惇」與「敦」古通用。叙，史記作「序」，亦通用字。庶，釋詁：「衆也。」明，俞樾謂當讀爲「萌」，周官占夢「乃舍萌于四方」，杜子春讀「萌」爲「明」。又曰：「其字當爲『明』。」是明、萌古通用也。史記三王世家「加以姦巧邊萌」，索隱「萌」作「甿」。漢書霍去病傳「及厥衆萌」、劉向傳「民萌何以勸勉」，師古注並曰：「萌與甿同。」是古人每假「萌」爲「甿」。然則「庶明」，猶言庶民矣。按庶民與九族對言，俞說是也。厲，今本作「勵」。按鄭注：「厲，作也。」則字本作「厲」。古砥礪、勉勵字，皆止作「厲」。翼，詩卷阿箋：「助也。」史記作「高翼」，「高」疑「亮」之譌。釋詁：「亮，相也。」近爲九族，遠謂庶民也。論語「近者悦，遠者來」，此邇與遠之義也。

禹拜昌言曰：「俞！」

昌，說文：「美言也。」孟子趙注作「讜」。文選李注引字林：「讜言，美言也，音黨。」或省作「黨」，逸周書祭公解「拜手稽首黨言」，〔四一〕即其例也。古昌、黨同聲通用。王先謙謂如「閶闔」，楊雄賦作「闛闔」。「鼓聲不過閶」，閶即「鼞」字，可證。

臯陶曰：「都！在知人，在安民。」禹曰：「吁！咸若時，惟帝其難之。

此文人與民對言，人謂政人，猶康誥「不于我政人得罪」是也。洪範：「凡厥庶民，無有淫朋，人無有比德。」又曰：「人用側頗僻，民用僭忒。」皆人與民分別對舉之例也。惟，疑讀爲「雖」。古唯、雖通用，唯即惟字。荀子性惡注：「唯讀爲雖。」莊子庚桑楚釋文：「唯本作雖。」是其例也。雖帝其難之，正如論語言「堯、舜其猶病諸」也。漢書、論衡並無「其」字。

知人則哲，能官人；安民則惠，黎民懷之。

哲，漢書五行志作「悊」。哲、悊本同字，史記訓「智」，是也。懷，釋詁：「思也。」

能哲而惠，何憂乎驩兜？何遷乎有苗？何畏乎巧言令色孔壬？」

而，史記作「能」，淮南泰族訓作「目」。而、能古通，且義亦同。令，釋詁：「善也。」孔，釋言：「甚也。」老子河上公注：「大也。」壬，釋詁：「佞也。」淮南引書無「乎」字，又無末句。

臯陶曰：「都！亦行有九德；亦言其人有德，乃言曰，載采采。」禹曰：「何？」

亦，段玉裁謂猶大也、甚也，此猶言大凡也。行，論語「德行，顏淵、閔子騫、冉伯牛、仲弓」，是其義也。其人，史記無「人」字，唐石經「人」字亦被磨去，僅存波撇，蓋今文無「人」字也。載采采，史記作「始事事」。按論衡答佞篇：「惟聖賢之人，以九德檢其行，以事效考其言。」皮云：「今文『乃言』一作『丂言』，即考言。」疑作「丂」者爲是。又疑衍一「采」字，史記「載采」訓爲「事事」，後人又以「載」可訓始，附注其旁，誤爲正文。考言曰載事，猶考言于治事也。通鑑唐紀引前進士廣平劉迺曰：「禹、稷、臯陶，同居舜朝，猶曰載采有九德，考績以九載。」尚止作「載采」，可證。

臯陶曰：「寬而栗，柔而立，愿而恭，

立，說文：「封，立也。」則立猶樹也。愿，小爾雅：「謹也。」恭，史記作「共」。段玉裁謂史遷恭敬字不作「共」，即堯典「允恭」「象恭」字可證，則今文本作「共」。按「共」與「供」通，言能供職有才能，與謹愿之意正相反，其義視古文爲長。

亂而敬，擾而毅，直而温，

亂，釋詁：「治也。」擾，史記集解徐廣曰：「一作『柔』。」按「擾」古音讀如「柔」。韓非子説難「龍之爲虫，〔四二〕柔可狎而騎」，〔四三〕史記「柔」作「擾」；管子「擾桑」，即毛詩之「柔桑」，是其證矣。玉篇作「㹛」，謂馴也。廣雅：「㹛，柔也。」其義並同。

簡而廉，剛而塞，彊而義，

廉，廣雅：「清也。」漢書何武傳注：「察也。」禮記鄭注作「辨」。俞樾謂鄭讀「廉」爲「辨」。論語「古之矜也廉」，鄭注：「魯讀『廉』爲『貶』。」玉藻「立容辨卑」，鄭注「辨」讀「貶」：是其聲相近，故可相通。按辨與清察之義正近。塞，説文作「㥶」。塞、㥶古通，史記訓實，是也。義，王引之謂善也。大雅文王「宣昭義問」，毛傳：「義，善也。」緇衣「章義癉惡」，皇侃疏：「義，善也。」字通作「儀」。爾雅：「儀，善也。」周頌我將「儀刑文王之典」，毛傳與爾雅同。按王説是也。

彰厥有常吉哉！

彰，史記作「章」，疑本字當止作「章」。吉，説文：「善也。」按「常吉」連文，並有善義。常、黨、昌古亦通用，黨、昌並美也。立政「庶常吉士」，亦謂衆善士也。盤庚「用德彰厥善」，與此文義最近。

日宣三德，夙夜浚明有家；

宣，後漢班彪傳注：「布也。」夙，史記作「蚤」，「早」之假字。浚，馬謂大也，史記作「翊」。大傳：「翊，輔也。」是今文作「翊」。按釋言：「翊，明也。」則「浚」當爲「晙」之假字。説文：「晙，明也。」爾雅注：「晙亦明也。」翊、晙之義皆爲明，故今文作「翊」，古文作「晙」，字異而義實同也。有家，指大夫言。謂有三德，即可晙明其家也。

日嚴祗敬六德，〔四四〕亮采有邦。

祗，釋詁：「敬也。」史記作「振」。祗、振一聲之轉，古多通用。無逸「治民祗懼」，柴誓「祗復之」，史記魯世家「祗」並作「振」，是其證。亮采，謂導治也，與堯典「亮采有邦」義同。有邦，指諸侯言。謂有六德，即可治其國也。

翕受敷施，九德咸事；

翕，釋詁：「合也。」敷，詩傳：「徧也。」史記作「普」，「普」亦徧也。事，禮記郊特牲注：「猶立也。」仲尼燕居注：「事之謂立，置于位也。」

俊乂在官，百僚師師；

俊，文選李注作「儁」。按淮南氾論訓「天下雄儁豪英」，高注：「才高千人爲儁。」楚辭沉江「賢俊慕而自附兮」，〔四五〕王注：「才敵千人爲俊。」是「俊」與「儁」通，「雋」又「儁」之省也。乂，漢書谷永傳作「艾」。按乂、艾古通。釋詁：「艾，長也。」周語「耆艾修之」，謂耆老有德者也。僚，釋詁：「官也。」師師，廣雅：「衆也。」同門裴學海謂師師猶濟濟也。文十六年左傳「盟于郪丘」，公羊作「師丘」。妻、齊古音通用，故「師師」可作「濟濟」。廣雅：「濟濟，敬也。」

百工惟時，撫于五辰，庶績其凝。

百工，猶百官也。時，與「承」通。承，順也。古「承」亦假爲「愼」，時、愼亦一聲之轉。詩抑篇「子孫繩繩」，韓詩外傳作「承承」；下武「繩其祖武」，韓詩「繩」作「愼」，即承、愼可通之證。撫，楚辭王注：「循也。」〔四六〕孫星衍謂辰，詩傳：「時也。」白虎通五行篇：「土王四季，各十八日，合九十日爲一時。」禮運：「播五行于四時。」似古有謂四時爲五時之説，故後漢書東平王蒼傳有「五時衣各一襲」，是其證也。按史記天官書：「歲星主春，熒惑主夏，填星主季夏，太白主秋，辰星主冬。此五辰當即歲星等五星。夏小正傳：「辰也者，星也。」然則五辰之義，本爲五星；因此五星所主不同，引申而爲五時，此五時之説所由來也。月令於季夏云：「中央土。」亦爲土主季夏，是其證矣。凝，中庸注：「成也。」

無教逸欲有邦，兢兢業業，一日二日萬幾。

無教，漢書王嘉傳作「亾敖」。按無、亾古通；教、敖以形近致譌，從「敖」爲長。「敖逸欲」三字，並文同義。逸，漢書作「佚」。古逸、佚通。書無逸，大傳作「毋佚」，即其例也。方言：「佚，婬也。」楚語注：「佚，淫也。」欲，孟子萬章注：「貪也。」史記作「毋教邪淫奇謀」。古「欲」與「猷」通。詩文王有聲「匪棘其欲」，〔四七〕禮器注引作「猷」，即其證。釋詁：「猷，謀也。」〔四八〕史公蓋讀「欲」爲「猷」。後漢陳蕃傳又作「遊」。周禮師氏「貴遊子弟」，杜子春注：「遊當爲猶。」是遊、猶亦通。疑從今文讀「遊」者是也。今文以「有邦」下屬爲句。兢兢，釋訓：「戒也。」「業業，危也。」幾，漢書作「機」，亦古通用字。按「幾」讀爲「僟」，說文：「僟，精謹也。」〔四九〕

無曠庶官，天工人其代之。

曠，呂覽無義注：「廢也。」工，漢書作「功」。古工、功通用。堯典「惟時亮天功」，天工字，〔五〇〕正作「功」也。

天叙有典，勑我五典五惇哉！

叙，釋詁：「順也。」有典，馬本作「五典」。按以下文「有禮有德有罪」例之，作「有典」者是也。勑，與「敕」同。五經文字：「敕，古勑字。」說文：「敕，誡也。」惇，釋詁：「厚也。」

天秩有禮，自我五禮五庸哉！同寅協恭和衷哉！

秩，漢書刑法志集注：「叙也。」是叙、秩同。自，釋詁：「從也。」五庸，今本作「有庸」。按釋文引馬本作「五庸」。以上下文考之，馬本是也。庸，詩傳：「用也。」衷，廣雅：「善也。」

天命有德，五服五章哉！天討有罪，五刑五用哉！政事懋哉！懋哉！

五服，大傳謂天子衣服，其文華蟲、作繪、宗彝、藻火、山龍；諸侯作繪、宗彝、藻火、山龍；子男宗彝、藻火、山龍；大夫藻火、山龍；士山龍。按大傳以五服爲五等之服，而其所説之服文，顯與下文作服之序不合，殆未可從。鄭謂五服，十二也、九也、七也、五也、三也。蓋以服文爲十二章，謂日一、月二、星辰三、山四、龍五、華蟲六、宗彝七、藻八、火九、粉米十、黼十一、黻十二。此十二章，天子備有。公自山龍以下，侯伯自華蟲以下，子男自藻火以下，卿大夫自粉米以下。其説固視大傳爲善，然鄭以周制度之，其實虞書之五服，即下文絺繡以五采，彰施于五色，合之則爲五服也。章，鄭語注：「顯也。」車服以庸，所以顯有功之臣也，其義可通於此矣。用，後漢書梁統傳作「庸」，亦謂用也。懋，漢書董仲舒傳作「茂」。説文：「懋，勉也。」釋詁：「茂，勉也。」懋、茂古通。

天聰明，自我民聰明；天明威，自我民明威。達于上下，敬哉，有土！」

明、威相對成義。吕刑「德威惟畏，〔五一〕德明惟明」，是其義也。上「威」字僞古文孔本作「畏」，今從馬、鄭本作「威」。按威、畏古通用。洪範「威用六極」，史記、漢書「威」皆作「畏」，即其證也。達，説文：「通也。」有土，即上文「有邦」也。

皋陶曰：「朕言惠可厎行。」禹曰：「俞，乃言厎可績。」

惠，釋詁：「順也。」按「惠」，疑假爲「會」，説文：「合也。」引申爲應也、當也。乃言厎可績，亦疑「乃言可厎績」之倒，與堯典同。「厎」與「衮」同，亦大也。

皋陶曰：「予未有知，思日贊贊襄哉！」

思日贊贊，與下文「予思日孜孜」文法一例，正義本作「曰」者非也。思，詩傳：「亂也。」亦通作「惟」。詩我行其野「不思舊姻」，白虎通嫁娶篇作「不惟舊因」，是其證也。此文亦言予未有知，惟日贊贊襄哉也。贊，晉語「子若能以忠信贊君」、襄二十七年左傳「能贊大事」，注並云：「佐也。」中庸「可以贊天地之化育」，注：「助也。」襄，與「相」通。文選上林賦「消摇乎襄羊」，漢書外戚傳「惟幼眇之相羊」，是其證。相，釋詁：「助也。」「贊贊」正用以形容贊助之義。

帝曰：「來，禹！女亦昌言。」禹拜曰：「都！帝，予何言？予思日孜孜。」

思，亦與「惟」同。謂與無所言，予惟日孜孜而已。孜孜，史記作「孳孳」。説文：「孜，汲汲也。」孳，汲汲生也。其聲義並相近，故可相通。

皋陶曰：「吁！如何？」禹曰：「洪水滔天，浩浩懷山襄陵，下民昏墊。

昏，鄭謂没也。蓋讀「昏」爲「泯」。古昏、泯可通。牧誓「昏棄厥肆祀不答」，左傳「若泯棄之」，「昏棄」即「泥棄」也。墊，說文：「下也。」鄭謂陷也，其義亦相通。

予乘四載，隨山栞木，暨益奏庶鮮食。

四載，史記：「予陸行乘車，水行乘舟，泥行乘橇，山行乘檋。」橇，說文作「輴」，如淳謂以版置泥上，以通行路。服虔、孟康皆謂形如木箕，擿行泥上也。按橇，漢書作「毳」，即「橇」之省，說文訓「輴」爲車約輴也，與「橇」義別。橇、輴一聲之轉，疑古文假「輴」爲「橇」耳。檋，說文作「欙」，史記河渠書作「橋」，漢書作「梮」。按輂，說文：「大車駕馬者也。」〔五二〕與「舉」同義，從「共」與從「與」無別。用之徙土，謂之土輂；用之舁人，則謂之輿或橋。橋，即漢書「輿轎而越嶺」之「轎」字也。韋昭謂「梮，木器，如今輿牀，人舉以行。」是檋、橋、梮三字同義。段玉裁謂欙與輂異字同義，亦一物而異名也。輂自其乘載而言，欙自其輓引而言。纍，大索也。應劭謂欙爲人所牽引，正取輓引之義。孟子：「虆梩而掩之。」說文：「梩，徙土輂。」則輓輂得謂之虆，明矣。栞，今本作「刊」。按說文引作「栞」。又曰：「篆文從幵，作栞，讀若刊。」是本字當作「栞」或「栞」，〔五三〕不作「刊」也。說文：「栞，槎識也。」史記作「表」，亦取表識之義。奏，說文：「進也。」鮮，周禮庖人注：「鮮謂生肉。」是其義也。史記「鮮」上多一「稻」字，則與下文同，疑非。

予決九川歫四海，濬畎澮歫川；

歫，今本作「距」。按廣韻引書傳：「歫，至也。」是本作「歫」。史記訓致，至、致義通也。濬，說文一作

「睿」，史記作「浚」。按釋言：「濬，深也。」詩傳：「浚，深也。」是濬、浚古通。畎澮，說文作「くく」，謂「く，水小流也。巜，水流澮澮也」。按「く」爲籀文，「畎」爲篆文，本同字。巜、澮，則以聲相通假也。

暨稷播，奏庶艱食鮮食。

艱，馬本作「根」，云：「根生之食，謂百穀。」俞樾謂「艱」當讀爲「饎」，說文「艱」字重文作「囏」，囏、饎同聲，故得通用。儀禮士虞禮、特牲饋食禮鄭注並曰：「炊黍稷爲饎。」釋訓釋文引字林曰：「饎，熟食也。」則饎食謂熟食，正與鮮食相對成義。先時隨山栞木，止得鳥獸之屬而食之，故曰「暨益奏庶鮮食」；此時決九川距四海，濬畎澮距川，田疇已可耕種，兼得黍稷之食，故曰「暨稷播，奏庶艱食鮮食」也。按俞說較舊注爲允。

懋遷有無化居，

懋，漢書食貨志作「楙」，敘傳作「茂」，大傳及文選永明九年策秀才文作「貿」。按「楙」爲「懋」之省，懋、茂並爲「貿」之假字。說文：「貿，易財也。」化，孫星衍謂即古「貨」字，古布以「化」爲「貨」，是也。居，高晉生謂讀爲「買賣曰沽」之「沽」，晉語「假貸居賄」，史記呂不韋傳「此奇貨可居」，皆此義，實借爲「賈」字。

烝民乃粒，萬邦作乂。」皋陶曰：「俞！師女昌言。」

烝，釋詁：「衆也。」粒，史記作「立」，王引之謂當讀爲周頌思文「立我烝民」之「立」。立者，成也、定也。廣雅：「立，成也。」周禮鄭注、周語韋注並曰：「成，定也。」按王說是也。作，魯頌駉傳、廣雅並曰：「始也。」史記訓「爲」，失其旨矣。乂，釋詁：「治也。」漢書食貨志作「艾」。師女昌言，史記作「此而美也」，今文疑「師」作「斯」，其義較長。

禹曰：「都！帝，慎乃在位！」帝曰：「俞！」禹曰：「安女止，惟幾惟康。

慎，廣雅：「謹也。」乃，廣雅：「汝也。」安女止，鄭謂安女之所止，無妄動也。幾，猶謹也。康，釋詁：「静也。」静，慎也。

其弼直，惟動丕應。

弼直，史記作「輔德」。古「德」字作「悳」，「直」「悳」形近相通，疑從史記爲長。同門裴學海謂大誥「予曷其不于前寧人圖功攸終」，洛誥「叙弗其絶」，「其」並猶「爲」也。弼，廣雅：「上也。」言惟幾惟康爲上德也，亦通。丕，語詞，與「則」義略近，故每「不則」連文。康誥「丕則敏德」，無逸「時人丕則有愆」，皆其證也。

徯志以昭受上帝，天其申命用休！」

徯，説文：「待也。」史記「徯志」作「清意」，徯、清一聲之轉，謂清潔心志也。昭，古通「紹」，文侯之命「用克紹乃顯祖」，唐石經作「昭」，即其證。字亦作「邵」。毛公鼎「用卬邵皇天」，〔五四〕與召誥「王來紹上帝」、此經所謂「昭受上帝」，義並同也。釋詁：「紹，繼也。」謂承繼之義。用，廣雅：「以，用也。」則用亦以也。休，釋詁：「美也。」

帝曰：「吁！臣哉，鄰哉！鄰哉，臣哉！」禹曰：「俞。」帝曰：「臣作朕股肱耳目，予欲左右有民，女翼；予欲宣力四方，女爲；

鄰，即下文「欽四鄰」是也。左右，釋詁：「導也。」周易泰象「以左右民」，鄭注：「助也。」翼，史記訓輔，是也。宣，猶布也。爲，詩箋：「助也。」

予欲觀古人之象，日、月、星辰、山龍、華蟲作繪，

繪，隋書引大傳作「會」，陳氏禮書引大傳作「繢」，鄭注：「繪讀爲繢。」按大傳：「山龍，青也；華蟲，黄也；作繢，黑也；宗彝，白也；藻火，赤也。」是不以作繪爲繢畫之義。鄭謂衣用繪，裳用繡，則以繪爲繢畫，與下文絺繡相對爲義。竊謂繪義固爲黑，而「作繪」連文，則不可訓爲服章。高晉生云：「作會與作服相對爲義，會當讀爲『旝』，旃旗也。」蓋唐虞之世，畫日、月、星辰、山龍、華蟲於旃旗之上，故曰「日、月、星辰、山龍、華蟲作旝」也。周禮司常：「掌九旗之物，名各有屬，以待國事，日、月爲常，交龍爲旂，通帛爲旜，雜帛爲物，熊、虎爲旂，鳥、隼爲旟，龜、蛇爲旐，全羽爲旞，析羽爲旌。」此周九旗之制，與唐虞有同有異。唐虞之日、月，周之常也；唐虞之龍，周之旂也；唐虞之蟲，周之旐也。熊、虎爲毛蟲，鳥、隼爲羽蟲，則唐虞之蟲或兼周之

旗、旟也。惟星辰、山、華，不在周九旗之内。旝爲旌旗者，説文：「旝，建大木，置石其下，發以機，以追敵也。从㫃，會聲。春秋傳曰：『旝動而鼓。』〔五五〕詩曰：『其旝如林。』」文有乖誤。韻會引説文：「旝，旌旗也，从㫃，會聲。詩曰：『其旝如林。』春秋傳曰：『旝動而鼓。』一曰建大木置石其上，發以機以追敵。」段玉裁説文注據韻會以補正，是也。「旝」從「㫃」，説文次之「旞」「旃」之間。許所引春秋傳，左桓五年傳文，杜注：「旝，旃也。」後漢書馬融傳「旃旝摻其如林」，皆足證説文旌旗之訓爲的當。旝者，殆旌旗之總名也。許所引詩，大雅、大明文，毛詩作「會」，即會、旝通用之證。

宗彝、藻火、粉米、黼黻、絺繡以五采，彰施于五色作服，女明；

宗彝，謂鐘鼎也，小克鼎「克作皇祖釐季寶宗彝」，即其明證。藻，釋文：「本又作薻。」説文作「璪」，謂「玉飾如水藻之文」也。按考工記「火以圜」，鄭司農注：「爲圜形似火也。」爾雅郭注引三蒼云：「藴藻細茸如絲，圓繞可愛。」蓋藻亦作圜形，故藻火同言也。粉米，説文作「黺䋛」，謂「黺，畫粉也；䋛，繡文如聚米」也。黺指畫言，䋛指繡言，蓋爲同物而異名也。黼，釋器：「斧謂之黼。」孫炎謂「黼文如斧形」，是也。黻，僞孔傳謂「如兩己相背」，按「兩己」疑「兩弓」之譌，説文有「弜」字，「弻」字從之。王師考訂「黻」本義爲席，「弜」則輔弼之本字也。「弻」從弜聲，與「黻」古音同在十五部，則黻、弜音同，故畫弜者謂之黻，與畫斧者謂之黼，義正相應也。絺，正義引鄭注「希讀爲黹」，周禮鄭注亦止作「希」，則鄭本作「希」可知。説文無「希」字，疑即「黹」之古文。釋言：「黹，紩也。」謂刺紩也。采，三體石經作「介」。按淮南精神訓高

注：「介，被甲者。」史記南越列傳索隱：「介，被也。」蓋被于外者謂之介，故甲胄在外亦謂之介胄，蟲之外甲謂之介殼。五介，謂宗彝、藻火、粉米、黼黻、絺繡之被于外者也。「于」與「以」同，謂絺繡以五采，彰施以五色也。

予欲聞六律、五聲、八音，在治忽，以出納五言，女聽。

聞，大傳鄭注作「同」。在治忽，史記作「來始滑」，索隱謂今文作「采政忽」，漢書律曆志作「七始詠」〔五六〕，隋書律曆志作「七始訓」。按「七」乃「在」之譌，古「七」「在」形極相似。盂鼎「七」作「十」，乙敦「七」作「十」，秦公敦「七」作「十」；頌鼎「在」作「十」，師遽敦「在」作「十」，皆與今「十」字相近，故古文作「在」，今文作「七」。字又假「桼」爲之。〔五七〕太玄「運諸桼政」，王莽侯鉦銘「重五十桼斤」，皆其例也。漢隸「桼」作「[illegible]」，與「來」之變體「来」極相近，故又譌爲「來」；「來」與「采」形更近，故又譌爲「采」也。「始」與「治」聲形並近，故致譌異。作「政」者，疑亦「治」之通假。淮南氾論注：「政，治也。」〔五八〕政，与「正」同。呂覽順民注：「正，治也。」是字異而義同也。忽、滑古同聲。王引之謂「忽」當讀爲「滑」，淮南精神注：「滑，亂也。」蓋治、忽對言，在治忽，猶言察治亂。王説是也。漢志謂「順以歌詠五常之言」，則「詠」本作「訓」，故班固以「順」釋之。作「訓」者，蓋三家之異文。

予違，女弼。女無面從，退有後言。欽四鄰！

違，與「回」通，謂邪回也。史記訓爲「即辟」，「辟」與「僻」同，亦謂邪回也。四鄰，大傳謂前曰疑、後曰丞、左曰輔、右曰弼，是也。

庶頑讒説，若不在時，侯以明之，撻以記之，書用識哉，欲並生哉！

頑，廣雅：「愚也。」在，釋詁：「察也。」時，猶「是」也。侯，謂射也。按儀禮鄉射記：「天子熊侯白質；諸侯麋侯赤質；大夫布侯，畫以虎豹；士布侯，畫以鹿豕。」是「侯」本爲射的，此則引申爲射義也。射義射者内志正，外體直，而後可以言中，故此以射明之也。撻，説文作「遽」，謂扑也。孫詒讓謂「記」讀爲「誋」。説文：「誋，誡也。」書，謂著之刑書。吕刑「明啓刑書」、襄二十三年左傳「裴豹，隸也，著于丹書」，是其義也。

工以納言，時而颺之。

工，廣雅：「官也。」堯典：「朕堲讒説殄行，〔五九〕震驚朕師，命女作納言。」則納言有糾舉讒説殄行之責。颺，猶舉也，史記作「揚」。孟子「隱惡而揚善」、堯典「明明揚側陋」，「揚」並謂舉也。

格則承之，庸之，否則威之。

格，孟子「惟大人惟能格君心之非」，趙注：「格，正也。」承，順也。王云「承」同「烝」，釋詁：「進也。」詩傳：「用也。」威，謂畏之以罰也。

禹曰：「俞哉！帝，光天之下，至于海隅蒼生，萬邦黎獻，共惟帝臣，惟帝時舉。

光，釋言：「充也。」隅，說文：「陬也。」蒼，廣雅：「青也。」蒼生，謂衆民，猶言黔首也。獻，漢碑作「儀」。大誥「民獻有十夫」，大傳亦作「民儀」。是古文作「獻」，今文作「儀」。廣雅：「儀，賢也。」論語鄭注：「獻，猶賢也。」是字異而義相同矣。按「獻」假爲「𣟴」，字一作「櫱」，意與「萌」同。萌爲民，故獻亦爲民也。或謂爲黎之餘民。說文：「𣟴，伐木餘也。」共惟之「惟」與「爲」同。玉篇「惟，爲也」。共，文選李注作「俱」，是也。時，猶「是」也。

敷納以言，明庶以功，車服以庸；誰敢不讓，敢不敬應！

敷，詩傳：「徧也。」漢書作「傅」，左傳作「賦」，並古通假字。庶，左傳作「試」，王符潛夫論亦同，疑本作「試」，與堯典同。車服以庸，鹽鐵論、春秋繁露並作「輿服有庸」，車、輿同義，以、有通用字，古以、爲通。王引之謂「爲」猶「有」也。敢，潛夫論作「能」，「能不敬應」上亦有「誰」字。按敢、能義近，有「誰」字，則較古文爲長。應，爾雅釋樂李巡注：「承也。」

帝不時敷同，日奏，罔功。

奏，說文：「進也。」日奏，謂日日進用人才也，當作一逗。罔，釋詁：「無也。」

無若丹朱傲，惟慢遊是好，傲虐是作。

上「傲」字，説文作「奡」，謂嫚也。漢書、論衡並作「敖」。按「奡」古文，「敖」今文。段玉裁謂今本「傲」當止作「敖」。按説文「敖，出遊也」，「傲，倨也」。倨與嫚義相近，則作「傲」爲長，傲、敖古同聲通假字。慢與漫通，詩蕩釋文：「漫，又作『慢』。」莊子徐無鬼釋文：「慢，本作『漫』。」是其證。漢書藝文志集注：「漫，放也。」傲，岳本作「敖」。按詩終風：「謔浪笑敖。」則「敖虐」疑即敖謔，非暴虐之謂也。史記載此文有「帝曰」二字，則以此爲帝所言。漢書楚元王傳劉向以此爲帝舜戒伯禹，論衡問孔、譴告並以此爲舜戒伯禹，尤其明證，則今文本疑有「帝曰」二字也。

罔晝夜頟頟，〔六〇〕罔水行舟，

頟頟，潛夫論作「鄂鄂」，朱彬謂無晝夜皆頟頟，即詩所謂「式號式呼，〔六一〕俾晝作夜」，指慢遊傲遊而言。則「頟頟」疑爲「詻詻」之假字。説文：「詻，論訟也。傳曰：詻詻孔子容。」廣雅：「詻詻，語也。」是詻詻即謂爭訟呼號，非推舟之謂也。按「詻」與「鄂」古通。集韻「萼」或作「蘁」。爾雅「太歲在酉曰作噩」，史記作「鄂」，漢書及殽阬碑並作「噩」，即其證。説文：「咢，譁訟也。」廣雅：「諤諤，語也。」朱説甚是。罔，史記作「毋」，孟子趙注作「無」。無、毋古通。釋詁：「罔，無也。」

朋淫于家，用殄厥世。

朋，説文作「堋」，按「堋」乃「明」之假字，與假「狟狟」爲「桓桓」、假「莫」爲「蔑」、假「玟」爲「好」一例。閻若璩謂居喪犯婬，非也。後漢樂成靖王傳作「風」。朋，本古「鳳」字。卜辭「風」並作

「鳳」，故朋、風可通。風，放也。左傳：「風馬牛不相及也。」柴誓：「馬牛其風。」釋名：「風，放也。」殄，釋詁：「絕也。」

予創若時。娶于塗山，辛、壬、癸、甲；

創，漢書五行志注：「懲艾也。」若，猶「于」也。按史記於「予不能順是」下，叙禹曰：「予娶塗山，辛、壬、癸、甲。」則以「予創若時」上屬，而以「娶于塗山」以下爲禹之言，別于上文爲帝戒禹之辭。論衡引禹曰：「予娶若時，辛、壬、癸、甲。」則又以「予創若是」下屬。蓋今文以上文爲帝言，下文爲禹言，遂致割裂不順，不如古文以同爲禹言爲允當也。塗，說文作「嵞，會稽山也。」引書「予娶嵞山」。則今古文同作「予娶塗山」。疑「娶于」爲「予娶」之譌倒也。吕覽：「禹娶塗山氏女，不以私害公，自辛至甲四日，復往治水，故江淮之俗，以辛、壬、癸、甲爲嫁娶日也。」是以「辛壬癸甲」爲四日也。

啓呱呱而泣，予弗子，惟荒度土功。

啓，論衡作「開」。呱，說文：「小兒啼聲。」白虎通無「而」字。子，中庸鄭注：「愛也。」荒，詩傳：「大也。」度，禮記月令注：「謂制大小也。」廣雅：「圖，度也。」則度亦圖也。史記作「成」。廣雅：「度，就也。」「就」有成誼。

弼成五服至于五千，州十有二師。

弼，説文作「𠨍」，謂輔信也。史記作「輔」。弼、𠨍古通，「輔」則訓故字。按「弼」當假爲「庀」，治也。五服，即禹貢甸服、侯服、綏服、要服、荒服是也。五千，史記説爲五千里，是也。師，大傳：「古之處師，八家而爲鄰，三鄰而爲朋，三朋而爲里，五里而爲邑，十邑而爲都，十都而爲師，州十有二師焉。」

外薄四海，咸建五長，各迪有功。

薄，廣雅：「至也。」詩蓼蕭鄭箋作「敷」。五長，王制：「五國以爲屬，屬有長。」按五國立一長，恐不能謂之五長。曲禮：「其在東夷、北狄、西戎、南蠻，雖大曰子。」子者，五爵之一。疑此五長，即指五爵，別言曰子，通言則曰五爵。猶諸侯本爲五爵之一，而通言則統五爵言之。此謂四海之外，同建爲諸侯耳。迪，猶用也。牧誓：「昏棄厥遺父母弟不迪」，史記「迪」作「用」，即其證也。

苗頑弗即功，帝其念哉！」

即，釋詁：「就也。」就，釋詁：「成也。」念，説文：「常思也。」按念亦敬也，下文「念哉」與「欽哉」並用，盤庚「念敬我衆」，是其證。

帝曰：「迪朕德，時乃功惟叙。」

迪，進也，史記作「道」。乃，史記訓「女」，是也。惟，史記作「維」。古惟、維通用，書皆用「惟」，詩皆用「維」。叙，釋言：「順也。」史記作「序」。

皋陶方祗厥叙，方施象刑，惟明。

祗，敬也。方，白虎通、續漢書劉注、三國志裴注並作「旁」。廣雅：「方、旁，大也。」叙，續漢志劉昭注並作「緒」。釋詁：「緒，事也。」廣雅：「業也。」古叙、緒通用。

夔曰戛擊鳴球，搏拊琴瑟，以詠。

曰，釋詁：「爰，曰也。」則曰亦爰也。孫云：「夔曰」至「來儀」爲虞史之言，故史公説「曰」爲「於是」。按孫説是也。戛擊，漢書楊雄傳作「拮隔」。韋昭注：「拮，擽也。古文隔爲擊。」段玉裁謂古説皆謂戛擊爲柷敔，拮即「戛」字，謂擽敔也；隔即「擊」字，謂擊柷也。按禮記明堂位：「拊搏、玉磬、揩擊、大琴、大瑟、中琴、小瑟，四代之樂器也。」拊搏即搏拊，玉磬即鳴球，揩擊即戛擊，則「戛擊」當爲樂器甚明。戛、拮、揩三字古通。禹貢「三百里納秸服」，釋文：「一作稭。」漢書地理志作「戛」，即其證。搏拊，釋名：「以韋盛糠，形如鼓，以手拊拍之也。」周官太師、禮記樂記謂之拊。荀子樂論：「鞉柷拊鞷椌楬似萬物，則謂之拊鞷。」史記禮書「尚拊膈」，徐廣曰：「一作搏膈。」皆一物也。

祖考來格，虞賓在位，群后德讓；

格，大傳作「假」。虞賓，謂丹朱。白虎通「虞賓在位，不臣丹朱也」，是其證。鄭謂群后德讓者，諸侯助祭者以德讓，已上皆宗廟堂上之樂所感也。按説文：「德，升也。」論語「揖讓而升」，升讓與上文在位之義相應，疑從「升」義爲長。

下管鞀鼓，合止柷敔，笙鏞以間。

下，鄭謂堂下之樂，是也。管，淮南高注：「簫也。」鞀，説文作「鞀」，又作「鞉」。王制疏引漢禮樂器制度：「鞀如小鼓，長柄，旁有耳，摇之使自擊。」詩那傳：「鞉鼓，樂之成也。」釋名：「鞉，導也，所以導作樂也。」是樂之始終，並用鞀鼓矣。合，書疏引漢初以來學者相傳，皆云樂之初，擊柷以作之；樂之將末，戛敔以止之，故謂之合。柷，説文：「柷，樂木空也，所以止音爲節。」鄭謂狀如漆筩，中有椎，摇之以節樂，是也。敔，説文：「樂器，椌楬也，形如木虎。」鄭謂狀如伏虎，背有刻，以物擽之，所以止樂，是也。笙，樂器。白虎通：「匏曰笙。」詩鹿鳴「吹笙鼓簧」是也。鏞，今本作「鏞」。釋器：「大鐘謂之鏞。」按周禮大司樂字作「庸」，鄭注：「西方之樂謂之庸。庸，功也。」則鄭本作「庸」明矣。白虎通、風俗通並作「鏞」。姚本蓋改從今文也。間，釋詁：「代也。」

鳥獸蹌蹌，簫韶九成，鳳凰來儀。

蹌蹌，釋詁：「動也。」説文作「牄牄」，謂鳥獸來食聲也。説苑作「鶬鶬」，皆同聲通假字。史記作「翔舞」，以意訓也。韶，説文：「虞舜樂也。」史記作「招」。鄭謂簫韶，舜所制樂。説文亦謂虞舜樂曰箾韶。「箾」蓋「簫」之假字，是許、鄭説同也。成，周禮樂師注：「謂所奏一竟也。」儀，方言、廣雅並曰：「來也。」

是來、儀重言。

夔曰：「於！予擊石拊石，百獸率舞，庶尹允諧。」

夔曰，大司樂鄭注引作「夔又曰」，古文本有兩「夔曰」。按史記無「夔曰」以下八字，漢書宣紀引「鳳凰來儀，庶尹允諧」，後漢明紀引「鳳凰來儀，百獸率舞」。莊二十二年左傳服虔注：「虞舜祖考來格，鳳凰來儀，百獸率舞。」皆無此八字，則古文本疑因堯典而衍，從今文爲長。率，詩傳：「用也。」允，亦猶用也。詩大明「聿懷多福」，春秋繁露作「允懷多福」，是「允」可爲語詞之證。尹，釋詁：「正也。」正，長也。

帝庸作歌。曰：「勑天之命，惟時惟幾！」

段玉裁以「歌」字絶句，是也。勑與「勅」同。釋詁：「勑，勞也。」然則勑天之命，殆猶毛公鼎「勞堇大命」矣。史記作「陟」。時，猶謹也，慎也。幾，亦謹也。時、幾相對成義，與上文惟康、惟幾略同。

乃歌曰：「股肱喜哉！元首起哉！百工熙哉！」

元，釋詁：「首也。」大傳謂元首，君也；股肱，臣也。熙，釋詁：「興也。」王引之謂喜也、起也、熙也皆興也，故下文皋陶曰「率作興事」也。學記鄭注：「興之言喜也、歆也。」正義引爾雅「歆、喜，興也」。今爾雅作「廞、熙，興也」，是喜與熙皆有興起之義。按王説是也。

皋陶拜手稽首颺言曰：「念哉！率作興事。慎乃憲，欽哉！屢省乃成，欽哉！」

颺，史記作「揚」。釋詁：「賡、揚，續也。」按「揚」無續義，疑未可從。憲，釋詁：「法也。」省，釋詁：「察也。」

乃賡載歌曰：「元首明哉！股肱良哉！庶事康哉！」

賡，釋詁：「續也。」史記作「更」。列子：「五年之後，心庚念是非，口庚言利害。」「七年之後，從心之所念，庚無是非，從口之所言，庚無利害。」皆假「庚」爲「更」，是賡、更古本通用，更、續之義，互相備也。載，事也。引申爲作爲之義，故史記作「爲」。

又歌曰：「元首叢脞哉！股肱惰哉！庶事墮哉！」帝拜曰：「俞，往，欽哉！」

叢脞，古雙聲連語。馬謂叢，総也；脞，小也。按説文：「叢，聚也。」聚與揔義同。説文無「脞」字，目部有「睉」，謂小目也。是從「坐」之字有小義，故馬以睉爲小。鄭謂揔聚小小之事以亂大政，則猶今言煩瑣矣。按王云：廣雅：「叢凑，遽也。」治事急遽無序，則衆務叢凑于前。脞、凑雙聲字，則「睉」當爲「凑」之假。王説較勝。惰，説文：「不敬也。」墮，説文作「陊」。方言：「陊，壞也。」

禹貢第三

貢，廣雅：「稅也。」方言：「獻也。」按此「貢」字統篇貢與賦二者言之。〔六二〕孟子「夏后氏五十而貢」，此言賦稅之貢也；宣三年左傳「貢金九牧」，此言貢獻之貢也。篇中以貢、賦分言，而此獨舉「貢」者，散言則通，對文則別也。此篇紀禹平治水土，制定貢賦之事，故曰禹貢。

禹敷土，隨山栞木，奠高山大川。

敷，史記作「傅」，古敷、傅通用。敷，猶布也。詩長發「敷政優優」，成二年、昭十二年左傳並作「布政優優」；下文「篠蕩既敷」，夏本紀作「竹箭既布」，皆其證也。布列則有治理之義，故孟子「舉舜而敷治焉」，趙注：「敷，治也。」奠，史記訓定，是也。

冀州：既載壺口，治梁及岐。

「冀州」二字爲句，與下文「濟河惟兖州」「荆及衡陽惟荆州」文法一例。鄭謂兩河間曰冀州，不書其界者，時帝都之，使若廣大然。載，俞樾謂白虎通四時篇：「載之爲言成也。」既載壺口，言禹治壺口既成，乃治梁、岐也。按俞説未安。鄭謂載之言事，事謂起徒役也。載之爲事，乃古訓也。詩文王「上天之載」，毛傳：

「載，事也。」堯典「熙帝之載」，史記作「事」。蓋事物謂之事，治其事亦謂之事。荀子榮辱篇：「使人載其事而各得其宜。」載其事，謂治其事也。詩旱麓：「清酒既載。」既載，謂既治也。壺口，漢志在河東北屈縣東南。梁山，在左馮翊夏陽縣西北。岐山，在右扶風美陽縣西北。按北屈，今之吉州；夏陽，今之韓城；美陽，今之岐山。而岐山去河過遠。晁以道謂岐山在今汾州介休縣狐岐之山，勝水所出，東北流注于汾。以地望言之，疑晁說是也。

既修大原，至于岳陽；覃懷厎績，〔六三〕至于衡漳。

修，釋詁：「治也。」大，今本作「太」，俗字也。大原，地名。詩六月：「玁狁匪茹，整居焦穫。侵鎬及方，至于涇陽。」又曰：「薄伐玁狁，至于大原。」又曰：「來歸自鎬。」是大原當在涇水之東，與焦穫、鎬、方諸地相近。鎬即史記秦穆公濟河焚舟所伐之鄗，方即吉金文之葊京，秦漢時之蒲坂，今當在河曲之地。爾雅郭注謂焦穫即扶風池陽縣瓠中，在今三原、涇陽之間，則大原當在涇、河之間。又按虢季子白盤：「博伐玁狁，于洛之陽。」則玁狁所居，更在洛水之東，而與大河相接壤。則大原更當在河、洛之間求之。左傳子產曰：「宣汾、洮障大澤，〔六四〕以處大原。」水經注：「汾水，出汾陽縣北，西至汾陰北，西入于河。」汾陰在今榮河縣北。洮水出河東聞喜清野山。聞喜與榮河相近，皆距大河不遠，且洮水所經，有董澤、晉興澤、張澤，與左傳「障大澤」之言相合；則大原即在今榮河、聞喜之間矣。岳，史記作「嶽」。鄭謂岳陽，即河東彘縣霍太山之南。〔六五〕按下文：「道山，壺口雷首至于太岳。」太岳即霍太山，亦即周禮職方之霍山，在今岳陽縣西北也。

覃懷，地名，漢志河内郡有懷縣，在河之北，蓋即其地。懷縣故城在今武陟縣西。衡漳，鄭謂漳水橫流入河，故曰衡漳。按衡、橫古字通用，故鄭訓衡爲橫。漢志清漳水，出上黨沾縣，濁漳水出長子縣，東至鄴縣入清漳。據水經注，自鄴縣合流之後，東北流至斥漳縣南。應邵謂漳水至此入河，則在今直隸廣年境内入河也。

厥土惟白壤；厥賦惟上上，錯；厥田惟中中。

壤，說文：「柔土也。」賦，廣雅：「稅也。」此謂田稅也。錯，詩傳：「雜也。」僞孔傳謂雜出第二之賦，是也。按九州田畝各分九等，冀州賦第一，田居第五。田、賦不相等者，劉敞謂九州之地，有大小之不齊，其定田也，以田之美惡爲等，州雖小而田美則居上，州雖大而田惡則居下，不復問其大小也；其定賦也，以賦之多寡爲差，州大者其賦多，州小者其賦少，不盡繫其美惡也。

恒、衛既從，大陸既作，

恒，史記作「常」，訓詁字也。恒、衛，二水名。漢志恒水出常山上曲陽，東入滱水；衛水出常山靈壽縣東北，東入滹沱。胡渭謂恒水出曲陽縣西北，至縣東北入滱；衛水出靈壽縣東北，至縣東南入滹沱，其所歷不過數十里之地，不足以當禹功之荒度。水經注滱水東過上曲陽縣北，恒水從西來注之，自下滱水兼納恒水之通稱，則恒即滱水，衛即滹沱。其說是也。大陸，澤名，漢志在鉅鹿縣北。釋地晉有大陸，孫炎謂今鉅鹿廣河澤也。作，周禮鄭注：「治也。」史記作「爲」。

鳥夷皮服，夾右碣石入于河。

鳥，今本作「島」。按正義謂孔讀「鳥」爲「島」，島是海中之山。鄭玄謂「鳥夷，東方之民搏食鳥獸者也」，王肅謂「鳥夷，東北夷國名也」，則各本皆作「鳥」明矣。竊謂東夷之稱鳥夷，猶西戎之稱犬戎，亦不必讀爲島也。夾之言達也。詩大明「使不挾四方」，韓詩作「俠」，毛傳：「挾，達也。」釋名：「挾，夾也。」則夾亦可訓達也。王伯厚謂在高麗界者爲左碣石，在平州南者爲右碣石。其所指之左、右碣石，固未必可信，而以「右」字下屬，則似較舊説爲安。蓋「碣石」，爲東北大山。河入海地，當在碣石之右，故謂之右碣石。若謂道山只言碣石，則道山言大岳，而此州只言岳陽，文各有所指也。漢志右北平驪城下云：「大碣石山在縣西南，莽曰揭石。」遼西郡絫縣下云：「有揭石水入官。」楊守敬謂漢志於驪城著大碣石，於絫縣著揭石水，揭石水自以出揭石山得名，一山一水，分著於兩縣之間，其山之大可知。按絫縣故城，在今昌黎東北。驪城屬右北平，絫縣屬遼西，則驪城應在絫縣之西矣。河，史記作「海」，徐廣曰：「海，一作河。」按作「河」者是也。禹貢於每州之末，皆言達河之貢道，此州雖無貢篚之文，或鳥夷來貢之道也。

濟、河惟兗州：

濟，水名，説文、漢志同作「泲」。按説文：「泲，沇也。」漢志：「沇水出河東王屋山東北，東南至武德入河，軼出滎陽北地中，又東至郎槐入海。」下文道水云：「道兖水東流爲濟，入于河，溢爲滎，東出于陶丘北，又東至于菏，又東北會于汶，又東北入于海。」是禹貢之濟，正漢志之泲。又説文：「濟水出常山房子贊皇山，東入泜。」漢志與説文略同。是濟爲小水，不足以當禹貢之濟甚明。然史記字亦作「濟」，蓋泲、濟音同，假「濟」爲「泲」耳。兖，説文、史記同作「沇」。釋名：「兖州，取兖水以爲名也。」則本字亦當作「沇」。鄭謂沇州之界，在此兩水之間。顔師古謂東南據濟水，西北距河，皆是也。

九河既道，雷夏既澤，雍、沮會同。

九河，釋水謂徒駭、大史、馬頰、覆釜、胡蘇、簡、絜、鉤盤、鬲津也。漢書溝洫志：「許商以爲古説九河之名，有徒駭、胡蘇、鬲津，見在成平、東光、鬲界中。自鬲以北至徒駭間，相去二百餘里。今河雖數移徙，不離此域。」按成平故城，在今交河縣東；鬲縣故城，在今德州之北。而漢志於成平下云：「滹沱河，民曰徒駭河。」滹沱即上文衛水，則九河之名，疑多不足據；但許商所説在成平、鬲縣之間，殆近之矣。道，周語韋注：「通也。」雷夏，澤名。漢志雷澤在濟陰成陽縣西。按成陽故城，在今曹州東北、濮州東南。雍、沮，二水名，今本「雍」作「雝」。按括地志謂雝、沮在雷夏澤西北平地。元和志謂二源俱出雷澤縣西北平地，又謂雷夏澤在縣北郭外，灉、沮二水，會同此澤。史記集解引鄭注：「雍水、沮水相觸而合入此澤中。」此蓋二志所本；但「灉」字作「雍」，則鄭本當作「雍」，與史記、漢志並同。

桑土既蠶，是降丘宅土。

桑土，鄭謂今濮水之上有桑間。樂記注：「桑間在濮陽。」蠶，説文：「任絲也。」是，於是也。降，釋詁：「落也。」宅，釋言：「居也。」丘，説文：「土之高者。」按風俗通山澤篇作「民乃降丘度土」，史記「於是民得下丘居土」，似亦據今文；「是」作「民乃」二字，與古文不同。

厥土黑墳，厥草惟繇，厥木惟條；

墳，馬謂有膏肥也。周禮大司徒注：「水崖曰墳。」其義足互相備。繇，説文：「蘨，草盛貌。」條，詩傳：「長也。」史記、漢書無兩「厥」「惟」字。

厥田惟中下；厥賦貞作，十有三載乃同。

「厥」「惟」字，史記、漢書並無。貞，俞樾謂：正當也。廣韻：「正，正當也。」洛誥「我二人共貞」，釋文引馬云：「貞，當也。」厥田中下，厥賦亦中下，賦正與田相當。按俞説未安。賦共九等，自應州各一等，雍州之賦既爲中下，則此不得復爲中下也。江聲謂史記集解引鄭注「雍州中下」，當爲「下下」之譌。亦不可信。竊疑「貞」即偵探之偵。説文：「貞，卜問也。」廣雅：「偵，問也。」是其義相同。晉語「貞之無報也」，「貞」亦當爲「偵」。集韻「貞」又作「偵」。周易「恒其德貞」，禮記緇衣「貞」作「偵」。〔六六〕貞、偵蓋古今字，由卜問之義，引申而爲偵察之義也。作，當如「任土作貢」之作。貞作，即言作賦之事，謂偵察而作也。兗州下濕，賦居下下，蓋初時尚無定賦，至十有三年乃與他州有同一定之賦額也。

厥貢漆絲，厥篚織文。

貢謂土貢，以土物獻於天子也。漆，說文作「桼」，謂木汁可以髹物也。篚，漢書作「棐」。說文：「匪，器似竹篋也。」織文，僞孔傳謂錦綺之屬。按說文：「錦，襄邑織文也。」

浮于濟、漯，達于河。

浮，廣雅：「浮，行也。」〔六七〕漯，水名，漢志：出東郡東武陽縣，東北至千乘入海。說文「漯」作「濕」，則「漯」當係「濕」之譌變。按東武陽故城，在今山東朝城縣西；千乘故城，在高苑縣北。又漢志平原郡高唐下云：「桑欽言漯水所出。」蓋漯自朝城經高唐而過。高唐，今禹城也。達，史記訓「通」，是也。

海、岱惟青州：嵎夷既略，濰、淄其道。

岱山，漢志在泰山博縣西北，即今泰山也。嵎夷，見堯典，亦曰暘谷。說文：「嵎山在遼西。」按遼西在冀州，此嵎夷與說文所說無涉也。略，廣雅：「治也。」濰、淄，二水名。漢志維水出琅邪箕縣，北至都昌縣入海；淄水出泰山萊蕪縣原山，東至博昌縣入泲。按「維淄」，史記作「濰淄」，漢志一作「惟甾」。釋文：「濰，本又作維，又作惟。」皆通用字。箕縣故城，在今莒州東；都昌故城，在今萊州西；萊蕪故城，在今益都西南；博昌故城，在今博興東南。其，與「既」古通用。詩常武「徐方既來」，荀子議兵篇「既」作「其」，即其證。史記正作「既」也。

厥土白墳，海濱廣斥；

漢志「濱」作「瀕」。按瀕，古「濱」字。説文：「瀕，水厓也。」斥，説文：「鹵，西方鹹地也，東方謂之斥，西方謂之鹵。」是也。夏本紀、地理志並作「潟」，周禮鄭注：「潟，鹵也。」

厥田惟上下；厥賦中上；厥貢鹽、絺，海物惟錯，

絺，説文：「細葛也。」錯，詩鶴鳴「他山之石，可以爲錯」，毛傳：「錯，石也。」林少穎謂與揚州「齒革羽毛惟木」文勢正同，錯別是一物，如豫州之磬錯也。按曾伯霥簠：「吉金黄錯。」邾公華鐘：「玄鏐赤錯。」説文：「錯，金涂也。」又邵鐘「玄蟥鐳鋁」，〔六八〕邾公望鐘作「䥾呂」。吴清卿釋爲錯鑪。説文：「鑪，錯銅鐵也。」則錯即謂錯鑪，非錯雜之謂矣。惟錯、惟木，與下文「蠙珠暨魚」，文法一例。「惟」並猶「暨」也。

岱畎絲、枲，鉛、松、怪石；

畎，説文籀文作「㽘」。釋名：「山下根之受霤處曰㽘。㽘，吮也，吮得山之肥潤也。」枲，釋草：「麻也。」鉛，説文：「青金也。」

萊夷作牧，厥篚檿絲。

萊夷，史記齊世家太公東就國，萊夷來伐，與之争營丘；定十年左傳夾谷之會，萊人欲以兵劫魯侯，皆即此萊夷也。作，王引之謂：作之言乍也，始也。魯頌駉傳：「作，始也。」廣雅同。皋陶謨「烝民乃粒，萬邦作

乂」。「作」與「乃」相對成文；下文「沱、潛既道，雲夢土作乂」，「作」與「既」相對成文。按王說是也。檿，史記作「酓」。「酓」與「檿」古音相同。詩湛露「厭厭夜飲」，韓詩作「愔愔」；無逸「乃或亮陰」，大傳作「梁闇」，鄭讀爲「梁鶕」，即其證。釋木：「檿桑，山桑也。」

浮于汶，達于濟。

汶，漢志汶水出泰山萊蕪縣原山，西南入濟。按水經注汶至安民亭入濟，即今東平西南之安山鎮也。達濟不言達河者，承上文兗州而省也。

海、岱及淮惟徐州：淮、沂其乂，蒙、羽其藝。

淮，漢志淮水出南陽平氏縣東南，至淮陵入海。胡渭謂「淮陵」乃「淮陰」之譌。按平氏故城在今桐柏縣西北，淮陰故城在今淮陰縣東南。沂，漢志沂水出泰山蓋縣，南至下邳入泗。按蓋縣故城在今青州沂水縣西北，下邳故城在今邳州之東。其，並與「既」同。上文「濰、淄其道」，史記「其」作「既」，即其例也。乂，史記訓「治」，是也。蒙、羽，二山名，漢志蒙山在泰安蒙陰縣西南，羽山在東海祝其縣南。按祝其故城在今淮安之南。藝，漢志作「埶」。廣雅：「藝，治也。」

大野既豬，東原底平。

大野，澤名，漢志在山陽鉅野北。野，漢志作「壄」，野之古文也。豬，史記作「都」，酈道元謂水澤所聚謂之都，亦曰豬。是也。東原，鄭謂今東平郡。厎，大也。平，猶定也。

厥土赤戠墳，草本蔪苞；

戠，今本作「埴」。按釋文：「鄭作『戠』，徐、鄭、王皆讀曰『熾』。」則鄭本作「戠」。文選李注引鄭曰：「熾，赤也。」玉篇、廣韻：「埴，赤土也。」是赤、戠皆言土色。蔪苞，今本作「漸包」，亦與漢書同。按說文作「蔪苞」，謂草相蔪苞也。釋文引字林：「蔪，草之相包裹也。」釋言：「苞，稹也。」

厥田惟上中；厥賦中中；厥貢惟土五色，羽畎夏翟。嶧陽孤桐；

釋名：「徐州貢土五色，青、黃、赤、白、黑也。」羽畎與岱畎同以山得名。夏，詩傳：「大也。」翟，釋鳥：「山雉也。」周禮染人注引作「羽畎夏狄」，漢志作「狄」。古狄、翟通。詩簡兮「右手秉翟」，韓詩作「狄」是也。嶧陽，漢志：葛嶧山在東海下邳縣西，古文以爲嶧陽。詩卷阿「梧桐生矣，于被朝陽」，蓋桐好生在山之陽也。

泗濱浮磬，淮夷蠙珠暨魚。

泗，漢志泗水出濟陰乘氏，東至淮陰入淮。淮夷，柴誓「玆淮夷、徐戎並興」、彔卣「叡淮夷敢伐內國」，皆即此也。蠙，說文作「玭」，謂玭珠也。釋文引韋昭曰：「玭，蚌也。」廣韻：「蠙，珠母也。」蓋本蚌名，因以爲珠名耳。暨，詩泮水正義作「洎」，史記、漢志並作「臮」，是本作「臮」也。

厥篚玄纖縞。浮于淮泗，達于菏。

玄，詩傳：「黑而有赤也。」纖，説文：「細也。」縞，廣雅：「練也。」菏，今本作「河」。按説文、漢志並作「菏」。菏，澤名，説文：「在山陽湖陵。」水經注：「菏水自定陶東北，與濟水分流。」則由菏達濟，正承青州達于濟而言，「河」乃譌字也。

淮、海惟揚州：彭蠡既豬，陽鳥攸居。

彭蠡，澤名，漢志在豫章彭澤西，〔六九〕即今之鄱陽也。豬，史記作「都」，論衡作「瀦」，古通用字。陽鳥，鄭謂鴻雁之屬。按林之奇、俞樾並謂「陽鳥」爲地名，吕覽恃君有「陽鳥」，或即其地。此亦可以備一説也。攸，漢志作「逌」，即古攸字。按逌、迪古本同字，故多方「不克終日勸于帝之迪」，釋文引馬本作「攸」，是其證。「迪」從「由」聲，故與「由」通，廣雅：「由，用也。」陽鳥攸居，謂陽鳥用居也。

三江既入，震澤厎定。

三江，漢志南江在吴縣南，東入海；北江在毘陵北，東入海；中江出蕪湖西南，東入海，皆謂爲揚州川也。舊注多以漢志之中江、北江，與道水之中江、北江爲同水。按志明言皆揚州川，則爲揚州所獨有，不以爲大江也；且中江明言出蕪湖西南，其不足以當大江之中江甚明。然漢志之毘陵即今之江陰，水經注大江東經江陰之北，則漢志毘陵之北江實即大江。楊守敬謂禹貢于荆州稱江、漢朝宗於海，明明謂江、漢同流，特以漢在江北，故以北江系于道漾之下。其不復稱漢而稱北江者，江終大於漢，於同流之中略分名實耳。是漢志北江即道水之北江，亦即道水之中江。班志誤以當揚州三江之北江，故北江不能言所出也。此文三江，漢志中江、南江可當其二。班志明謂南江即吴淞江矣。寰宇記荆溪即漢志蕪湖之中江也。則中江殆即今宜興之荆溪也。其他一江，據國語韋昭注：〔七〇〕三江，松江、錢唐、浦陽江也。水經沔水注引郭景純曰：「三江者，岷江、松江、浙江也。」按水經注浙江於餘暨東合浦陽江，則浦陽、錢唐合流。古代水之合流者，每得通稱，則浦陽、錢唐，皆謂浙江。以之當三江之一，似於事理無背也。震澤，漢志在吴縣西，即今之太湖也。

篠簜既敷。厥草惟夭；厥木惟喬；厥土惟塗泥；

篠，説文作「筱」。釋草：「篠，竹箭也。」簜，釋文：「或作簜。」釋草：「簜，大竹也。」史記：「篠簜作竹箭。」敷，史記訓布，是也。夭，大學鄭注：「夭夭，美盛貌。」喬，釋詁：「高也。」塗，詩傳：「泥也。」

厥田惟下下；厥賦下上，上錯；厥貢惟金三品，瑶、琨、篠簜，齒、革、羽、旄惟木。

上錯，江聲謂雜出上等，蓋時或出中下之賦，是也。金三品，鄭謂銅三色也。瑶，説文：「玉之美者。」按王肅謂瑶琨，美石似玉者。九歌王逸注：「瑶，石之次玉者。」詩木瓜釋文引説文：「瑶，美石也。」吴都賦劉逵注：「瑶、琨，皆美石。」且説文於「琨」「珉」下皆云「石之美者」，則「玉」當爲「石」之譌。琨，馬本、漢志並作「瑻」。説文「琨」或从「貫」作「瑻」。革，説文：「獸皮治去其毛爲革。」是也。旄，今本作

「毛」。按僞孔傳謂旄牛尾。考史記、漢志注，並當作「旄」，則字本作「旄」。晉語韋注：「旄，旄牛尾也。」周禮鄭注：「旄，旄牛尾。」下文荆州正作「羽旄」，皆其證。惟，猶暨也。史記、漢志無「惟木」二字。

鳥夷卉服，厥篚織貝，厥包橘、柚，錫貢。

卉，釋草注：「舍人曰：凡百草一名卉。」是也。貝，鄭謂錦名。詩巷伯「成是貝錦」，是其證也。包，説文作「苞」。召南：「白茅苞之。」苞，猶裹也。錫貢，王肅謂錫命而貢。按錫與貢，古義略同。堯典「師錫帝曰」，下文「九江内錫大龜」，又曰「禹錫玄圭」，是下之奉上亦通曰錫矣。錫貢與厥貢之義不同者，蓋錫爲獻納之義，其義視貢爲尤貴重，當是特貢，非常制耳。

沿于江、海，達于淮、泗。

沿，釋文：「鄭本作『松』，『松』當爲『沿』。」鄭謂沿，順水行也。馬本、史記、漢書並作「均」。蓋古文作「松」，今文作「均」，鄭讀爲「沿」。「松」乃「沿」之譌，「均」古音同「匀」，匀、沿一聲之轉，今文假「均」爲「沿」也。一切經音義引三蒼云：「循，古文作『均』。」循、沿亦同誼。

荆及衡陽惟荆州：

荆、衡，二山名。漢志：「禹貢南條荆山在南郡臨沮縣東北；衡山在長沙國湘南縣東南。」按臨沮即今襄陽，湘南即今衡山縣也。

江、漢朝宗于海，九江孔殷。

朝，禮記注：「猶會也。」説文作「淖」，即今「潮」字。宗，廣雅：「聚也。」詩沔水「沔彼流水，朝宗于海」，義與此同。九江，漢志在尋陽南，皆東合爲大江。按山海經：「澧、沅、瀟湘之淵，在九江之間。」〔七二〕楚地記：「巴陵、瀟湘之浦，在九江之間。」水經：「禹貢九江，地在長沙下雋縣西北。」按下雋故城，在湖北通城之西，則所謂九江皆謂洞庭諸水，與漢志不合。以事理地勢考之，尋陽在揚州之域，不得以言荆州；而荆州除江、漢之外，則湘、沅爲巨川，亦不至略而不言。蓋漢志九江，自是道水之九江，與此文無涉也。孔，老子河上公注：「大也。」殷，猶定也。堯典「以殷仲春」，史記「殷」作「正」。古正、定通用。堯典「以閏月定四時」，史記「定」作「正」，即其證也。史記訓爲「甚中」，失其旨矣。

沱、潛既道，雲夢土作乂。

沱，説文：「江別流也。」釋水：「水自江出爲沱，漢爲潛。」按漢志南郡枝江縣「江沱在西，東入江」，即此州之沱也。潛，史記作「涔」，漢志作「灊」。古「潛」「涔」通用。詩潛篇「潛有多魚」，韓詩作「涔」，是其證。集韻：「灊，音潛。」是潛、灊同音相通也。按九歌「望涔陽兮極浦，横大江兮揚靈」，王逸注：「涔陽，江碕石，附近郢。」考郢都故地在今江陵之北，適當漢水之南，蓋即此州潛水所在也。雲夢土，今本作「雲土夢」。按僞孔傳：「雲夢之澤，其中有平土丘，水去可爲畊作畎畝之治。」則本作「雲夢土」明矣。惟史記索隱單行本出「雲土夢」三字，小注：「雲土、夢，二澤名。」引韋昭云：「雲土今爲縣，屬江夏，地理志江夏有雲杜縣，是其地。」段謂韋昭注乃漢書音義，是史記、漢書並作「雲土夢」之證。今本作「雲土夢」，乃依史、漢而改。皮謂楚辭王逸注「夢，澤中也」，雲土夢，即雲土夢澤耳。按以「夢」爲澤，聲誼並無確徵，當從古文作「雲夢土」，土、杜並「澤」之假字。雲夢一藪，屢見周官、爾雅、國策、淮南墬形訓、鹽鐵論、說文、宋玉高唐賦、司馬相如子虛賦，惟左傳或單稱「雲」，或單稱「夢」，無單稱「杜」或「土」者，可知「雲夢土」即雲夢澤，「雲杜」亦即雲澤也。古土聲、睪聲通用。粊誓「杜乃擭」，釋文「杜」作「敗」；梓材「惟其斁塈茨」，說文「斁」作「敗」，是杜、斁通用之證。古澤、擇字並讀如「斁」，呂刑「罔有擇言在身」，孝經「口無擇言，身無擇行」，王念孫謂「擇」讀如「殬」。說文：「殬，敗也。」斁、殬同音，是其證。漢志雲夢澤在華容南，釋水楚有雲夢，即今之洞庭也。作，與「始」義同。

厥土惟塗泥；厥田惟下中；厥賦上下；厥貢羽、旄、齒、革，惟金三品，杶、榦、〔七二〕栝、柏，礪、砥、砮、丹，惟箘、簵、楛。

旄，今本亦作「毛」，但史記、漢志尚並作「旄」。惟金三品，惟箘簵楛，並與上文「惟木」同解，「惟」亦暨也。杶，說文：「木也。」榦，考工：「凡取榦之道七：柘爲上，檍次之，檿桑次之，橘次之，木瓜次之，荆次之，竹爲下。」是榦蓋指柘屬言也。栝，猶檜也，僞孔傳謂栝，柏葉松身。按爾雅、說文並曰：「檜，柏葉松身。」

是栝與檜同。集韻「檜」古作「棔」，通作「栝」，是其證也。礪，説文：「厲，旱石也。」「旱」當爲「悍」，謂强也。砥，説文：「厎，柔石也。」砮，説文：「石可以爲矢族者。」丹，説文：「巴越之赤石也。」簵，説文作「簬」，謂古文作「簵」。鄭謂箘簵，聆風也。按吕覽高注：「箘，竹箭也。」廣雅：「簬，箭也。」楛，説文作「枯」，謂「木名也」。馬謂「木名，可以爲箭」，是矣。史記集解徐廣曰：「箘簵楛，一作箭足杆。」段玉裁謂爲今文。足、簬，枯、杆，古音皆相近也。

三邦厎貢，厥名苞匭菁茅，

三邦之名未詳。厎，釋言：「致也。」名者，貢物之名也。俞樾謂「名」猶「銘」也，周官外史「掌達書名于四方」，鄭注：「古曰名，今曰字，亦或作銘。」禮記祭統：「名者，自名也。」鄭注：「銘，謂書之刻之，以識事者也。」厥名苞匭菁茅者，因既包裹而又纏結，不可識別，乃以文字題其上，亦重之之意也。按俞申鄭氏匭猶纏結之説，雖古義而實迂曲。蓋「匭」从「軌」，「軌」从「九」聲，九、糾古音相同，鄭讀「匭」爲「糾」也。按鄭説非是。匭者，「蒐」之假字，古匭、蒐同在第三部。説文：「茅蒐，茹藘。」段注：「蒐，所鳩切。」詩傳：「茹藘，茅蒐也。」陸璣謂皆蒨草也。山海經：「釐山，其陰多蒐。」郭注：「茅蒐，今之蒨草也。」苞，今本作「包」，左傳僖四年注、穀梁僖四年疏並引作「苞」。上文「揚州漸包」，説文引作「蔪苞」，當本作「苞」。苞、蒐、菁、茅，皆爲草名。苞，曲禮釋文：「草也。」廣雅：「蕍也。」曲禮注：「藨也。」是「苞」本爲草名。菁，鄭謂茅之有刺者。竊謂左傳之言「苞茅」，亦如説文之言「茅蒐」，此經之言「菁茅」，皆以物相似而連文見義，非包裹之謂也，故穀梁傳「苞茅」直作「菁茅」，是其明證。

厥篚玄纁璣組，〔七三〕九江納錫大龜。

纁，釋器：「三染謂之纁。」李巡謂三染其色，已成爲絳，纁、絳一名也。是玄、纁皆謂色矣。璣，說文：「珠不圓者。」組，漢書應劭注：「今綬粉絛是也。」〔七四〕釋文引馬云：「組文也。」「組」上疑脫「璣」字，謂璣爲組文也。錫，猶貢也、獻也。

浮于江、沱、潛、漢，逾于雒，至于南河。

釋文：本或作「潛于漢」。〔七五〕史記亦有「于」字，蓋衍字也。逾，詩傳：「越也。」史記作「踰」。雒，今本作「洛」。按雒、洛二水不同。漢志：「禹貢雒水出弘農上雒縣冢領山，東北至鞏入河，豫州川；洛水出左馮翊褱德，東南入渭，雍州寖。」淮南、逸周書、毛傳、周禮皆雒、洛分別甚明，而周禮天官序注引召誥「大保朝至于雒，大保乃以庶殷攻位于雒汭」，則古文本作「雒」。漢石經多士篇有兩「茲雒」字，則今文亦作「雒」矣。雒自南來注河，適當冀州之南，故謂河曰南河也；正猶河自碣石入海，適當碣石之右，因謂之右碣石矣。

荆、河惟豫州：伊、雒、瀍、澗，既入于河，

荆，河，僞孔傳謂西南至荆山，北距河，是也。伊水，漢志：出弘農盧氏縣熊耳山，東北入雒。瀍水，漢志：出河南穀成縣暨亭北，東南入雒。澗水，漢志：出弘農新安縣，東南入雒。按穀成故址在今洛陽西北。

熒播既豬，道菏澤，被孟豬。

熒，今本作「滎」。按逸周書、爾雅、左傳、詩箋、周禮熒澤、熒陽、熒雒，字皆从「火」，「滎」字蓋衛包所改。〔七六〕又播，今本作「波」，釋文謂馬本作「播」。正義謂馬、鄭、王本皆作「熒播」，謂此澤名熒播，史記、漢石經並同，則當作「熒播」爲是。鄭謂其處爲熒播，沇水泆出河爲澤也。今塞爲平地，熒陽人猶謂其處爲熒播，是矣。按漢志作「波」，周禮職方「其浸波溠」，是亦有作「波」者。王謂波、播並「潘」之假字。説文：「潘，水名，在河南熒陽。」詩「番爲司徒」，人表作「皮」，儀禮既夕「設披」，鄭注：「今文『披』皆作『藩』。」是其證。菏澤，漢志：在濟陰定陶縣東。孟豬，漢志：盟諸澤在梁國睢陽縣東北。按定陶在今曹州西北，睢陽在今商丘縣南。孟豬，左傳、爾雅作「孟諸」，周禮作「望諸」，史記作「明都」，漢志一作「盟豬」。孟、盟、明、望，古音皆讀如「芒」。豬、諸、都，並同聲通假字。被，疑讀爲「彼」。漢書揚雄傳集注「被」讀曰「披」，莊子知北遊「齧缺問于被衣」，釋文：「本又作『披』。」皆其證也。文選琴賦「披重壤以誕載兮」，注云：「披，開也。」則披開與上文開道之義，正相合矣。

厥土惟壤，下土墳壚；厥田惟中上；厥賦錯，上中；

下土，言其低地，以示別于上文「厥土」也。壚，釋文：「黑剛土也。」釋水：「土黑曰壚。」錯，史記訓「雜」，僞孔傳謂雜出第一，是也。

厥貢漆、枲、絺、紵，厥篚纖纊，錫貢磬、錯。浮于雒，達于河。

枲，釋草：「麻也。」史記作「絲」。紵，説文：「檾屬。」又曰：「檾，枲屬也。」纊，説文：「絮也。」錯與磬爲二物。説文：「錯，金涂也。」蓋謂錯鑢，所以錯銅鐵也。

華陽、黑水惟梁州：

華，漢志：大華山在華陰縣南，即今華山也。黑水，漢志益州滇池有黑水祠，是黑水爲梁州之南境，與雍州之黑水無涉。楊守敬以今之南盤江當之，謂南盤之下流爲鬱水。鬱者，黑也。其入南海，在揚州之域，故不以黑水專屬梁州，而别出于道水。按滇池附近，以南盤爲巨川，楊説殆近之矣。

岷、嶓既藝，沱、潛既道，

岷，説文：「𡶜山在蜀郡湔氐西徼外。」漢志作「崏」，皆「𡶜」之省。史記作「汶」，楚辭王注作「汶」，一作「崏」。蓋「𡶜」爲古文，「汶」爲今文也。嶓，漢志：嶓冢山，在隴西郡西縣。按湔氐在今四川松潘西北，西縣在今漢中寧羌州北也。藝，廣雅：「治也。」漢志作「蓺」。沱，漢志：禹貢江、沱在蜀郡郫縣西，東入大江。潛，漢志作「灊」，出巴郡宕渠，入江。按漢志沱水，即今郫江；潛水，即今渠江。渠江與嘉陵江合而入江，與漢無涉，恐不足以當禹貢之潛。考漢志漢中安陽縣有鬵谷水，出西南，北入漢。潛，漢志作「灊」，此即「灊」之省耳。師古注：「鬵音潛，其字亦或从水。」即其證也。

蔡、蒙旅平，和夷底績。

蔡、蒙，鄭謂漢志在漢嘉縣。按漢志青衣有蒙山，不言蔡山。應劭謂順帝改曰漢嘉縣，蔡山不知所在。漢嘉在今雅州之北。胡渭以今之峨眉山當禹貢之蔡山，以地望言之，尚無不合。旅，王引之謂道也。爾雅：「路、旅，途也。」郭璞曰：「途，即道也。」郊特牲「臺門而旅樹」，鄭注：「旅，道也。」蔡、蒙旅平者，言二山之道已平治也。按王説未盡，道兼道路、道治二義。道平，謂治平也。下文「荆、岐既旅」，謂荆、岐既治也；「九山栞旅」，謂九山栞治也。「旅」之訓治，與「道」之訓治，皆由道路之義引申爲通行之義。考工記：「通四方之珍異以資之，謂之商旅。」吕覽高注：「旅，行商也。」是旅有通行之義。能通行則平治矣。和夷，鄭謂和上夷所居之地也，「和」讀曰「桓」。按漢志桓水出蜀郡蜀山，西南行羌中，入南海。詳下文「因桓是來」注。

厥土青黎；厥田惟下上；厥賦下中，三錯；

黎，釋名：「土青曰黎。」廣雅：「黎，黑也。」荀子堯問篇「顔色黎黑而不失其所」，亦謂「黎」爲黑也；史記作「驪」。詩傳：「純黑曰驪馬。」則亦黑色也。三錯，鄭謂此州之地有當出下下之賦者少耳，又有當出下上、中下者，差復益少，是以三錯爲下下、下上、中下也。

厥貢鏐、鐵、銀、鏤、砮、磬、熊、羆、狐、狸。〔七七〕

鏐，今本作「璆」，按釋名：「黄金謂之鎏，其美者謂之鏐。」注謂鏐即紫磨金也。今釋文引韋昭、郭璞云紫磨金，則字本作「鏐」。馬本作「璆」，即「球」之或體，蓋通假字。鏤，說文：「剛鐵可以刻鏤也。」熊，說文：「獸似豕，山居。」羆，說文：「似熊，黃白文。」狐，說文：「妖獸也。」狸，說文：「伏獸，似貙。」

織皮、西傾，因桓是來。

織皮，鄭謂西戎之國也。按下文「織皮、昆崙、析支、渠搜，西戎即叙」，織皮似爲戎族之名，鄭注殆未可易也。西傾，山名，漢志在隴西臨洮縣南。桓，馬謂因桓水是來，言無他道也。按漢志西傾在雍州之域，且與桓水不相連屬，故鄭解桓是爲隴阪之名；但鄭義亦未安：以地望言之，此西傾與道山之西傾爲二，而桓水即和夷所居之水也。胡渭謂和水即涐水。說文：「涐水出蜀汶江徼外，東南入江。」漢志譌作「渽」，謂青衣縣禹貢蒙山谿，大渡水東南至南安入渽。渽水出汶江縣徼外，東入江，過郡三，行三千四十里。汶江，今之茂州；南安，今之嘉定。水經注謂青衣縣有峨眉山，有濛水，即大渡水也。水發蒙谿，東南流與涐水合，則涐水即今大金川，至嘉定入江者也。涐水與蒙山接壤，故云「蔡、蒙旅平，和夷厎績」。則和夷即涐水之夷，殆無疑義。但胡知涐之即和，而不知桓亦和，禹貢之桓亦即說文之涐也。漢志：桓水出蜀山西南行羌中。蜀山亦在茂州之境，則與涐水之出汶江徼外者相合。惟云南入海，則非也。蓋以其行羌中，而意度之，不知即涐之上流也。晉地記：「梁州南至桓水，西抵黑水，東限扞關。自桓水以南爲夷，書所謂『和夷厎績』也。」則亦明以「桓」爲「涐」之證矣。益州記：「羊膊嶺水分二派：一南流爲大江，一西南流爲大渡河。」王應麟地理通釋：「大渡河即涐水。」以是言之，梁州之西傾，當在羊膊嶺之西南一帶，今松潘縣屬夷地，殆近之矣。

浮于潛，逾于沔，入于渭，亂于河。

沔，漢志：「武都東漢水受氐道水，一名沔。」鄭謂或謂漢爲沔。水經沔水出武都沮縣東狼谷中，又東南經沮水戍而東南流注漢，曰沮口。渭，漢志：出隴西首陽鳥鼠同穴山，東至船司空入河。按船司空，今在華陰縣東北。亂，釋水：「正絶流也。」謂絶流而過也。

黑水、西河惟雍州：

黑水，王肅謂西據黑水，東距西河，則黑水當在雍州之西。水經注：「黑水出張掖雞山，南流至燉煌，過三危山，南流入于南海。」張掖記：「黑水出縣界雞山。」則黑水之在張掖，似可無疑。惟水經注謂南過燉煌，入于南海，則今並無此水。蓋以道水之黑水合而爲一，不知道水之黑水乃梁州之黑水也。竊謂黑水即下文之弱水，出張掖删丹西，至酒泉合黎，餘波入于流沙。漢志：「桑欽以爲道弱水自張掖删丹，西至酒泉合黎。」水經：「弱水出張掖删丹縣西北，至酒泉會水縣入合黎山腹。」是弱水之出張掖甚明，而張掖亦惟此一水，足以當黑水之目。其上流本名合黎水，黎者，黑也，故俗亦謂之黑河也。西河，謂河經龍門而南，至于華陰。昭十三年左傳晉叔魚謂季孫曰「將爲子除館于西河」，禮記「子夏退而老於西河之上」，史記「魏武侯浮西河而下」，皆即此西河也。

弱水既西，涇屬渭汭。

涇，漢志：出安定涇陽縣西开頭山，東南至馮翊陽陵縣入渭。按涇陽在今平凉，陽陵在今高陵。屬，禮記注：「猶合也。」左傳注：「會也。」鄭謂涇水、渭水發源皆幾二千里，然而涇小渭大，屬於渭而入於河，是也。汭，說文：「水相入也。」閔二年左傳虢公敗戎於渭汭，蓋渭水入河之地也。

漆、沮既從，灃水攸同。

漆、沮，二水名。漢志：漆水在扶風漆縣西；沮水出北地郡直路東，西入洛。水經注漆水出扶風杜陽縣俞山，東北入于渭。沮水，出北地直路縣東，過馮翊祋祤縣北，東入于洛。按扶風在涇水之西，下文道渭東會于涇，又東過漆、沮，則漢志漆水與禹貢之漆水不同。詩綿篇「自土沮、漆」，〔七八〕毛傳：「沮水、漆水也。」又周頌潛篇「猗與漆、沮」，毛傳：「漆、沮，岐周二水也。」此漆水正在扶風岐山，與漢志合，則扶風當另有沮水，與漢志之沮水別矣。考說文：「瀘水，出北地直路西，東入洛。」又云：「漆水出右扶風杜陵岐山，〔七九〕東入渭，一曰入洛。」漆水果在岐山，決無入洛之理。蓋本另有入洛之漆水，故許氏有「一曰入洛」之說。然則雍州有二漆、沮：出于扶風者，入渭之漆、沮也；出于馮翊者，入洛之漆、沮也。道水之漆、沮，自在馮翊。此文之漆、沮，以下文灃水亦在扶風例之，蓋本扶風之漆、沮也。灃，水名。漢志：灃水出扶風鄠縣東南，北過上林苑入渭。詩文王有聲：「豐水東注，維禹之績。」古字不从水也。

荆、岐既旅，終南、惇物，至于鳥鼠。

荆、岐，二山名。漢志：禹貢北條荆山在襃德南，岐山在美陽西北。按襃德在今富平，美陽在今扶風也。既，史記作「已」。旅，猶治也。終南、惇物，〔八〇〕二山名。漢志：右扶風武功縣有大一山，古文以爲終南；垂山，古文以爲惇物，皆在縣東。按武功即今郿縣。鳥鼠，漢志：鳥鼠同穴山在隴西郡首陽縣西南。按首陽，即今渭源。

原隰厎績，至于豬野。

原隰，鄭謂詩云「度其隰原」，即此原隰是也。原隰，豳地，從此致功，西至豬野之澤也。豬野，漢志：武威縣東北有休屠澤，古文以爲豬壄澤。按爾雅：「廣平曰原，下隰曰隰。」詩信南山：「畇畇原隰，曾孫田之。」黍苗：「原隰既平，泉流既清。」皇皇者華：「于彼原隰。」常棣：「原隰裒矣，兄弟求矣。」則原隰本非一地之專名。豬，史記作「都」，猶言澤也。野之有澤，猶原之有隰，皆以地之形勢而言。原隰爲肥美之地，野澤爲荒蕪之所，故原隰厎績，而後至于豬野，其意可想見也。至漢儒以豳地當雍州之「原隰」，休屠當雍州之豬野，亦以地勢想象言之，故漢志又云：「谷水至武威，兩分：一水北入休屠澤，俗謂之西海；一水又東逕一百五十里入豬野，世謂之東海。」是不必以休屠當豬野明矣。

三危既宅，三苗丕叙。

三危，山名。左傳杜注：「允姓之祖，與三苗俱放於三危瓜州，今燉煌也。」山海經「三危之山，三青鳥居之」，郭注：「今在燉煌郡。」後漢書西羌傳注：「三危山在今沙州敦煌縣東南。」水經注：「三危山在敦煌南。」是雍州之三危，當在敦煌無疑。宅，史記作「度」，釋詁：「居也。」謂可居也。丕，語詞，猶乃也，故每丕、乃連文。盤庚：「丕乃敢大言女有積德。」又曰：「迪高后丕乃崇降不祥。」立政：「丕乃俾乂國。」皆其證也。叙，釋詁：「順也。」史記「丕叙」作「大序」，古叙、序通。

厥土惟黄壤，厥田惟上上，厥賦中下，厥貢惟球、琳、琅玕。

球，説文：「玉磬也。」詩韓奕箋作「璆」。釋器：「璆，美玉也。」論衡率性篇亦作「璆」。按説文「球」或从「翏」作「璆」，則本一字也。琳，説文：「美玉也。」鄭本作「玲」。説文：「玲，㻋石之次玉者。」〔八一〕琅玕，説文：「石似珠者。」

浮于積石，至于龍門、西河，會于渭汭。

積石，山名，漢志在金城河關縣西南羌中。龍門，山名，漢志：在馮翊夏陽縣北。按河關在今西寧，夏陽在今韓城也。

織皮、昆侖、析支、渠搜，西戎即叙。

昆侖，今本作「崐崘」。按史記作「昆侖」，説文山部亦無此二字，則本作「昆侖」也。漢志金城臨羌縣有弱水、昆侖山祠，與王肅謂昆侖在臨羌西者相合。按臨羌，即今甘肅西寧縣也。析支，史記索隱引大戴記作「鮮支」，後漢書西羌傳作「賜支」，皆一聲之轉。馬謂在河關西；應劭謂在河關之西，東去河關千餘里，羌人所居，謂之河曲羌也。按河關亦在西寧塞外。渠搜，漢志朔方郡有渠搜縣。按朔方之渠搜疑後起之名，正如上郡之有龜茲縣，顔師古所謂龜茲國人來降附者處之於此故以名之類。搜，漢志作「叟」，史記作「庾」。按禹貢之渠搜，以應劭之説爲近。應謂在金城河關之西，西戎也。蓋昆侖以下之戎，俱在塞外，故山海經謂昆侖在青海河源西南，西羌傳謂賜支西北界鄯善車師，涼土異物志謂古渠搜在大宛北界。然考穆天子傳有巨蒐氏，當即渠搜之變音。謂「天子乃遂東南翔行，〔八二〕馳驅千里，至于巨蒐氏」。其下繼云：「乙亥，天子南征陽紆之尾。」又云：「癸丑，天子東征，至于鄘人。」説文：「鄘邑，在右扶風鄠縣。」再其下則云「天子南還，升于長松之磴」。據水經注西河陰山縣有長松水與蒲水合，是長松已在西河之域，故下文又云「天子至于雷首」也。以是言之，巨蒐之西距扶風西河亦非極遠，謂在蔥嶺之西、大宛之北，亦恐未盡確也；且其叙天子西征，昆侖去鄘人不遠，與山海經河源之説大致相應。是渠搜疑不得遠在大宛之北矣。叙，史記作「序」，古叙、序通。即，王引之謂猶「則」也。

道岍及岐，〔八三〕至于荆山。逾于河，

岍，釋文又作「汧」，馬本作「開」。按史記作「汧」，漢志：右扶風汧縣，吴山在西，古文以爲汧山。則古今文疑當作「汧」。周頌天作鄭箋作「岍」者，蓋鄭本也。「開」从「幵」，古音與「汧」同。按汧縣，在今隴州。荆山，謂北條荆山。三山皆在河西，此自西向東言之也。

壺口、雷首，至于太岳。〔八四〕厎柱、析城，至于王屋。

雷首，山名，漢志在河東蒲坂縣南。按蒲坂即今蒲州永濟。太岳見冀州「岳陽」注。厎，史記作「砥」，説文「厎」「砥」同字。水經注厎柱山在河東大陽縣東河中。析城山，漢志在河東濩澤縣西南。王屋山，漢志在河東垣縣東北。按大陽在今解州平陸，濩澤在今陽城，垣縣即今垣曲也。

太行、恒山，至于碣石，入于海。

太行山，漢志東太行山在河内山陽縣西北，又謂河内壄王縣西北有太行山。蓋太行起自壄王西北，而東至山陽。壄王在今懷慶，山陽在今修武。孔疏引山陽而遺壄王，失之矣。恒山，漢志在常山上曲陽西北。按恒山，即北岳，上曲陽在今曲陽西北也。

西傾、朱圉、鳥鼠，至于太華。

西傾山，漢志在隴西臨洮縣西南。朱圉山，漢志在天水冀縣南。按臨洮在今洮州，冀縣在今伏羌。言鳥鼠至于大華，則兼終南、惇物皆舉之矣。

熊耳、外方、桐柏，至于陪尾。

熊耳山，漢志在弘農盧氏縣東。外方山，漢志潁川崈高縣，武帝置，以奉太室山，是爲中嶽；古文以崈高爲外方山也。桐柏山，漢志在南陽平氏縣東南。陪尾，史記作「負尾」。漢志：江夏郡安陸縣，「横尾山在東北，古文以爲陪尾山」。按古倍、負音同，穆天子傳注：「萯，今菩字，音倍。」是其證也。盧氏今屬河南陜州，崈高在今登封。平氏，在今桐柏。安陸，在今德安。又博物志：「泗出陪尾。」周禮保章氏賈疏：「外方、熊耳，以至泗水、陪尾，屬搖星。」是以今山東兗州之陪尾山當之。賈氏本春秋緯爲説，或今文不以橫尾爲禹貢之陪尾，而另以泗水之陪尾當之也。

道嶓冢至于荆山，内方至于大別。

荆山，謂今襄陽之南條荆山也。内方，漢志：江夏郡竟陵縣，章山在東北，古文以爲内方山。按竟陵，在今安陸鍾祥縣南。鄭引漢志及續漢志章山皆作立章山。段玉裁謂俗本漢書因「章」頭似「立」而脱之也。大別山，漢志在六安國安豐縣西南。按安豐在今廬州霍山，去漢水甚遠，而下文道漢，至於大別入江，故多以爲疑。實則古之漢水，不在沙羡入江。定四年左傳：吳子伐楚，自豫章與楚夾漢，楚子常乃濟漢而陳，自小別至于大別。子常濟漢而東，乃至大別，吳子自豫章而西。既云夾漢，則不獨大別之在豫章，可無疑義；而漢水之去豫章不遠，亦可想見。楚之豫章，蓋在今之廬州；古之漢水，疑非自今漢口入江也。

岷山之陽，至于衡山；過九江，至于敷淺原。

岷山，史記作汶山，在今松潘西北，岷江所出也。衡山，據漢志在湘南，與下文「過九江，至于敷淺原」之説不合。楊守敬以江北之霍山當之。古代霍山，亦名衡山。魏策吳起曰：「三苗之居，左有彭蠡之波，右有洞庭之水，文山在其南，衡山在其北。」是衡山在彭蠡、洞庭之北，非湘南之衡山矣。史記秦始皇本紀：始皇自彭城西南「渡淮水，之衡山、南郡，浮江至湘山祠」。是衡山在淮之南、江之北，當爲霍山甚明。又史記高祖本紀：「吴芮爲衡山王，都邾。」〔八五〕漢志：「六安國，故楚。高帝元年，别爲衡山國。」吴芮之始王衡山，僅有邾、蓼、安豐、安風、陽泉五縣，則所謂衡山，當即霍山矣。按楊説雖不爲無據，而霍山與大别相接，上文既云「至于大别」，何爲必分霍山爲二役，此亦尚有令人不能釋然者矣。九江，漢志在尋陽南，東合爲大江。按漢之尋陽，在今湖北黄梅，南臨大江也。敷淺原，漢志豫章郡歷陵下云：「傅易山、傅易川在南，古文以爲傅淺原。」郡國志豫章歷陵有傅易山。按鄡縣故城在今鄱陽縣西北一百二十里；歷陽在柴桑之東、鄡縣之西，則當在今之都昌、星子一帶。胡渭以廬山當敷淺原，雖無確徵，亦近之矣。

道弱水至于合黎，

合黎，鄭謂合黎爲山名。地説：合黎山，在酒泉會水縣東北。按會水在今甘肅高臺，漢志「黎」作「藜」，同聲通假字也。

餘波入于流沙。

流沙，漢志：張掖郡居延縣，「居延澤在東北，古文以爲流沙」。按鄭引地理志流沙在居延西北，名居延澤。與今本作「東北」者微異。

道黑水至于三危，入于南海。

黑水，即今之南盤江也。三危，楊守敬謂三危本爲三苗舊地，舜竄於敦煌，仍以其所居名三危，亦如朔方之有渠搜，安定之有月支，上郡之有龜茲也。

道河積石，至于龍門，南至于華陰，東至于厎柱，〔八六〕

積石山，漢志在金城河關縣西南羌中。龍門山，漢志在馮翊夏陽縣北。按河關在今導河縣，縣境有小積石山。大積石山在今青海，漢志所謂「西南羌中」是也。夏陽在今韓城。華陰，謂華山之北也。水經注河南至華陰縣東北與渭水合，即其地矣。

又東至于孟津。

孟，史記、漢書並作「盟」，顔師古謂「盟」讀曰「孟」。孟津，地名。左傳杜注：「盟，河内郡河陽縣南孟津也。」按河陽故城，在今懷慶孟縣西南。古時孟津，本在河北。漢書更始二年，使朱鮪等屯洛陽，光武亦令馮異守孟津以拒之。是此時孟津尚在河北也。

東過雒汭，至于大伾。

雒汭，顔師古謂雒入河處，是也。漢志雒水至鞏入河，是雒汭即鞏縣矣。伾，釋文：本或作「岯」。字或作「眃」，史記作「邳」。釋山：「山一成坯。」或作「伾」。説文：「坏，丘一成者也。」皆同聲通用字。鄭謂大岯在修武、武德之界，張揖云成皋縣山也。按修武、武德之南岸即爲成皋，是鄭、張二説相近。水經謂大邳地在河南成臯縣北，亦與鄭同。惟臣瓚指爲黎陽山，亦明以意度之，未可從也。成臯在今汜水縣。

此過降水，至于大陸。

降水，漢志在安平信都南。信都，今邢臺也。鄭以大陸去河過遠，疑屯氏河爲河故道。按漢志於鄴縣言故大河在東北入海，於館陶河水云別出爲屯氏河，東北至章武入海，則屯氏非河故道明矣。又鄭以鉅鹿、信都相去不遠，與地説相去千里之説不合，謂降水即河内之共水。按漢志河内有淇水，無共水也。漢志引桑欽説絳水出屯留西南，東入海。又於信都下云：「故漳河在北，東入海，禹貢絳水亦入海。」是絳水固在信都。但據水經注絳水發源屯留，下亂漳津，是絳水於屯留之下即與漳合，而漢志於信都言漳水又言絳水者，實即二水合流也。漢志斥章下云：「漳水出治北，入河。」〔八七〕則絳水亦同時入河。斥章在今曲周縣東，是絳水之入河，當在信都之南，而禹貢過絳，當在曲周。至信都之稱漳、絳，乃入河之後而復分流也。蓋古時河與漳、絳同流，過信都，後去河道數徙，而信都僅存漳、絳之遺蹟耳。

又北播爲九河，同爲逆河，入于海。

播，鄭謂散也。逆，史記、漢書並作「迎」。古逆、迎通用。方言：「自關而東曰逆，自關而西曰迎。」凡古文作「逆」，今文皆作「迎」。鄭謂下尾合，名曰逆河，言相迎受也。海，史記作「渤海」，是也。

嶓冢道漾，〔八八〕東流爲漢，又東爲滄浪之水。

漾，史記作「瀁」，漾字古文也。漢志作「養」，謂禹貢養水出隴西氐道，至武都爲漢，至江夏謂之夏水。滄，史記作「蒼」，同聲通用字。説文：「漢，漾也，東爲滄浪水。」是滄浪即漢之别名也。張平子南都賦：「流滄浪而爲隍，廓方城而爲墉。」正用僖四年左傳屈完「方城以爲城，漢水以爲池」之語，亦以滄浪即漢水名也。永初山水記：「夏水，古文以爲滄浪水。」則漢水將至江夏，乃謂之滄浪耳。

過三澨，至于大别，南入于江。

三澨，馬謂水名，鄭謂在江夏、竟陵之界。按史記索隱：「今竟陵有三參水，俗云是三澨水也。」此乃因鄭説而意度之，未能徵信。蓋漢水入江之地，已由大别之南，而徙於沙羨，遺跡已不可考，而三澨之在何地，亦無由知之矣。

東匯澤爲彭蠡，東爲北江，入于海。

匯，一切經音義引三蒼云：「水回也。」此北江即漢水合大江後之别名，非另爲一水也。

岷山道江，東别爲沱，又東至于醴，

沱，兼雍、梁二州之沱水言之。醴，今本作「澧」。按史記作「醴」，集解謂孔、馬、王皆以「醴」爲水名，鄭謂醴，陵名也，大阜曰陵，長沙有醴陵縣。書正義引鄭説同，則字本作「醴」明矣。按漢志醴水出武陵郡充縣歷山，東至下雋入沅。下雋故城在今通城。醴陵縣置於後漢，在今長沙東南。以地望言之，則江斷不至醴陵。

然呂后四年，曾封醴陵侯越，見諸月表，是醴陵之名不始後漢，其初是否在通城醴水入沅一帶，均未可知。楚辭：〔八九〕「捐余玦兮江中，遺余佩兮醴浦。」是春秋時之醴水，或與大江相望。醴陵、醴水之名，疑本因一地而得名，未可以後世之地名定之也。

過九江，至于東陵，

九江，漢志在廬江尋陽南，皆東合爲大江。東陵，漢志：廬江金蘭西北，有東陵鄉。按東陵當更在尋陽之東，但金蘭故地，今已難考。阮元謂自舒城、滁州以至揚州皆古東陵，故揚州得名廣陵，而江都東鄉有漢東陵亭廟。亦可備一説也。

東迆，北會于匯，東爲中江，入于海。

迆，説文：「衺行也。」匯，蓋謂上文彭蠡，顔師古謂北會彭蠡，是也。中江，即言大江，非揚州出蕪湖西南之中江也。

道沇水東流爲濟，入于河。

濟水，漢志：沇水出河東垣縣王屋山，東南，至河内武德縣入河。按垣縣即今垣曲，武德在今武陟。水經謂濟水出河東垣縣東王屋山爲沇水，又東至温縣西北爲濟水，其説是也。

泆爲滎，〔九〇〕東出于陶丘北，又東至于菏，泆，今本作「溢」。按史記作「泆」，漢志作「軼」，周禮職方氏注亦作「泆」。軼、泆同聲通用，是本當作「泆」。説文：「泆，水所蕩泆也。」左傳杜注：「軼，突也。」突與蕩泆義近。陶丘，漢志在濟陰定陶西南。説文作「東至陶丘」，無「北」字。菏，菏澤，漢志在定陶東；史記、漢志並作「荷」。

又東北會于汶，又北東入于海。

北東，史記作「東北」。按漢志濟水至琅槐入海。琅槐，即今樂安也。

道淮自桐柏，東會于泗、沂，東入于海。

沂水至下邳入泗，泗水至淮陰入濟，並已見前。此言泗、沂者，猶荆州言江、漢朝宗于海，合流則可並稱也。水經謂淮水至淮浦入海，即今淮安安東也。

道渭自鳥鼠同穴，東會于灃，又東會于涇；

鳥鼠同穴，山名，漢志在隴西首陽西南。釋鳥：「鳥鼠同穴，〔九一〕其鳥爲鵌，其鼠爲鼵。」按東會于涇，史記作「東北至于涇」，漢志亦作「東至于涇」。

又東過漆、沮，入于河。

漆、沮二水，皆合于洛，而入渭，故洛水得通稱漆、沮；而顔師古、闞駰皆以爲洛水即漆、沮也。按説文洛水出左馮翊歸德北夷界中，東南入渭；漢志洛水在褱德入渭。褱德在今朝邑西南。

道雒自熊耳，東北會于澗、瀍，

熊耳山，漢志在盧氏，又云：「上雒縣東北有熊耳山。」蓋此山西起上雒，東至盧氏，綿亘二百餘里。雒水之源，當出上雒也。

又東會于伊，又東北入于河，

伊水入雒，在雒陽東北。雒水入河，在鞏縣西南。

九州攸同，四墺既宅。

攸，猶用也。墺，今本作「隩」。按玉篇引作「墺」。説文「墺，四方之土可定居者也」，史記、漢書並作「奥」。蓋古文作「墺」，今文作「奥」。作「隩」者，衛包所改耳。

九山栞旅，九川滌原，九澤既陂。

九山，顏師古謂九州之山。按經言九山，不言九州之山，九者，數之極也。栞，説文：「槎識也。」漢延光二年開母廟石闕銘作「甄」，文選海賦注：「表也。」一切經音義引字林：「甄，己仙反。」則與「栞」聲誼並近，故得通也。旅，猶治也，謂其道平治可旅行也。滌，與「條」同。周禮條狼氏注：「杜子春謂條當爲滌。」漢書集注：「滌，達也。」原，今本作「源」，周禮鄭注作「原」。按古源字止作「原」。説文：「厵，水泉本也。」篆文作「原」。滌原，史記作「既疏」，釋其意也。陂，詩傳：「澤障也。」史記作「灑」，亦聲相近。

四海會同，六府孔修。庶土交正，厎慎財賦。

六府，文七年左傳：「水、火、金、木、土、穀，謂之六府。」孔，老子河上公注：「大也。」交，孟子趙注：「俱也。」正，猶定也。古正、定通用。齊語「正卒伍」，漢書「正」作「定」，是其證也。厎，堯典馬注：「定也。」詩祈父「靡所厎止」，謂無所定止也。慎，疑當讀爲「順」。古順、慎通用。荀子彊國注：「順當爲慎。」荀子仲尼注：「慎讀曰順。」詩傳、禮記釋文並曰：「慎本作順。」是其證也。釋詁：「順，叙也。」然則厎慎猶言定叙也。

咸則三壤成賦，中邦錫土姓。

則，釋詁：「法也。」三壤，鄭謂上、中、下各三等也。成，晉語注：「定也。」中邦，鄭謂即九州也。錫，獻也。姓，疑當爲「生」。骨甲、吉金文字皆無「姓」字，賜姓非古制也。堯典「百姓」，伯吉父般、史頌敦並作「百生」，是其證矣。錫土生者，謂貢土生之物。貢與賦並言，正承上文之「厥賦」「厥貢」之文也。

祗台德先，〔九二〕不距朕行。

祗，釋詁：「敬也。」台，説文：「説也。」德先，古語。雒誥：「亂爲四方新辟，作周恭先。」又曰：「作周孚先。」德先與恭先、孚先，文法正一例。距，古通作「拒」。荀子仲尼注：「距與拒同。」論語「其不可者拒之」，漢石經「拒」作「距」，皆其例也。行，鄭謂天子政教所行，蓋近之矣。

五百里甸服；

甸服，史記：「令天子之國以外，五百里甸服。」周語：「先王規方千里，以爲甸服。」僞孔傳謂「爲天子服治田，去王城四面五百里」，正總合史記、周語之文爲言也。甸，詩傳：「治也。」周語注：「王田也。」蓋治田謂之甸，此以治王田得名耳。服，釋詁：「事也。」五服之内，皆供王事，故謂之服也。

百里賦納總，二百里納銍，

總，説文：「聚束也。」鄭謂入所刈禾，是也。銍，説文：「穫禾短鐮也。」鄭謂刈禾斷去藁也。顔師古謂入禾穗，得鄭義矣。納字漢志作「内」，是也。古出納字皆止作「内」。

三百里納秸服，四百里粟，五百里米。

秸，釋文：一作「稭」。漢志作「戛」，禮器鄭注作「鞂」。古戛、稭、秸通用。皋陶謨「戛擊」，揚雄傳作「括隔」，明堂位作「揩擊」，即其例也。又説文戛讀若棘，鞂从革聲，古音革、棘同在第一部，故亦可通假也。馬、鄭皆謂「秸」爲去穎。穎與穗，渾言不别，如書序「唐叔得禾，異畝同穎」，即謂異畝同穗也。去穗，則爲穀矣。秸服之「服」，疑因上下文而衍。又陳奂謂服、稃聲近，則以「服」爲「稃」之假。按吕刑：「五辭簡孚。」下又云：「五刑不簡，五罰不服。」簡服即簡孚，正承上文而言。古服、伏通。文選陸士衡詩：「誰謂伏事淺？」李注：「服與伏同，古字通。」古孚、包亦通。説文「䍖」或从「孚」作「罦」，而伏羲一作包羲，故

「服」亦可作「孚」也。粟，説文：「嘉穀實也。」米，説文：「粟實也。」

五百里侯服：百里采，

侯服，史記「甸服外五百里侯服」，是也。采，釋詁：「事也。」按漢書刑法志「此卿大夫采地之大者也」，注云：「采，官也。因官食地，故曰采地。」莊元年左傳注：「單伯采地。」詩緇衣傳：「受采禄。」是「采」當爲食地。觀下文之言男邦諸侯，與侯服之所以命名，則訓「采」爲卿大夫食地，可無疑義矣。

二百里男邦，三百里諸侯。

男邦，史記作「任國」。按酒誥「侯甸男衛邦伯」，白虎通作「侯甸任衛國伯」。王莽傳：「封王氏女皆爲任。」作「任國」者，今文也。古男、任同音通用。大戴禮：「男者，任也。」乃以同音相訓耳。

五百里綏服：三百里揆文教，二百里奮武衛。

綏，釋詁：「安也。」史記：「侯服外五百里綏服。」揆，釋言：「度也。」奮，荀子彊國注：「謂彊起而争競也。」衛，逸周書「衛服」注：「爲王扞衛也。」

五百里要服：三百里夷，二百里蔡。

要，荀子王霸注：「約也。」晉語「以要二國之成」，是其義也。史記：「綏服外五百里要服。」「蔡」與「𥻦」同，謂流放也。昭元年左傳：「王於是乎殺管叔，而蔡蔡叔。」釋文：「上『蔡』字，説文作『𥻦』。」杜

注：「蔡，放也。」按說文：「䊮，散也。」放、散之義相同，故杜預以放訓蔡也。

五百里荒服：三百里蠻，二百里流。

荒服，史記：「要服外五百里荒服。」馬謂政教荒忽，因其故俗而治之，是也。「蠻」與上文「夷」，「流」與上文「蔡」，並相對成義。

東漸于海，西被于流沙，朔、南暨聲教，訖于四海。

漸，荀子楊注：「浸漬也。」被，後漢班彪傳注：「猶及也。」暨，釋詁：「與也。」漢志作「臮」，暨字古文也。朔，釋訓：「北方也。」按漢紀：「北盡朔裔，南暨聲教。」後漢杜篤傳：「朔南暨聲，諸夏是和。」是並以「聲教」上屬爲句也。華嚴經音義引珠叢云：「暨，謂及預也。」訖，說文：「止也。」漢書藝文志、賈捐之傳並作「迄」。釋詁：「迄，止也。」止之言至也。

禹錫玄圭，告厥成功。

錫，猶獻也。圭，說文：「瑞玉也。」史記作「帝乃錫禹玄圭」，疑今文有作「錫禹」者。以經文考之，「禹錫玄圭」與上文「九江納錫大龜」文法一例，非自帝錫之也。

甘誓第四

甘，馬謂有扈氏南郊地名。又云：「甘，水名，今在鄠縣西。」按呂覽先己篇：〔九三〕「夏后柏啓與有扈戰于甘澤而不勝，六卿請復之。」後漢馬衍傳：「訊夏啓於甘澤兮，傷帝典之始傾。」是以甘爲澤名矣。說文、漢志並謂鄠縣有扈谷甘亭，王師謂：「甘亭扈谷之説，余未敢信。緣卜辭地名中有甘有雇，甘疑即春秋甘昭公所封之邑；雇疑即『諸侯會于扈』之扈，地當在周、鄭間。」蓋卜辭中所見地名，大都在東方故也。史記：「有扈氏不服，啓伐之，大戰于甘。將戰，作甘誓。乃召六卿，申之。」按墨子明鬼引此經作禹誓；莊子人間世篇：「禹攻有扈，國爲虛厲。」呂覽召類篇：「禹攻有扈，以行其教。」說苑正理篇：「昔禹與有扈氏戰，三陳而不服，禹於是修教一年，而有扈氏請服。」皆以爲禹攻有扈，惟呂覽又以爲后相，與各説皆異。漢志：「扈，夏啓所伐。」與呂覽、史記、後漢書相合。昭元年左傳：「虞有三苗，夏有觀、扈，商有姺、邳，周有徐、奄。」以是言之，疑夏世之征扈，亦如堯典之再竄三苗，周代之屢征徐戎。征扈之事，當非一次，故致傳聞異辭，莫可諟正矣。誓者，曲禮：「約信曰誓。」鄭謂誓，戒要之以刑，重失禮也。

大戰于甘，乃召六卿。

史記於「大戰於甘」下加「將戰」二字，則此乃史官總叙之辭，非既戰而後誓之也。六卿，鄭謂六軍之將。按詩小雅瞻彼洛矣「以作六師」，毛傳：「天子六軍，軍將皆命卿。」皆與鄭合也。

王曰：「嗟！六事之人，予誓告女。

嗟，說文：「䜺，咨也。」嗟，即今之「䜺」字。鄭謂變六卿言六事之人者，言軍吏以下及士卒也。

有扈氏威侮五行，怠棄三正。

有扈，國名。正義謂孔、馬、鄭、王與皇甫謐等，皆言有扈與夏同姓，並依世本之文。說文：「扈，夏后同姓所封，戰于甘者。」唯淮南高注：「有扈，夏啓之庶兄。」與各說異。按正義引楚語「堯有丹朱，舜有商均，夏有觀、扈，周有管、蔡」，以觀、扈與丹朱、商均、管、蔡並舉，疑爲高氏所本。但今本國語，「夏有觀、扈」作「啓有五觀」，韋昭注：「五觀，啓子大康昆弟也。」則正義所引，疑是誤本。且周秦諸子，多言禹攻有扈，則非啓之庶兄甚明。威侮，王引之謂當作「烕侮」。烕者，「蔑」之假借。逸周書克殷解「侮滅神祇不祀」，史記周本紀「滅」作「蔑」，易剝初六「蔑貞凶」，釋文：「蔑，荀作滅。」是烕、蔑可以通假。蔑，輕也。周書「侮滅」，即「蔑侮」之倒。說苑指武篇：「崇侯虎蔑侮父兄，不敬長老。」烕、威形似而譌。按王說是也。怠，釋言：「懈也。」三正，馬謂建子、建丑、建寅三正也。〔九四〕大傳：「夏以孟春月爲正，殷以季冬月爲正，周以仲冬月爲正。」

天用剿絶其命。

剿，今本作「勦」。玉篇：「剿，絶也。一作剿。」說文：「剿，絶也。夏書曰：『天用剿絶其命。』」王莽傳：「征伐剿絶之矣。」是字本作「剿」，或作「劋」。今釋文引馬本作「勦」，説文水部「讀若天用勦絶」，「勦」皆「劋」之譌。廣雅：「勦，勞也。」與剿絶之義别矣。漢書外戚傳作「樔」，亦「劋」之假字。

今予惟共行天之罰。左不攻于左，女不共命；右不攻于右，女不共命；

今，白虎通作「命」，吉金文「命」字多作「令」，今、令形近而誤。共，今本作「恭」。按墨子、史記、漢書並作「共」。漢書敘傳、吕覽高注、文選李注並作「龔」。説文：「龔，給也。」共，左傳注「給也」。是龔、共聲義並同。僞孔傳訓「恭」爲奉，奉與給義同，則亦作「共」字明矣。攻，釋詁：「善也。」廣雅：「治也。」墨子作「共」，謂供職也。詩魯頌閟宫箋：「兵車之法，左人持弓，右人持矛，中人御。」則此經言左右者，亦兵車之左右也。史記、墨子並無前「女不共命」四字。

御非其馬之正，女不共命。

正，史記、墨子皆作「政」。按正、政古通。詩節南山「不自爲政」，禮記緇衣「政」作「正」；文六年左傳「棄時政也」，漢書律曆志「政」作「正」，是其證矣。正，吕覽順民篇「湯克夏而正天下」，高注：「正，治也。」

用命，賞于祖；弗用命，戮于社，予則奴戮女。」

祖，大傳：「古者巡守以遷廟之主行，出以幣帛皮圭告于祖，遂奉以載於齊車。」摯虞決疑要注：「古者帝王出征伐，以齊車載遷廟之主及社主以行。」周禮大司馬注：「凡師既受甲，迎主于廟，及社主，祝奉以從。」

是軍中有廟主，兼有社主也。弗，史記、周禮注並作「不」。戮，説文：「殺也。」史記作「僇」。奴，今本作「孥」。按史記作「帑」，王莽傳及周禮鄭司農注作「奴」。古奴婢、妻孥字皆止作「奴」。此文「奴」字，當從鄭司農釋爲罪隸之奴也。奴戮連文，謂受刑辱之意。漢書季布傳贊：「奴僇苟活。」廣雅：「戮，辱也。」

校勘記

〔一〕「从」字舊作「從」，據説文原書改。後皆同。

〔二〕「實」字舊作「寔」，據説文原書改。

〔三〕「儿」舊誤「几」，據説文原書改。

〔四〕「从芆」「亦」三字舊脱，據説文原書增。

〔五〕「和」字舊作「龢」，據説文原書改。

〔六〕「歷」，唐石經作「曆」。

〔七〕「曆」字舊作「厤」，清代避諱字，今改正體。後皆同。

〔八〕「山」下舊衍「也」字，據説文原書删。

〔九〕「智」字論語原書作「知」。

〔一〇〕「底」字舊誤「底」，今改正。爾雅原書本作「厎，致也」。

〔一一〕「厎」字舊亦誤「底」，據左傳原書改。
〔一二〕「柳谷」，「谷」字舊誤「穀」，今改正。
〔一三〕「候」字舊誤「侯」，據周禮原書改。
〔一四〕「專」字今或隸「叀」。
〔一五〕「朔」字今或隸「朏」。
〔一六〕「降」字國語原書或作「至」。
〔一七〕「斸」字舊作「欘」，據管子原書改。
〔一八〕「葢」字舊作「盖」，據漢書原書改。下同。
〔一九〕「女」字諸本作「汝」。後皆同。
〔二〇〕「期」字諸本作「朞」。
〔二一〕「卅」字舊誤「世」，今改正。
〔二二〕「錫」字舊誤「鍚」，今改正。
〔二三〕「鄗」今或隸「鰝」。
〔二四〕「瀍」字舊皆作「法」，據盂鼎原銘改。
〔二五〕「岳」字舊誤「嶽」，今改正。

〔二六〕「然」字舊作「而」，據禮記原書改。

〔二七〕「蹊」字舊脱，今據孟子原書補。按「介」字當屬下，此誤讀。

〔二八〕「道」字説文原書作「導」。按本書「導」字舊皆作「道」，蓋作者有意改用古字，故依其舊。後皆同。

〔二九〕「終」字舊誤「中」，據原詩改。

〔三〇〕「祀」字舊誤「禮」，據禮記原書改。下「五祀」同。

〔三一〕「躬」字舊誤「射」，據周禮原書改。

〔三二〕「褻」字舊誤「暬」，據國語及原注改。

〔三三〕「擾」字今或隸「揉」。

〔三四〕「作」字舊誤在「睿」下，「睿」上又衍「謂」字，今删正。「睿」字説文原書作「㕡」。

〔三五〕「爰」字今或隸「𤔲」。

〔三六〕按爾雅釋詁「溢」「慎」皆訓「静也」。

〔三七〕「敷」字舊誤「敷」，今改正。

〔三八〕「作」字舊脱，今據義增。

〔三九〕「天」字舊誤「王」，今改正。

〔四〇〕「堯」字舊誤「歲」，據史記原書改。

〔四一〕「公」字舊誤「法」，今改正。
〔四二〕「虫」字舊誤作「鱗」，據韓非子原書改。
〔四三〕「柔可」二字舊倒，據韓非子原書乙正。
〔四四〕「祇」字舊誤「祇」，今改正。
〔四五〕「辭」字舊誤「詞」，今改正。
〔四六〕「辭」字舊亦作「詞」，今改正。
〔四七〕「棘」字舊作「革」，據原詩改。
〔四八〕「詁」字舊誤「詩」，今改正。
〔四九〕「精」字舊脱，據説文原書增。
〔五〇〕「工」字舊誤「功」，據經文改。
〔五一〕「威」「畏」二字舊互誤，今乙正。
〔五二〕「者」字今本無。
〔五三〕「癸」字舊誤「癸」，今改正。
〔五四〕「卬」字舊誤「印」，據原銘改。
〔五五〕「曰」字舊脱，據説文原書增。

〔五六〕「厤」字舊誤「歷」，今改正。下同。
〔五七〕「黍」字舊誤「黍」，今改正。下同。
〔五八〕「氾」字舊誤「汜」，今改正。
〔五九〕「墍」字舊誤「暨」，據堯典原文改。
〔六〇〕「頟」字舊誤「領」，據諸本改。
〔六一〕「呼」字舊作「乎」，「式號」「式呼」舊倒，據原詩訂正。
〔六二〕按「篇」字疑衍。
〔六三〕「厎」字舊誤「底」，今改正。
〔六四〕「亶」字舊誤「宜」，據左傳原書改。
〔六五〕「太」字舊作「大」，今改正。後諸「太」字皆同。
〔六六〕「緇衣」二字舊倒，今乙正。
〔六七〕按今廣雅無此文，「浮」訓「游也」。
〔六八〕按此四字今或隸「玄鏐鏞鋁」。
〔六九〕「章」字舊誤「事」，據漢書原書改。
〔七〇〕「昭注」二字舊倒，今乙正。

〔七一〕「淵」字舊誤「浦」，據山海經原書改。

〔七二〕「榦」字舊誤「榦」，今改正。注同。

〔七三〕「玄」字舊作「元」，乃清代避諱而改，作者沿用之，今據諸本改。後皆同。

〔七四〕「劭」字舊誤「書」，今改正。

〔七五〕「或」字舊作「又」，據釋文原書改。

〔七六〕「滎」字舊作「熒」，涉上誤，今改正。

〔七七〕「鏤」「砮」二字舊倒，據諸本乙正。

〔七八〕「沮」「漆」二字舊倒，據原詩乙正。

〔七九〕「右」字舊誤「古」，據説文原書改。

〔八〇〕「惇」字舊誤「敦」，今改正。下「惇物」同。

〔八一〕「墊」字舊誤，今改正。按説文此訓屬「玪」篆，「玪」訓「玉聲」，此誤。

〔八二〕「翔」字舊誤「朔」，據穆天子傳原書改。

〔八三〕「道」諸本作「導」。

〔八四〕「太」字舊作「大」，據諸本改。後皆同。

〔八五〕「高祖本紀」舊誤「月表」，據引文考史記原書改。

〔八六〕「底」字諸本作「砥」。

〔八七〕「治」字舊誤「沾」，下衍「東」字，據漢書原書删正。按此句屬應劭注文，非漢志原文。

〔八八〕此「道」字諸本亦作「導」。下皆同。

〔八九〕「辭」字舊誤「詞」，今改正。

〔九〇〕「㷭」諸本作「滎」，此亦作者有意改用古字。

〔九一〕「同」字舊誤「洞」，據爾雅原書改。

〔九二〕「祇」字舊誤「祗」，據諸本改。注内同。

〔九三〕「已」字舊誤「巳」，今改正。

〔九四〕「馬」字舊誤「爲」，今改正。

尚書覈詁　卷二

商書

商，地名，亦國號也。史記：「契封于商。」王師謂古之宋國，寔名商丘。丘者，虛也。宋之稱商丘，猶洹水南之稱殷墟。是商在宋地。昭元年左傳：「后帝不臧，遷閼伯于商丘，主辰。商人是因，故辰爲商星。」又襄九年傳：「陶唐氏之火正閼伯居商丘，祀大火而火紀時焉。相土因之，故商主大火。」又昭十七年傳：「宋，大辰之虛也。」大火謂之大辰。則宋之國都，確爲昭明相土故地。杜預春秋釋地以商丘爲梁國睢陽，又云：「宋、商、商丘，三名一地。」其說是也。

湯誓第五

湯，商初有天下之君，都亳。漢志「山陽郡薄縣」，臣瓚曰：「湯所都。」按薄縣，在今曹州南。此湯伐桀誓師之詞，故以「湯誓」名焉。

王曰：「格，爾衆庶，悉聽朕言！非台小子，敢行稱亂；

王，史記作「湯」。格，釋言：「來也。」悉，釋詁：「盡也。」非，史記作「匪」，古通用字。台，釋詁：「予也。」稱，與「偁」同。釋言：「偁，舉也。」

有夏多罪，天命殛之。

有夏，謂夏桀也。殛，釋言：「誅也。」按「天命殛之」以下至「舍我嗇事而割政」二十三字，史記移在「予維聞女衆言」至「不敢不正今夏多罪」二十二字之下，疑今古文因有錯簡而先後倒易耳。

今爾有衆，女曰：『我后不恤我衆，舍我穡事而割正？』

后，釋詁：「君也。」恤，釋詁：「憂也。」穡事，史記作「嗇事」。「嗇」者，「穡」之省假。說文：「穀可收曰穡。」是也。割，廣雅：「害也。」害，詩傳：「何也。」大誥「天降割于我家」，「割」乃「害」之假。是害、割可通之證。孟子「時日害喪」，即引此經「時日曷喪」。「害」與「曷」，皆謂何也。害正者，何征也。古正、征通用，下文「予畏上帝，不敢不正」，亦謂不敢不征也。史記作「政」，亦同聲通假字。「正」下今本有「夏」字，按史記無「夏」字；僞孔傳：「正，政也，言奪民農功，而爲割剥之政。」亦無「夏」字明矣。

予惟聞女衆言，夏氏有罪；予畏上帝，不敢不正。

夏氏，周語：「禹有平水之功，皇天嘉之，胙以天下，賜姓曰姒，氏曰有夏。」按古代男子皆稱氏。賜姓之說，未足信也。

今女其曰：『夏罪其如台？』

如台，史記作「奈何」。按西伯戡黎「今王其如台」，亦謂今王其奈何也；盤庚「卜稽曰其如台」，亦謂卜稽曰其奈何也。僞孔傳訓「台」爲「我」，失之矣。又史記「夏」作「有」，無「今」字。

夏王率遏衆力，率割夏邑。

率，詩傳：「用也。」遏，釋詁：「止也。」按上「率」字當讀爲「卒」。莊子人間世釋文：「率或作卒。」是其證。釋詁：「卒，盡也。」遏，當讀爲「竭」。詩文王釋文：「遏或作竭。」是遏、竭可通也。字通作「歇」。釋詁：「歇，竭也。」史記高帝紀索隱引鄭德云：「歇，讀爲遏絶之遏。」是也。又通作「竭」，釋訓釋文：「竭本亦作渴。」廣雅：「渴，盡也。」周語「其竭也無日矣」，韋注：「竭，盡也。」荀子「百里之地，足以竭勢矣」，楊注：「竭，盡也。」皆其證。然則遏、竭、歇、渴，並以同聲得通假。此文「率遏衆力」，謂盡竭民之力也。割，廣雅：「害也。」史記作「奪」，割、奪聲相近，古文爲長。

有衆率怠弗協，曰：『時日曷喪？予及女偕亡。』

怠，俞樾謂當讀爲「殆」。詩玄鳥「受命不殆」，鄭箋：「受天命而行之不解殆。」論語爲政篇「思而不學則殆」，何晏注：「徒使人精神疲殆。」解殆與疲殆，其字並當作「怠」，而經皆作「殆」，是怠、殆通也。此文「怠」字，當爲危殆之「殆」。言夏王率遏衆力，率割夏邑，故其民率危殆而弗協也。按俞説是也。時，猶「是」

也。日，廣雅：「君也。」詩柏舟傳：「日，君象也。」昭二十五年公羊傳注：「日爲君。」是言日，正以喻君也。曷，詩傳：「何也。」孟子作「害」。偕，詩傳：「俱也。」

夏德若茲，今朕必往。

「德」兼吉、凶二義。孝經「皆在于凶德」，是其例也。茲，釋詁：「此也。」

爾尚輔予一人，致天之罰；予其大賚女。

尚，釋言：「庶幾也。」按「尚」爲希望之辭，猶言其也。輔，史記作「及」，義亦相近。致，説文：「送詣也。」謂以天罰致之于桀也。賚，釋詁：「賜也。」史記作「理」，「理」與「釐」通。玉篇引蒼頡云：「釐，賜也。」古賚、釐並通作「來」，詩思文「貽我來牟」，漢書劉向傳「來」作「釐」。釋文：「來，本作勑，又作賚。」是賚、理音義並通。

爾無不信，朕不食言。

食，釋詁：「僞也。」按僖十五年左傳「我食吾言」、又哀元年傳「不可食也」，杜注並云：「消也。」蓋食之則消滅矣。當從杜義爲長。

爾不從誓言，予則奴戮女，罔有攸赦。」

奴戮，史記作「帑僇」，字異義同。攸，釋言：「所也。」

盤庚上第六

盤，釋文本作「般」。周禮司勳注、漢石經並作「般」。盤庚，商帝名。史記：「陽甲崩，弟盤庚立。」書共上、中、下三篇，皆紀盤庚遷殷時誥諭臣民之辭。按此篇首云「盤庚遷于殷，民不適有居」，則當在遷後而未定居之時。中篇首言「盤庚作，惟涉河以民遷」，則明在未遷之前，故又曰「今予將試以女遷」也。下篇首言「盤庚既遷，奠厥攸居」，則明在遷後民已定居之時，更在上篇之後。惟上、中二篇何以倒置，殊不可解。俞樾謂史記「盤庚崩，弟小辛立，殷復衰，百姓思盤庚，乃作盤庚三篇」，是盤庚之作在小辛時，作盤庚所以諷小辛也。吕覽：「武王命周公旦進殷之遺老，而問殷之亡故，又問衆之所欲、民之所說。殷之遺老對曰：『欲復盤庚之政。』」則百姓之思盤庚，思復其政也。此篇叙盤庚遷殷之後，以常舊服正法度，即所謂盤庚之政也。此作書之本恉。其中、下二篇，則取盤庚未遷及始遷之時告誡其民之語附益之，故雖三篇，而盤庚止作一篇也。按俞説近似。而以下篇係在始遷之時，其時似在此篇之前，則與經文不協也。

盤庚遷于殷，民不適有居。

殷，地名，即史記項羽本紀之洹水南殷虚也。賈疏引汲冢古文：「盤庚自奄遷于殷，在鄴南三十里。」今龜甲獸骨出土之地，正在鄴西。史記索隱引汲冢古文亦謂盤庚自奄遷于北冢曰殷虚，南去鄴三十里，與賈疏所引合。是殷墟確在鄴境，即今河北之彰德也。據竹書紀年，祖乙自耿遷庇，南庚自庇遷奄，亦謂盤庚之先曾都于奄。庇疑即邶鄘之邶，吉金文止作「北」。奄即商奄之奄，皆商故土。則盤庚當自奄遷殷也。奄地在魯。襄二十五年左傳「齊魯之間有弇中」，漢初禮古文經出于魯淹中，皆其證也。今當兗州曲阜之境，居河之南。自奄遷殷，當涉河津。盤庚中言「惟涉河以民遷」，揚雄雲州箴「盤庚北度，牧野是宅」，皆相吻合也。適，説文：「之也。」釋詁：「往也。」有居，即居也。「有」字助辭，亦猶有夏之即爲夏，有衆之即爲衆耳。

率籲衆戚，出矢言。

籲，説文：「評也。」戚，今本作「慼」。按説文作「戚」，古親戚、憂戚字並作「戚」，「慼」乃俗字也。史記訓「衆戚」爲諸侯大臣，則不作「慼」甚明。此「衆戚」當謂貴戚大臣也。矢，釋言：「陳也。」此盤庚呼衆臣出陳言于百姓，舊注皆失之。

曰：「我王來既爰宅于兹，重我民，無盡劉。

來，謂自奄來殷也。爰，俞樾謂「爰」之言「易」也。僖十五年左傳「晉於是乎作爰田」，服注：「爰，易也。」既爰宅于兹，既易宅于兹也。劉，釋詁：「殺也。」

不能胥匡以生，卜稽曰其如台。

胥，釋詁：「相也。」匡，僖二十六年左傳「匡救其災」，杜注：「匡亦救也。」稽，廣雅：「考也。」詩文王有聲「考卜維王」，「考」亦卜問之意。按「稽」字本當作「卟」。洪範「稽疑」，說文作「卟疑」。龜甲文屢有「王𡆥曰」之文。「𡆥」即「卟」字也。曰，俞樾謂句中助詞，當以「卜稽曰其如台」六字爲句。曰其，猶越其也。下文「越其罔有黍稷」，「越」與「曰」古通用耳。傳曰「卜以決疑，不疑何卜」？盤庚之遷，蓋不用卜，故有「非敢違卜」之言。當時臣民必有以此爲口實者，故盤庚言苟不能以法度相正而生，雖卜亦無如何耳。按俞說以「曰其」連文，視舊說爲長矣。

先王有服，恪謹天命，兹猶不常寧，

服，釋詁：「事也。」恪，釋詁：「敬也。」謹，王師謂當爲「堇」，即「勤」之省。單伯鐘、毛公鼎「勞堇大命」，禮記祭義引孔悝鼎銘「對揚以辟之勤大命，施于台彝鼎」，是其證也。按「天命」即大命，天、大古字以形近相通。录伯戎敦「惠弘天命」字作「天」，大豐敦「王祀于大室」字亦作「天」，兩形無別。多士：「肆予敢求爾于天邑商。」又曰：「今朕作大邑于兹雒。」天邑，即大邑也。寧，釋詁：「安也。」

不常厥邑，于今五邦。

五邦，馬謂商丘、亳、囂、相、耿也。鄭謂湯自商徙亳，數商、亳、囂、相、耿爲五，與馬說同。按史記：「自契至湯八遷，湯始居亳，從先王居。」此八遷皆在未有天下之時，則五邦疑不得數商、亳也。且史記又云：「帝盤庚之時，殷已都河北，盤庚涉河南，復居成湯之故居，迺五遷無定處；殷民咨胥皆怨，不欲徙。」是此五遷與上八遷不得混爲一矣。據史記「仲丁遷于隞，河亶甲居相，祖乙遷于邢」，索隱：「隞亦作囂。」又曰：「邢音耿。」是隞即囂，邢即耿，仍止三邦。又汲冢古文以盤庚自奄遷殷，竹書紀年謂祖乙自耿遷庇，南庚自庇遷奄。雖紀年祖乙遷庇事無左證，而盤庚以前曾居奄地，則事近可信。疑五邦即謂囂、相、耿、奄及殷也。

今不承于古，罔知天之斷命，矧曰其克從先王之烈？

承，詩傳：「繼也。」命，猶甘誓「言天用剿絶其命」也。矧，釋言：「況也。」曰，與「爰」同，猶言乃也。曰其，與「越其」同。烈，釋詁：「業也。」

若顛木之有由蘖，天其永我命于兹新邑。

顛，廣雅：「倒也。」由，説文作「甹」，謂木生條也。引商書「若顛木之有甹枿，古文言由枿」，則古文本作「由」。蘖，説文作「櫱」，謂伐木餘也，或作「蘖」。按説文引書一作「枿」，一作「櫱」。釋詁、方言並曰：「枿，餘也。」説文木部有「桙」字，謂亦古文「櫱」。疑「枿」爲「桙」之隸變也。永，釋詁：「長也。」

紹復先王之大業，厎綏四方。」〔一〕

紹，釋詁：「繼也。」厎，猶定也。綏，釋詁：「安也。」

盤庚斆于民，由乃在位。

斆，禮記檀弓注：「教也。」由，古通「迪」。釋言：「迪，道也。」字亦作「猷」，猶詩小旻「不我告猶」，大誥「大誥猷爾多邦」，「由」之言告也。乃，疑當作「厥」。吉金文「乃」「厥」形近易誤，尚書中「乃」「厥」易用之處甚多，下文「今予將試以汝遷，安定厥邦」，又曰「今予將試以汝遷，永建乃家」，一作「厥」，一作「乃」，尤其明證。

以常舊服正法度，曰：「無或敢伏小人之攸箴。」

服，吕覽高注：「法服也。」是「舊服」猶言舊制矣。度，説文：「法制也。」或，吕覽高注：「有也。」伏，廣雅：「藏也。」小人，鄭謂小民，是也。攸，釋詁：「所也。」箴，馬謂諫也。

王命衆，悉至于庭。王若曰：「格，女衆！予告女訓女，猷黜乃心，

衆，謂群臣也。若曰，古成語。微子「微子若曰」，又云「父師若曰」，康誥「王若曰」，君奭「周公若曰」，「若」字皆無意義，疑如「曰若」，亦發聲也。訓，詩傳：「教也。」猷，與「猶」同。詩小星「實命不猶」，又曰「實命不同」，「猷」即「同」也。黜，釋詁：「去也。」説文：「貶下也。」當以「告女訓女」絶句，猶下文言「承女俾女」也。

無傲從康。

從，禮記「樂不可從」，釋文：「從，縱也。」又檀弓「爾毋從從爾」，士喪禮注作「縱縱爾」。古放縱、縱横字皆止作「從」。荀子賦篇「以能合從」，即謂合縱也。康，釋詁：「安也。」按康兼美、惡二義。詩蟋蟀：

「毋已大康，職思其居。」是「康」猶言逸豫也。

古我先王，〔二〕亦惟圖任舊人共政。

圖，釋詁：「謀也。」任，廣雅：「使也。」共，猶奉也，與「供」義同。無逸「以庶邦惟正之供」，是其義也。

王播告之，修不匿厥指，王用丕欽；

播，説文作「譒」，謂敷也，引書「王譒告之」。脩，疑「攸」之假字。史記秦始皇紀「德惠脩長」，索隱引王劭曰：「按張徽所録會稽南山秦始皇碑文『脩』作『攸』。又婁壽碑『曾祖父攸春秋』，又曰『不攸廉隅』，『攸』並當爲『脩』。」是修、攸可通之證。攸，猶用也。然則「修不匿厥指」者，用不匿厥指也。「指」與「恉」同。説文：「恉，意也。」丕，釋詁：「大也。」

罔有逸言，民用丕變。

逸，釋言：「過也。」丕變，與堯典「黎民於變時雍」之義同也。

今女聒聒起信險膚，予弗知乃所訟。

聒，今本作「聒」。按説文作「聒」，謂拒善自用之意也，古文作「䶂」，馬注與説文同，則亦本作「聒」。玉篇：「聒，愚人無知也。」蓋本僞孔傳「無知之貌」爲説，則僞孔本當亦作「聒」矣。險，周易繫辭京注：

「惡也。」左傳杜注：「猶惡也。」荀子：「上幽險則下漸詐矣。」幽險、漸詐，皆惡德之名。膚，疑假爲「戲」。戲、膚並从「虍」聲，古「烏虖」一作「於戲」，「戲」之通作「膚」，猶「戲」之通作「虖」也。廣雅：「戲，衺也。」險、戲雙聲連語。訟，說文：「爭也。」

非予自荒兹德，惟女含德不惕予一人。

荒，淮南主術注：「亂也。」逸周書大明武解注：「敗也。」含，史記作「舍」，俞樾謂「含」之言藏也，懷也。楚語「土氣含收」，韋注：「含，藏也。」秦策「含怒日深」，高注：「含，懷也。」惕，白虎通作「施」。含與施正相應成義。下文曰：「女克黜乃心，施實德于民。」施德于民，即施予一人，君、民一體也。按施、惕古音近相通。詩何人斯「我心易也」，韓詩「易」作「施」。廣雅：「施，敡也。」惕、敡同聲，應可通假。俞說似近之。

予若觀火；予亦拙謀，作乃逸。

予若觀火，謂其見之明也。拙，說文作「炪」。此古文假「炪」爲「拙」，如假「孜」爲「好」、假「貆」爲「桓」之類耳。拙謀，自咎其謀之拙也。乃，猶女也。逸。釋言：「過也。」

若網在綱，有條而不紊。若農服田，力穡乃亦有秋。

綱，說文：「維紘繩也。」詩疏謂「網之大繩」是也。紊，說文：「亂也。」服，與「𠬝」通。說文：

「艮，治也。」穡，詩傳：「種之曰稼，斂之曰穡。」此舉穡以包稼也。亦，猶大也。秋，應劭謂秋收也。

女克黜乃心，施實德于民，至于婚友，丕乃敢大言女有積德。

婚，釋親：「婦之父母，相謂爲婚姻。」友，說文：「同志爲友。从二又，相交友也。」按「友」謂僚友也。酒誥「矧太史友、內史友」，毛公鼎「及兹卿士寮、大史寮」，是「友」即同寮矣。丕乃，古之轉語，猶言乃也。盤庚中「高后丕乃崇降罪戾」，謂高后乃崇降罪戾也。又曰「乃祖乃父，丕乃告我高后」，謂乃祖乃父乃告我高后也。積，廣雅：「聚也。」

乃不畏戎毒，于遠邇惰農自安，

戎，釋詁：「大也。」毒，周語韋注：「害也。」于，裴學海讀爲「如」，是也。惰，三國志注作「墮」，亦同聲通假字也。

不昏作勞，不服田畝，越其罔有黍稷。

昏，鄭讀爲「敃」，勉也。按釋詁昏、敃並云强也。玉篇：「敃，勉也。」西京賦薛綜注：「昏，勉也。」是昏、敃之義通也。周禮大司寇注作「愍」，「愍」當爲「敃」之假字。說文：「敃，彊也。」越，釋文：「本一作粵。」

女不和吉言于百姓，惟女自生毒，乃敗禍姦宄，以自災于厥身。

和，俞樾謂當讀爲「桓」。禹貢「和夷厎績」，水經桓水注引鄭書注「和」讀爲「桓」。「桓」與「宣」並从「亘」聲，古亦通用。魏策魏桓子，韓子説林篇作魏宣子，是其證也。「和」可讀爲「桓」，亦可讀爲「宣」矣。按俞謂「和」讀爲「宣」，是矣。古宣布有直作「和布」者。周禮大宰：「正月之吉，始和布治于邦國都鄙。」鄭注：「以正月朔日布王治之事于天下。」而不解「和」字之義，知和、布義同，和布即宣布矣。敗，孔子閒居篇注：「謂禍烖也。」敗禍姦宄，四字平文，孫星衍謂以致敗露姦宄之行，非經旨也。災，與「烖」同，釋詁：「危也。」

乃既先惡于民，乃奉其恫，女悔身何及？

奉，説文：「承也。」恫，釋言：「痛也。」身，漢石經作「命」。身、命之義相通，蓋今古文異字。

相時憸民，猶胥顧于箴，言其發有逸口，

相，釋詁：「視也。」時，猶「是」也。憸，説文作「思」，疾利口也」，漢石經作「散」。蓋「思」从「刪」省聲，與「散」音相近。按説文：「憸，憸詖也。憸利于上，佞人也。」是憸、思義並爲邪佞。胥，釋詁：「相也。」于，猶「以」也。下文「女告女于難」，即告女以難也；「告爾百姓于朕志」，即告爾百姓以朕志也。其，猶「之」也。逸，釋言：「過也。」逸口，猶上文言逸言也。

矧予制乃短長之命？女曷弗告朕，而胥動以浮言，恐沈于衆。

曷，廣雅：「何也。」浮，廣雅：「游也。」浮言，謂無根之言。沈，孫星衍引說文：「抌讀若告言不正曰抌」，謂「抌」不得復云讀若「抌」，疑下「抌」字乃「沈」字也。按告言不正，則當作「搖」或「謡」。古沈、猷通用。康誥「遠乃猷裕」、多方「爾曷不抌裕之于爾多方」，「抌裕」即「猷裕」一語，如「猶豫」一作「冘豫」也。猷、繇古通。如大誥「大誥猷爾多邦」，馬本作「繇」，即其證，故「沈」可讀爲「搖」或「謡」也。

若火之燎于原，不可鄉邇，其猶可撲滅？

燎，說文：「放火也。」鄉，今本作「嚮」。按左傳作「鄉」。古鄉里、嚮背字皆同作「鄉」。邇，猶近也。撲，史記索隱：「擊也。」若，左傳作「如」。

則惟女衆自作弗靖，非予有咎。

靖，藝文類聚引韓詩：「善也。」

遲任有言曰：「人惟求舊，器非求舊，惟新。」古我先王暨乃祖乃父，胥及逸勤，予敢動用非罰？

遲，集韻作「迡」，謂迡仁，古賢人也。按說文「遲」或作「迡」，則同字也。求，漢石經作「救」，無上「求」字。求、救亦同聲通假。胥，釋詁：「相也。」及，釋詁：「與也。」逸，蔡邕司空文列侯楊公碑作「肄」，詩傳：「肄，勞也。」勞、勤同義，當從之。按古肄、肆，逸、佚並同音通用。公羊莊傳「肆大眚」，釋文：「肆本作佚。」文四年左傳「以爲肆業及之也」，釋文：「肆本作肄。」本書無逸，石經作「毋佚」，是其明證。勤，釋詁：「勞也。」敢，詩文王正義引作「不敢」，當從之。非罰，謂非常之罰也。

世選爾勞，予不掩爾善。

選，俞樾謂當讀爲「纂」。釋詁：「纂，繼也。」纂从算聲，選从巽聲。説文：「籑，具食也。从食，算聲。」重文「饌」，从食巽聲。是算聲、巽聲相近之證。按詩猗嗟「舞則選兮」，韓詩作「舞則纂兮」，此選、纂相通之明證也。掩，釋文：「一作弇。」晉語「爾童子何知，而三掩人于朝」，韋注：「掩，蓋也。」五經異義作「絶」，蓋三家之異文也。

兹予大享于先王，爾祖其從與享之，作福作災，予亦不敢动用非德。

大享，禮器「大饗腥」，注云：「大饗，祫祭先王也。」文二年公羊傳何休注：「禘所以異于祫者，功臣皆與也。」則此大享，是禘祭矣。韓詩外傳引無「大」字「與」字。非德，與上文「非罰」相對成義。

予告女于難，若射之有志。

于，猶「以」也。盤庚下「今我既羞告爾于朕志」，謂今我既羞告爾以朕志也；雒誥「聽朕教女于棐民彝」，謂聽朕教女以棐民彝也。志，儀禮既夕記注：「猶擬也。」定八年左傳顏息射人中眉，退曰：「吾志其目也。」是其義矣。朱彬謂「志」古通「識」，又通作「幟」，「幟」猶「埻」也，亦通。

女無老侮成人，無弱孤有幼。

老侮，今本作「侮老」。按鄭謂「老」「弱」，皆輕忽之意；僞孔傳「是老侮之」，皆本作「老侮」。唐石經猶作「老侮」，不誤。漢石經作「翕侮」，段玉裁謂「翕侮」，猶狎侮也。翕，蓋「狎」之假字。「弱」「孤」，皆輕忽之意。史記南越傳「王、王太后弱孤不能制」，是其義也。漢石經「弱」作「流」，流、弱雙聲。有幼，與「成人」相對成義，有，助辭也。

各長于厥居，勉出乃力，聽予一人之作猷。無有遠邇，用罪伐厥死，用德彰厥善。

長，釋詁：「育也。」猷，釋詁：「謀也。」段謂釋詁「猷，已也」，作「已」猶言作「輟」，亦通。伐，釋詁：「擊也。」謂討伐其罪也。彰，漢書王嘉傳作「章」，明也。

邦之臧，惟女衆；邦之不臧，惟予一人有佚罰。

之，王引之謂猶若也。牧誓「牝雞之晨，惟家之索」，言牝雞若晨也；金縢「爾之許我，我其以璧與珪，歸俟爾命」，言爾若許我也。臧，釋詁：「善也。」佚，與「逸」同，周語引作「逸」。釋言：「逸，過也。」又與「失」通。成二年公羊傳釋文：「佚，一本作失。」莊子養生主釋文：「失，本又作佚。」皆其例也。周語「維」上有「則」字，「有」上有「是」字，今文本異。

凡爾衆，其惟致告：自今至于後日，各共爾事，致，當讀爲「厎」。襄九年左傳：「無所厎告。」字本作「指」。微子：「今爾無指告。」廣雅：「指、告，語也。」古厎、致、恉三字通用。説文「坻」一作「渚」。儀禮聘禮注：「今文至爲砥。」並其證。共，今本作「恭」。按燉煌石刻及漢石經並作「共」。僞孔傳訓爲「奉」，則亦本作「共」也。

齊乃位，度乃口；罰及爾身，弗可悔。」

齊，廣雅：「整也。」整之言正也。度，説文作「敷」，謂閉也。乃口，漢石經「乃」作「爾」。

盤庚中第七

盤庚作，惟涉河以民遷。

作，俞樾謂如孟子公孫丑篇「由湯至于武丁，聖賢之君六七作」，易繫辭傳「神農氏作」，「黄帝、堯舜氏作」也。惟，釋詁：「謀也。」涉，廣雅：「渡也。」

乃話民之弗率，誕告用亶。

話，説文：「會合善言也。」按「話」假爲「佸」。説文：「佸，會也。」率，釋詁：「循也。」猶言從也。誕，釋詁：「大也。」大，辭也。書中訓大之字，如「丕」如「誕」如「洪」，皆多用爲語辭，無意義也。亶，釋詁：「誠也。」馬本作「單」，音同，誠也。蓋馬讀「單」爲「亶」也。

其有衆咸造，勿褻在王庭。

造，儀禮士喪禮注：「至也。」勿褻，一切經音義引作「忽媟」，謂孔安國曰「媟，慢也」。段玉裁謂「忽」者字之誤，「褻」本作「媟」。按勿褻，古成語。説文出部：「槷魁，不安也。」易曰『槷魁』。」又作「杌隉」，秦誓：「邦之杌隉。」説文「檮杌」作「檮柮」。杌、柮、魁通用，隉、槷亦通用字。一作「出執」。召誥：「徂厥亡出執。」勿、出古同部，故又轉作「勿褻」也。

盤庚乃登進厥民，曰：「明聽朕言，無荒失朕命。

登，釋詁：「升也。」明，王引之謂猶勉也。明、勉一聲之轉。荒失，猶言廢也。詩韓奕「無廢朕命」，盂鼎、克鼎、師嫠鼎並作「無灋朕命」，「灋」亦「廢」之假字。

烏呼！〔三〕古我先后，罔不惟民之承保。

烏呼，今文當作「於戲」。下文「烏呼今予告女不易」，漢石經作「於戲」，即其例也。今古文字異義同，並嘆辭也。承保，古成語。雒誥「承保乃文祖受命民」，亦以「承保」連文。「承」與「應」聲相近。康誥「乃服惟弘王應保殷民」，周語「膺保明德」，皆一語之轉也。

后胥戚鮮，〔四〕以不浮于天。

戚，漢石經作「高」。按三體石經「戚」作「[illegible]」、「高」作「[illegible]」，蓋以形近相譌也。然古文以「[illegible]」爲「戚」，則不可考矣。竊疑此文當以「后胥戚鮮」四字爲句。后者，「厚」之假字。説文「厚」，古文作「垕」，从后、土。則此省土字耳。襄十四年左傳厚成叔，釋文：「本又作郈。」昭二十五年傳作「郈成叔」。又左傳厚昭伯，古今人表作「郈」，五行志及文選注則並作「后」。此厚、后相通之明證也。戚，孟子「戚之也」注云：「戚，親也。」管子「通于侈靡而士可戚」、楚辭「戚宋萬于兩楹兮」，〔五〕注並與孟子同。則「戚」謂親之也。鮮，釋詁：「善也。」然則「后胥戚鮮」，殆猶言厚相親善矣。不，當爲「丕」，古丕、不同字。浮，疑當讀爲

「孚」。釋名：「浮，孚也。」禮記聘義注：「孚，讀爲浮。」是其證也。孚，釋詁：「信也。」又按「孚」爲「俘」之本字，其訓信者當假爲「符」。高宗肜日「天既孚命」，史記「孚」作「附」，漢石經作「付」，即其證。説文：「符，信也。」文選甘泉賦注：文穎曰：「符，合也。」是以「丕孚于天」，猶言以大信于天，以大合于天也。

時殷降大虐，先王不懷厥攸作，視民利用遷。

時殷，猶詩言時夏、時周也。懷，釋詁：「安也。」攸，所也。謂不安於其所作也。

女曷弗念我古后之聞？承女俾女，

聞，漢書韋賢傳注：「聲名也。」蓋聞聲謂之聞，事之聞于人者亦謂之聞。此謂先王之事聞于後世者也。承女俾女，承上文承保而言。承俾，即承保也。古保、俾雙聲，蓋可通假，故「保乂」亦作「俾乂」。康誥「用保乂民作求」，多士「保乂有殷」，堯典「下民其咨，有能俾乂」。俾乂，即保乂也。

惟喜康共；非女有咎，比于罰。

共，俞樾謂古共、拱通用。論語「居其所而衆星拱之」，釋文：「共，鄭作拱。」是也。廣雅：「拱，固也。」惟喜康共者，惟喜安固也。比，荀子不苟篇注謂齊等也。孟子「子比而同之」，「比」亦同也。

予若籲懷茲新邑，亦惟女故，以丕從厥志。

若籲，俞樾謂小爾雅廣詁「若，女也」，説文「籲，評也」，予若籲者，予女呼也，猶言予呼女也。按俞説近似。

懷，詩傳：「歸也。」釋言：「來也。」丕，當作「不」。不從厥志，「厥」字亦當爲「乃」，謂不從女苟安之志。

今予將試以女遷，安定厥邦。女不憂朕心之攸困，乃咸大不宣乃心，欽念以忱，動予一人。

攸，所也。困，猶苦也。宣，孫讀爲「和」，古宣、桓、和通用，是也。「女不憂」上，漢石經有「今」字，較長。裴學海謂忱、動皆同也，多方之「忱裕」，康誥作『猷裕』，「猷」與「猶」通，同也。古「絧」一作「鍾」，「恫」字一作「慟」，故「動」得爲同也。按「忱」亦爲「搖」或「謡」。欽，讀爲「廞」，釋詁：「興也。」

爾惟自鞠自苦，若乘舟，女弗濟，臭厥載；

鞠，釋言：「窮也。」濟，釋言：「渡也。」臭，説文：「殠，腐氣也。」載，説文：「乘也。」謂所乘載之物。

爾忱不屬，惟胥以沈。

忱，説文：「誠也。」按「忱」亦「誠」字。屬，廣雅：「解也。」按説文：「屬，連也。」此疑讀爲「斸」。釋名：「斸，斫也。」故有解除之意。胥，當爲「湑」之假字。玉篇：「湑，溢也。」小爾雅：「溢，没也。」是「湑」亦即没也。詩雨無正「淪胥以鋪」，言淪没以鋪也；抑篇「無淪胥以亡」，謂無淪没以亡也；桑柔「載胥及溺」，言載没及溺也。

不其或稽，自怨曷瘳？

不其，古成語。召誥：「不其延。」左傳：「以德爲怨，秦不其然？」晉語：「多而驟立，不其集亡？」皆以「不其」連文。不其，猶言其不也。稽，漢石經作「迪」。按「稽」疑「道」之譌。古文「稽」作「𩒨」，省作「頁」。說文：「頁，古文𩒨首字如此。」〔六〕頌鼎「𩒨首」，卯敦省作「頁首」。頁、首古同字，故金文作「𩒨」，〔七〕說文作「𩒨」。是「稽」可省作「頁」或「首」也。「道」从「首」，古首、道通用，故「道」可譌爲「稽」也，疑古本作「道」。釋詁：「迪，道也。」迪、道同義，故君奭「我迪惟寧王德延」，今本「迪」作「道」。「道」當假爲「終」。君奭「其終，出于弗祥」，今文「終」作「道」，即其證。言不其有終也。怨，今本作「怒」，漢石經作「怨」。按孟子：「大甲悔過，自怨自艾。」作「怨」者是也。瘳，說文：「疾病愈也。」

女不謀長以思乃災，女誕勸憂。

誕，漢石經作「永」。段玉裁謂「誕」从「延」聲，延、永雙聲，故皆訓長也。勸，疑當讀爲「懽」。爾雅：「懽懽、愮愮，憂無告也。」陳逆簠：「余奭事齊侯，懽卹宗家。」懽卹，蓋謂憂恤也。王以下「今」字上屬爲句，則「誕」爲語詞，亦通。

今其有今罔後，女何生在上？

罔，釋詁：「無也。」西伯戡黎：「我生不有命在天。」疑此「在上」亦謂在天也。

今予命女一無起穢以自臭，恐人倚乃身，迂乃心。

一，荀子楊注：「皆也。」穢，文選東都賦注引字書：「不清潔也。」倚，玉篇作「踦」。按說文：「踦，戾足也。」荀子解蔽注：「偏倚也。」後漢書楊震傳注：「邪也。」蓋戾足則必偏邪矣。迂，晉語注：「邪也。」

予御續乃命于天，予豈女威？用奉畜女衆。

御，今本作「迓」。按匡謬正俗作「御」。詩鵲巢「百兩御之」，毛傳：「御，迎也。」徐仙民並音訝。古本作「御」，而讀爲「訝」耳。續，釋詁：「繼也。」奉，猶供也。畜，周易鄭注：「養也。」

予念我先神后之勞爾先，予丕克羞爾，用懷爾；

神者，尊稱。說文「天神曰神」是也。丕，漢石經作「不」。按作「不」者是也。羞，釋詁：「進也。」按「羞」當讀爲「迪」。儀禮鄉飲酒禮「乃羞無算爵」，禮記「羞」作「修」，古修、攸、迪通用字。釋詁：「迪，道也。」猶教也。懷，釋詁：「安也。」

然失予政，陳于茲。高后丕乃崇降罪疾，曰：『曷虐朕民？』

然，禮記祭義注：「猶而也。」此謂予不克羞爾，用懷爾；而失于政，陳于茲也。陳，釋詁：「延也。」崇，釋詁：「重也。」漢石經作「知」，知、崇一聲之轉。

女萬民乃不生生暨予一人猷同心，先后丕降與女罪疾，曰：『曷不暨朕幼孫有比？』

乃，王引之謂猶若也。生生，裴學海謂猶屑屑也，古生、屑雙聲，故廣韻「寄生」一名「寄屑」。方言：「屑，勞也。」昭五年左傳「屑屑焉習儀以亟」，言勤勞也。猷，即下文「有此」之「有」。古猷、以通用，有、以亦同聲。皋陶謨「車服以庸」，春秋繁露「以」作「有」；洪範「則有風雨」，論衡感虚「有」作「以」。「有」之通作「猷」，〔八〕猶「有」之通作「以」也。丕，猶乃也，與上文「不乃」同義。比，猶同也。孟子「子比而同之」，釋文：「事類相似，謂之比。」是其義也。幼孫，盤庚自謂也。

故有爽德，自上其罰女，女罔能迪。

爽，釋言：「差也，忒也。」迪，當爲「攸」。多方「不克終日勸于帝之迪」，馬本作「攸」，是其證也。攸，長也。張表碑「令德攸兮」，謂令德長也。凡从「攸」之字，俱有長意。説文：「筱，長也。」〔九〕國語賈注：「悠悠，長也。」釋詁：「修，長也。」方言：「脩，長也。」皆其證矣。

古我先后既勞乃祖乃父，女共作我畜民；

作，釋詁：「爲也。」畜音近「好」。孟子：「畜君者，好君也。」則畜民，謂好民也。

女有戕則在乃心，我先后綏乃祖乃父，

戕，詩箋：「殘也。」漢石經作「近」，形之譌也。則，疑爲「賊」之假。古「賊」字从「則」作「賊」，故可相通。散氏盤「予有散氏心賊，則爰千罰千」，義與此同。綏，釋詁：「安也。」按大誥「義爾邦君，越爾多士尹氏御事，綏予曰」，則綏者，告也。下文「綏爰有衆」，亦謂告于有衆也。

乃祖乃父乃斷棄女，不救乃死。茲予有亂政同位，具乃貝玉。

「乃死」之「乃」，謂女也。政，與「正」通。釋詁：「正，長也。」亂正，謂貪人在官者也。具，廣雅：「備也。」貝，説文：「古者貨貝而寶龜，至周而有泉。」古代以貝爲錢幣。詩箋：「五貝爲朋。」漢書食貨志：「兩貝爲朋。」皆言用貝之制。王師謂當云「十貝爲朋」，古朋字作「[illegible]」，或作「[illegible]」，象十貝相貫串之形。班固言兩貝，實以一貫爲一貝。鄭玄言五貝，則僅言其一貫耳。古代用玉之制，亦與貝同。古玨字作「[illegible]」，或作「[illegible]」，亦象貫玉之形。左傳杜注、魯語韋注並謂「雙玉爲玨」，正與班氏之説「朋」同也。

乃祖乃父丕乃告我高后曰：『作丕刑于朕孫。』

乃父，唐石經作「先父」，蓋譌字也。我高后，釋文：「本又作『乃祖乃父』。」疑別本此文作「我高后丕乃告乃祖乃父」。按上文言予有亂政同位，則「朕孫」當是盤庚。當以別本之義爲長。孫，唐石經作「子孫」，蓋因傳文作「大刑于我子孫」而衍，「朕孫」正對「高后」言也。

迪高后丕乃崇降弗祥。

「迪」與「攸」通，猶用也。崇，漢石經作「興」。詩箋：「興，盛也。」與崇義近。按興與同音近。微子「小民方興相爲敵讎」，方興即偏同也。同、崇雙聲，故得通用。弗祥，漢石經作「不永」，段玉裁謂永、祥古音同讀爲「羊」。永與漾、羕，皆同聲也。蓋永、祥以聲近相假，當從古文爲允，「永」乃假字也。

烏呼！今予告女不易，永敬大恤，無胥絶遠。

烏呼，漢石經作「於戲」。今予告女不易，與上篇「告女于難」之意相同。鄭謂「不變易」者，非也。恤，釋詁：「憂也。」

女分猷念以相從，各設中于乃心。

分，漢石經作「比」，當從之。按「分」讀如「頒」，古班、頒通用，又通作「斑」。禮記檀弓釋文：「斑，本作頒。」漢衡方碑班叙字作「斑」。説文「斑」字作「辬」从「辡」聲，故儀禮士虞禮注：「古文班或爲辨。」漢書王莽傳注：「辨讀曰班。」考古「辨」與「平」「俾」「比」並通，故「分」與「比」亦得通也。比，同也。猷，讀爲「應」。古猷、容通用，如「猶豫」一作「容與」可證。而康誥「乃服惟弘王應保殷民」，易臨象傳「容保民無疆」，「應」作「容」，容、猷、應並聲近通用。設，王引之謂廣雅：「設，合也。」禮器「合于天時，設于地財」，謂合于地財也。各設中于乃心，各于女心求合中正之道也。漢石經作「翕」。釋詁：「翕，合也。」是字異而義同矣。按「設」當作「翕」，和也。説文：「中，和也。」二字同義。

乃有不吉不迪，顛越不共，〔一〇〕

吉，説文：「善也。」迪，方言：「正也。」按吉、迪同誼，康誥「爽惟民迪吉康」，一作「哲迪」；大誥「弗造哲迪民康」，一作「迪哲」。大誥：「爽邦由哲。」無逸：「茲四人迪哲。」迪，疑讀爲「常」。古由、猶通作「尚」。詩抑篇「尚可磨也」，史記晉世家「尚」作「猶」。秦誓「邦之杌隉，曰由一人；邦之榮懷，亦尚一人之慶」，「亦尚」與「亦由」同，可證古「尚」「由」聲可通。又古謂善人曰哲人，詩抑篇「其維哲人」；一曰吉人，卷阿「藹藹王多吉人」；一曰常人，立政「其惟克用常人」：可證三字同誼。皋陶謨「彰厥有常吉哉」，立政「庶常吉士」，並以「常吉」連文，與此「吉迪」及「迪吉」正同；是「迪」當讀「常」。常、昌通用。〔一一〕善也。顛越，史記集解引服虔曰：「顛，殞也。」越，墜也。按越，説文：「踰也。」踰而訓墜，相反爲訓。亦以與「顛」連文，而意以「顛」爲主。正如「陟降」一語，本兼相反二義，而詩閔予小子云「陟降庭止」，則專以「降」爲主也。又如「詛祝」一語，亦兼二義，無逸「否則厥口詛祝」，則專以「詛」爲主也。僖九年左傳齊桓公曰「恐殞越于下」，義與此同。共，與「恭」通。〔一二〕

暫遇姦宄，我乃劓殄滅之，無遺育，

暫遇，王引之謂「暫」讀爲「漸」。漸，詐欺也。莊子胠篋篇：「知詐漸毒。」荀子不苟篇：小人「知則攫盜而漸。」議兵篇：「招近募選，〔一三〕隆埶詐，尚功利，是漸之也。」正論篇：「上幽險則下漸詐矣。」是詐謂之漸。呂刑曰「民興胥漸」，漸，亦詐也。遇，讀「隅」，睉智故謂之隅。字或作「偶」。淮南原道篇：「偶睉智故，曲巧僞詐。」皆姦邪之稱也。本經篇「衣無隅差之削」，高誘注：「隅，角也。差，邪也。古者質，皆全幅爲衣裳，無有邪角。」衣邪謂之隅差，人邪謂之隅睉，聲義皆相近矣。呂覽勿躬篇：「人主知能不能之可以君民也，則幽詭愚險之言，無不戢矣。」愚，亦即「暫遇姦宄」之「遇」，故以「幽詭愚險」連文。荀子曰：「上幽險則下漸詐。」是也。劓，說文「劓」，或作「劓」。廣雅：「劓，斷也。」按「劓」當讀爲「俾」，古卑、畀通用。洪範「不畀洪範九疇」，史記作「從」。釋詁：「俾，從也。」是讀「畀」爲「俾」。說文「痹」从「畀」聲，而素問字皆作「痺」，漢書集注與集韻又作「庇」。莊子天地釋文：「比，司馬本作鼻。」襄二十三年左傳「郫畀我」，春秋繁露作「郫鼻我」：是古鼻、畀、比、卑聲並通用，故「劓」可爲「俾」。「俾」正與下文「無俾」相對成義。殄，釋詁：「絶也。」育，當讀爲「胄」。堯典「教胄子」，說文「胄」作「育」，是胄、育相通之證。

無俾易種于兹新邑，

俾，釋詁：「使也。」易，當讀爲「施」。詩何人斯「我心易也」，韓詩「易」作「施」，是其證矣。魯語「譬之如疾，吾恐易焉」，「易」亦謂施。詩葛覃「施于中谷」，謂迤延也。

往哉生生！今予將試以女遷，永建乃家。」

生生，猶屑屑也，勸勉之辭。建，廣雅：「立也。」

盤庚下第八

盤庚既遷，奠厥攸居，乃正厥位，

奠，猶定也。攸，猶所也。正位，鄭謂正宗廟朝廷之位也。

綏爰有衆，曰：「無戲怠，懋建大命！

綏，猶告也。爰，釋詁：「于也。」無戲怠，漢石經作「女罔台民」。按罔、無古通，「台民」即「怠」之譌。怠，釋言：「懈也。」懋，漢石經作「勖」。按釋詁：「勖，勉也。」釋訓：「懋懋，勉也。」懋、勖亦古通用字。

今予其敷心腹腎腸，歷告爾百姓于朕志。

心腹腎腸，正義引夏侯等書作「憂腎陽」，漢咸陽令唐扶頌作「優臤颺」，此今文古文之異，今文以「優賢揚歷」爲句。文選左太冲魏都賦「優賢著于揚歷」，張載注：「尚書盤庚曰：『優賢揚歷。』歷，試也。」魏志管寧傳「大仆陶丘一等薦寧曰：『優賢揚歷，垂聲千載。』」裴松之注：「今文尚書『優賢揚歷』，謂揚其所歷試。」皆用今文尚書，與古文之義大别。敷，詩傳：「布也。」宣十二年左傳鄭伯曰：「敢布腹心。」此其義也。于，與「以」同。謂歷告爾百姓以朕志也。

罔罪爾衆，爾無共怒，協比讒言予一人。

罔，猶不也。微子「乃罔畏畏」，僞孔傳謂「上不畏天災，下不畏賢人」，是罔爲不也。比，同也。詩正月「洽比其鄰」，僖十五年左傳引作「協比其鄰」。洽比、協比，皆即和同也。

古我先王，將多于前功，適于山。

適，釋詁：「往也。」適于山者，商之舊都如囂如相如邢，皆在大河之濱，時有圮毁之患。書序「祖乙圮于耿」，即其例也。故每因河濱多水患，而徙都于高地也。

用降我凶，德嘉績于朕邦。

降，後漢書竇憲傳注：「損也。」字亦作「[尸+夅]」，廣雅：「減也。」德字疑當屬下讀。説文：「德，升也。」升與降相對成義。嘉，釋詁：「美也。」漢石經作「綏」。按「綏」古音同「佗」，而「佗」「加」古亦通用。詩小弁傳：「佗，加也。」字一作「拸」，廣雅：「拸，加也。」莊子庚桑楚釋文：「拸音他。」趙策「必加兵于韓矣」，韓非子十過「加」作「移」，足證佗、拸、移、加古並音同，故「綏」可爲「嘉」也。

今我民用蕩析離居，罔有定極。

用，當讀爲「已」。古以、已、用並通。蕩，説文：「決水所蕩泆也。」析，廣雅：「分也。」極，詩傳：「止也。」

爾謂朕『曷震動萬民以遷？』肆上帝將復我高祖之德，亂越我家；

「爾」上漢石經多「今」字，「謂」作「惠」、「震」作「祇」，皆聲近通假字。肆，釋詁：「今也。」亂，釋詁：「治也。」越，廣雅：「治也。」

朕及篤敬，共承民命，用永地于新邑。

及，與「宜」通。吕刑「何度非及」，史記「及」作「宜」，是其證也。篤，釋詁：「厚也。」共，僞孔傳謂奉也。

肆予冲人非廢厥謀弔由靈。各非敢違卜，用宏兹賁。

冲，謚法：「幼少在位曰冲。」假「冲」爲「童」也。弔，古「淑」字。卯敦「不弔」字作「盄」，克鼎「淑哲」字亦作「盄」；左傳「昊天不弔」，周禮大祀鄭司農注作「閔天不淑」，皆其明證。由，廣雅：「用也。」靈，正義引釋詁：「善也。」各，古「格」字，與「固」通。吕刑「庶有格命」，君奭「則有固命」，同假爲「嘏」。此「固」字即今「固然」之固也。宏，釋詁：「大也。」賁，廣雅：「美也。」謂大此美績也。

烏呼！邦伯師長，百執事之人，尚皆隱哉！

邦伯，哀十二年左傳「王合諸侯，則伯帥侯牧以見于王」，是伯謂諸侯之長；然酒誥「侯甸男衛邦伯」、立政「立民長伯」，則邦伯猶言邦長，實指諸侯，非如王制之所謂方伯也。師，釋詁：「衆也。」隱，漢石經作

「乘」。隱，廣雅：「安也。」按說文：「𢀩，〔一四〕所依據也，讀與『隱』同。」莊子齊物「隱机而坐」，釋文：「隱，馮也。」顧命「馮玉几」，說文作「凭，依几也，讀若馮」。又說文：「乘，古文作𠓷，从几。」周禮春官鄭注：「馮，乘也。」是馮、乘聲義並近，隱、馮、乘三字並同誼也。

予其懋簡相爾，念敬我衆。

懋，漢石經作「勖」，皆謂勉也。「簡相」連文，廣雅：「簡，閱也。」說文：「相，視也。」

朕不肩好貨，敢共生生鞠人，謀人之保居，叙欽。

肩，釋詁：「勝也。」按勝有堪任之義。說文：「勝，任也。」詩箋：「肩，任也。」則「肩」當訓任。敢，猶能也，古敢、能亦通用。共，猶同也。鞠，窮也。上文「女惟自鞠自苦」，窮亦苦也。說文：「𥨎，曲脊也；鞠，馬曲脊也。」窮苦則必勞，勞則曲脊，此言勞人也。「鞠人」當連上讀。保，詩天保「以保爾居」，毛傳：「保，安也。」鹽鐵論作「萃」，按「萃」爲「葆」之同義字。說文：「葆，艸盛貌。萃，艸貌。」宣十二年左傳杜注：「萃，聚也。」是「萃」亦爲艸聚貌，與「葆」同誼。「叙」从「余」聲，當讀爲「余」。余欽，猶文侯之命言「予嘉」也。吉金文「予」並作「余」。

今我既羞告爾于朕志，若否罔有弗欽。無總于貨寶，

羞，與「猷」同，即大誥之「猷告」、詩之「告猶」。于，與「以」同。謂既告爾以朕志也。若，釋詁：「善

也。」總，說文：「聚束也。」

生生自庸。式敷民德，永肩一心。」

庸，疑當讀爲「封」，漢書司馬相如傳「庸牛」即今文之「犎牛」，是「庸」可爲「封」。楚語「是聚民利以自封也」、晉語「今君起百姓以自封也」，並有自封語，韋注：「封，厚也。」式，釋詁：「用也。」敷，詩傳：「布也。」

高宗肜日第九

史記：「帝武丁崩，子帝祖庚立。祖己嘉武丁之以祥雉爲德，立其廟爲高宗，遂作高宗肜日及訓。」按史公以此篇托爲祖庚時作，是矣；而謂嘉武丁之以祥雉爲德，似武丁時曾有雉雊之異，殊不可解。書序謂此爲高宗祭成湯而作。王師謂漢書律曆志伊尹祀于先王，史記引泰誓「太子發上祭于畢」，以此文法例之，當云「高宗祭于成湯」，不能徒言「高宗肜日」矣。又據甲骨文字，如殷墟書契前編卷一第五葉「乙酉，卜貞，王賓卜丙肜日」，第九葉「壬寅，卜貞，王賓卜壬肜日」，卜丙、卜壬，即外丙、外壬也。此皆追祭外丙、外壬之事。「肜日」之上，並爲所祭祖先之名。然則此篇當爲祖庚祭高宗，非高宗祭成湯矣。肜，晉書音義：「本或作彤。」疑本即「彤」字，故又以聲近通假爲「融」。後漢書張衡傳注：「彤與融同。」詩箋：「商謂之融。」是也。爾雅：「繹，又祭也。周曰繹，商曰肜。」孫炎曰：「祭之明日，尋繹復祭。肜者，相尋不絕之意。」按甲骨文字，肜日亦作翌日，孫説蓋有徵矣。

高宗肜日，越有雊雉。

越，與「若」同，猶以也。漢書外戚傳作「粤」。雊，史記作「呴」，大傳、漢書、白虎通並作「雊」。説文：「雊，雄雉鳴也。」大傳謂有飛雉升鼎耳而雊，是其事也。

祖己曰：「惟先格王，正厥事。」

祖己，蓋即武丁之子孝己也。按卜辭中有以父丁鼎兄己、兄庚同祭者。商世諸帝，凡丁之子無己、庚二人相繼在位者。惟武丁之子有孝己、有祖甲，此當是祖甲所祭。父丁即武丁，兄己、兄庚，即孝己與祖庚也。商制對于其父兄之未即位者，其祀典每與即位之先王相同，故孝己得與武丁、祖庚並祭。孝己之名，見于國策、莊子、荀子、世説諸書，皆言其孝而不見愛于親，惟家語謂高宗聽後妻而殺孝己。殺，當爲「𣪊」之假字。説文：「𣪊，散之也。」謂竄放之意，故堯典「竄三苗于三危」，孟子「竄」作「殺」也。後人之稱孝己，蓋本名己而以其孝行稱之；此稱祖己，則其子孫稱之也。此時高宗已卒，孝己蓋已被召還在朝矣。格，漢書孫光傳作「假」。凡古文作「格」，今文皆作「假」。按「假」與「嘉」通，詩「假樂」，孟子引作「嘉樂」可證。而「嘉」又作「綏」，如盤庚「德嘉績于朕邦」，漢石經作「綏」可證。綏，告也。此「格」亦道告之意，格、告亦雙聲也。

乃訓于王曰：「惟天監下民，典厥義。

訓，詩傳：「教也。」監，釋詁：「視也。」史記無「民」字。典，周禮鄭注：「主也。」義，詩傳：「善也。」

降年有永有不永，非天夭民，民中絶命；

年，正義引鄭注：「年命者，愚蠢之人尤愒焉。」是以「年」爲年命也。永，釋詁：「長也。」夭，釋名：

「少壯而死曰夭，如取物中夭折也。」民中絶命，史記作「中絶其命」，其義較長。漢石經雖亦作「民中絶命」，然「民」上殘闕，無由考定。疑今本或重出一「民」字也。

民有不若德，不聽罪，天既孚命，正厥德。乃曰其如台？

若，釋言：「順也。」聽，廣雅：「從也。」孚，史記作「附」，漢石經及漢書孔光傳作「付」。按孚聲、付聲相近，故可通用。淮南俶真注：「苻，讀如麪䴸之䴸。」禮記聘義注：「孚或作姇。」皆其證也。此文似以作「付」爲長。天既付命，謂天既付命于殷也。正厥德，與上文「正厥事」義同。如台，史記作「奈何」，是也。

烏呼！王司敬民，罔非天胤。典祀無豐于尼。

司，史記作「嗣」。古「司」與「嗣」通。胤，釋詁：「嗣也。」天胤，猶言天子也。典，釋詁：「常也。」豐，史記作「禮」，當以形近致譌，從「豐」爲長。尼，史記作「棄道」，殊不可解；今本作「呢」。按正義引釋詁：「即，尼也。」群經音辨作「尼」，謂近也。則字本作「尼」。馬謂「尼，考也，謂禰廟也」。按古尼、禰音近可通。詩泉水「飲餞于禰」，韓詩「禰」作「坭」，即其證矣。此因祖庚祭高宗之廟，故祖己以無廢先祖之祀諷之耳。

西伯戡黎第十

西伯，鄭謂周文王也。時國于岐，封爲雍州伯也。南兼梁、荆，國在西，故曰西伯。史記：「公季卒，子昌立，是爲西伯。西伯曰文王。」伯，釋文：「亦作柏。」穆天子傳郭注：「古伯字多从木。」漢書古今人表「伯」字皆作「柏」，即其證也。戡，説文作「𢦟」，謂殺也。爾雅郭注作「堪」。古堪、𢦟通，左傳「王心弗堪」，漢書五行志作「𢦟」，是也。黎，説文作「𨛫」，謂殷諸侯，國在上黨東北。按「黎」大傳及史記周本紀作「耆」。殷本紀作「飢」，徐廣曰：「一作阢。」並以聲近相通。惟黎在上黨，距周過遠。考史記：斷虞、芮訟之後，明年伐犬戎，明年伐密須，明年敗耆國，明年伐邘，明年伐崇侯虎而作豐邑，自岐下而徙都之。大傳：「文王受命，一年斷虞、芮之訟，二年伐邘，三年伐密須，四年伐犬戎，五年伐耆，六年伐崇。」是與西周接壤之國，計有虞、芮、犬戎、密須、邘、崇、耆七國。虞、芮皆在汧、涇之間。漢志右扶風汧縣吳山在西，古「虞」通作「吳」。又曰芮水出西北，東入涇。是虞、芮正與岐周毗連。犬戎即昆夷，一曰獯粥。孟子：「大王事獯粥，文王事昆夷。」其逼處岐周可知。密須即詩之密國。皇矣：「密人不恭，敢距大邦。」漢志：安定郡陰縣，詩密人國。則在今之靈臺，居岐周西北。邘，疑即漢志扶風之鄠縣。鄠、邘同聲通假。皇甫謐謂崇國蓋在豐、鎬之間，徐廣謂豐在京兆鄠縣東，則鄠、崇相近。詩文王有聲「既伐于、崇，作邑于豐。」于、崇，即邘、崇，古字多省不从邑。是邘、崇皆與豐近，皆即在鄠縣之境。以是言之，則黎不得遠在上黨。竊謂文王所伐之黎，實即古之驪戎。史記：「紂囚西伯于羑里，閎夭之徒患之，乃求驪戎之文馬獻之紂。」即古之黎國。史記又云：「犬戎殺幽王驪山下。」索隱：「驪在新豐縣南，故驪戎國也，舊音黎。」是古驪、黎同音，故驪、黎可通。禹貢「厥土青黎」，史記「黎」作「驪」，即其證。國語韋注：「驪戎，西戎之別在驪山者也。秦曰驪邑。漢高祖徙豐民，〔一五〕更曰新豐，在京兆也。」驪、戲聲近，字通作「戲」。國語：「幽滅于戲。」韋注：「戲，戲山，在西周。」則戲山即史記之驪山。金文有戲白鬲、戲中鬲，戲國亦即古之驪國也。驪山西與豐接壤，則文王所伐之黎不在上黨而在新豐，蓋可斷言矣。

西伯既戡黎，祖伊恐，奔告于王，曰：「天子！天既訖我殷命。

祖伊，史記謂「紂之臣」，集解引孔安國曰：「祖己後，賢臣也。」史記無「天子」二字。「既」與「其」古通用。禹貢「濰淄其道」，史記「其」作「既」；詩常武「徐方既來」，荀子議兵篇「既」作「其」：即其例也。此謂天其訖我殷命耳。訖，釋詁：「止也。」

格人元龜，罔敢知吉。

格人，潛夫論作「假爾」，陳喬樅謂當是小夏侯本。按論衡引此經說之曰：「賢者不舉，大龜不兆。」以格人爲賢者，則今古文同作「人」，「爾」字疑譌。格，古通「嘏」，釋詁：「大也。」元，徐廣曰：「一作卜。」按馬謂「元龜，大龜也」，與論衡合。史記「罔」作「無」。

非先王不相我後人，惟王淫戲，用自絕。故天棄我，不有康食，

相，詩傳：「助也。」戲，史記作「虐」，其義較長。自絕，謂自絕于天也。棄，唐石經作「弃」，此避「世」字耳。康，史記訓「安」，是也。食，疑讀爲「事」，古食、事同部。老子：「餘食贅行。」左傳：「後雖悔之，不可食已。」爾雅：「食，僞也。」僞與「爲」同，其訓爲者，並「事」字也。

不虞天性，不迪率典。

虞，史記作「虞知」。釋詁：「虞，度也。」按史記以「虞」爲「知」，凡言「不虞」，皆謂不知也。迪，漢書楊雄傳集注：「由也。」率，孟子陸注：「法也。」率爲率從字，又爲表率字，故有法則之誼。然則不迪率典，猶言不由法典，即不由舊章之意。

今我民罔弗欲喪，曰：『天曷不降威？大命不摯。』今王其如台？」

降威，謂降罰也。摯，説文作「𡠗」，謂至也。史記作「胡不至」，多一「胡」字。如台，史記亦作「奈何」，是也。

王曰：「烏呼！我生不有命在天？」祖伊反，曰：「烏呼！乃罪多參在上，乃能責命于天？

「天」下史記多「乎」字，蓋用以表反語也。反，說文作「返」，謂還也。參，馬謂參字累在上。按玉篇：「厽，力捶切，累壍爲牆壁也，尚書以爲『參』字，七貪切。」疑「參」當本作「厽」。厽、絫古通用。漢簡古文及四聲韻皆云「厽」字見石經尚書戡黎篇，字作「厽」，或非誣也。古文積累、負累字同作「絫」。群經音辨：「絫，劣僞切。」引書「終絫大德」，是其證也。多絫在上，謂多積在上也。責，廣雅：「讓也。」說文：「求也。」

殷之即喪，指乃功，不無戮于爾邦。」

之，猶若也。指，猶是也。荀子大略注：「指與旨同。」古「旨」通作「只」。詩南山有臺「樂只君子」，左傳「只」作「旨」，即其證也。詩箋：「只之言是也。」莊子大宗師李注：「軹，是也。」臯陶謨「迪朕德，時乃功」，與此文法一例。功者，事也，可兼美、惡二義，亦猶「德」可兼吉、凶二義也。戮，與「僇」同，史記索隱：「僇，辱也。」

微子第十一

微子，史記：「帝乙長子曰微子啓。啓母賤，不得嗣。少子辛。辛母正后，辛爲嗣。」鄭謂微子與紂同母，當生微子，母猶未正；及生紂時，已得正爲妻也。故微子大而庶，紂小而嫡也。按哀九年左傳謂微子爲帝乙元子，吕覽謂微子與紂同母，鄭殆合據二書而言。惟殷代諸王，每多兄終弟及，並無嫡庶之制。微子之不得立，恐亦如孝己之不愛于父而已。以上諸説，皆出晚周以後，或以周制揣度之耳。又鄭以微與箕皆圻内之國。王師謂殷制兄終弟及，子弟皆爲未來儲君，殊無分封之必要，故子姓之國除周所封之宋外，實無可指數，且同時如比干，亦不聞有封地，則是否爲國名，尚難確定。若今潞安東北有微子城，或後人附益爲之耳。

微子若曰：「父師、少師，殷其弗或亂正四方！

父師，史記作「大師」，〔一六〕當從之。按鄭謂父師者，三公也，時箕子爲之；少師者，大師之佐，孤卿也，時比干爲之。是以太師、少師爲箕子、比干也。史記殷本紀：「殷之大師、少師乃持其祭樂器奔周。」周本紀：「大師疵、少師彊抱其樂器而奔周。」又論語：「大師摯適齊，少師陽入于海。」漢書古今人表皆以爲殷辛時人。摯、疵，彊、陽，音並相近。蓋史記、漢書以大師、少師爲樂師也。竊謂適齊、入海，與奔周之説既不相合，而大師摯、少師陽是否爲殷紂時人，尚難確定。據詩常武「大師皇父，整我六師，以脩我戎」，大師明維師尚父；〔一七〕「時維鷹揚，涼彼武王」，毛傳：「師，大師也。」是大師爲主兵之帥，手握重兵者也。又節南山：「尹氏大師，維周之氐；秉國之均，四方是維。」板篇：「价人維藩，〔一八〕大師維垣。」則大師兼爲秉政之重臣矣。然則詩、書中所謂大師，疑非一樂師可以當之，自以鄭説較爲可據也。亂，釋詁：「治也。」史記作「殷其不有治政，不治四方」，多「不治」二字。按「或」讀爲「國」，古或、國同字。説文：「國，邦也；或，邦也。」兩字同誼。亂，讀爲「率」。梓材「厥亂爲民」，論衡「亂」作「率」，即其證。率，用也，以也。言殷其弗國以治四方也。

我祖底遂陳于上；我用沉酗于酒，用亂敗厥德于下。

底，釋言：「致也。」史記無「底」字。遂，吕覽高注：「成也。」陳，讀爲「甸」，古陳、田同聲。詩信南山「維禹甸之」，周禮稍人注作「陳雉」。酗，史記及漢書叙傳並作「湎」。按玉篇「酗」與「䣱」同，説文：「䣱，醉醬也。」今文古文，字異義同。沈湎，漢書禮樂志作「湛沔」，亦作「淫湎」。揚雄光禄勳箴「桀紂淫湎」，吕覽「跖以禹有淫湎之意」，左傳「淫湎毁常」，「淫湎」皆即沈湎，沈、淫一聲之轉也。宋世家「酒」下有「婦人是」三字，蓋今文以「婦人是用」絶句，與古文異也。〔一九〕

殷罔不小大好草竊姦宄，卿士師師非度。

小大，無逸「至于小大」，鄭注：「萬民，上及群臣。」是也。史記「罔不」字作「既」。竊，俞樾謂當讀爲

「蔡」。莊子庚桑楚「竊竊乎又何足以濟世哉」，釋文：「竊竊，本作察察。」然則「竊」之爲「蔡」，亦猶「竊竊」之爲「察察」也。說文：「丰，草蔡也，象草之散亂也。」是草蔡有散亂之意，古語然也。史記「宄」作「軌」。師師，廣雅：「衆也。」按宣元年穀梁傳注：「師者，衆大之辭。」蓋「師」訓衆，引申爲張大之意，故顓頊師字子張。師師，正用以形容非度。自張大，則不守法度可知。如堯典「湯湯洪水方割」，則「湯湯」即形容洪水之大也。

凡有辜罪，乃罔恒獲，小民方興相爲敵讎。

辜，說文：「辠也。」恒，釋詁：「常也。」史記作「維」。蓋今文作「絚」。詩天保「如月之恒」，釋文：「恒亦作絚。」是恒、絚可通。說文：「絚，大索也。」故史公以「維」訓之；但古文之義自明，不必作「絚」也。獲，公羊傳：「生得曰獲。」是也。方，與「旁」同。說文：「旁，溥也。」興，釋言：「起也。」按興，說文：「从同从舁，同力也。」故有同義。又說文「舁」讀若「余」，「余」古讀如「荼」，荼、同雙聲，故「興」亦作「崇」。盤庚「迪高后乃崇降弗祥」，漢石經「崇」作「興」，是「興」音本近同也。詩抑篇「興迷亂于政」，同迷亂于政也。下文「我興受其敗」，我同受其敗也。相，視也。史記「凡」作「皆」、「罔」作「無」，少「方興相」三字，作「乃爲敵讎」。

今殷其淪喪！若涉大川，其無津涯。殷遂喪，越至于今。」

淪，史記作「典」。錢大昕謂「典」讀爲「殄」。考工記「輈欲頎典」，鄭司農讀「典」爲「殄」；燕禮「寡君有不腆之酒」，注云：「古文腆爲殄。」皆其明證。則今文古文亦字異義同。津，説文：「水渡也。」段玉裁謂經文當無「涯」字。一切經音義引書「涉水無津」，孔安國曰：「無涯際也。」「涯」字蓋孔傳文，疑淺人以傳補入經也。越，與「聿」聲相近。詩傳：「聿，遂也。」史記無「大其」兩字。

曰：「父師、少師，我其發出狂！吾家耄，遜于荒。

狂，史記作「往」。按鄭謂「發，起也。紂禍敗如此，我其起作出往也」，是鄭亦以「狂」爲往也。説文：「䢪，遠行也。」疑鄭讀「狂」爲「䢪」耳。耄，鄭謂昏亂也。遜，釋言：「遁也。」荒，吕覽知度篇注：「裔遠也。」以本經考之，當讀「吾家耄」爲句，「遜于荒」爲句；然史記作「吾家保于喪」。耄、保，荒、喪，俱聲相近，而義則大别矣。

今爾無指告，予顛隮，若之何其？」

指，猶告也。史記作「故」。説文：「恉，意也。」國語韋注：「故，意也。」今文「指」爲「恉」，故爲「恉」之同誼字也。「予顛隮」，與下文「我乃顛隮」文法一例。予與我，皆謂殷也。隮，説文、史記作「躋」。按説文：「躋，登也。」「顛隮」連語，與「顛越」義同，此以顛墜之義爲主也。其，鄭謂「語助也，齊魯之間聲如姬，記曰何居。」按其、居聲近，同爲語助也。

父師若曰：「王子！天毒降災荒殷邦，

毒，説文：「厚也。」史記作「篤」，義同。降災，史記作「下菑」，義同。荒，史記作「亡」。太玄「荒國及家」，〔二〇〕注云：「荒，亡也。」邦，史記作「國」。

方興沈酗于酒，乃罔畏畏，咈其耇長舊有位人。

方興，猶「竊同」，並同也。畏畏，廣雅：「敬也。」咈，説文：「違也。」耇，詩傳：「老也。」史記作「不用老長」。

今殷民乃攘竊神祇之犧牷牲用，〔二一〕以容將食無災。

攘，猶竊也。馬謂因來而取曰攘，往盜曰竊。是其別矣。神，説文：「天神也。」祇，説文：「地祇也。」犧，山海經注：「牲純色者爲犧。」牷，左傳杜注：「純色完全也。」鄭謂體完具，是矣。用，周語韋注：「財用也。」按卜辭屢言「其牢茲用」，「用」謂刑牲也。容，釋名：「用也。」按「容」疑讀爲「猷」，古容、猷通用，故「猶豫」一作「容與」。詩文王有聲「匪革其猷」，禮器注引作「欲」。方言「猷」「裕」並云「道也」，可證酋聲、谷聲本通。釋詁：「迪，作也；作，爲也。」「猷」與「迪」同，則「猷」猶言爲矣。將，猶言食也。詩我將「我將我享，維牛維羊」，是其義也。蓋將从寸持肉，置之廾上。古文从廾與从丌、从几無別，謂置肉几上而食之。

降監殷民，用乂讎斂召敵讎不怠，罪合于一，多瘠罔詔。

乂，與「刈」同，殺也。讎，馬本作「稠」。按從「讎」義爲長，謂以殺讎止謗，益召人民之讎視也。怠，從目聲，古以、已同。檀弓鄭注：「以與已字本同。」不怠，即不已也。召敵讎不怠，即上文「相爲敵讎」之意。瘠，說文：「瘦也。」公羊傳注：「病也。」詔，周禮注：「告也。」

商今其有災，我興受其敗；商其淪喪，我罔爲臣僕。

興，猶同也。敗，說文作「⿺辶貝」，謂數也。臣僕，釋文：「一本無臣字。」段玉裁謂毛詩「景命有僕」，毛傳：「僕，附也。」說文古文「僕」从臣作「𦣞」，恐此是古本作「𦣞」，析爲二字耳。罔，猶「不」也。

詔王子出，迪我舊云刻子。

詔，猶告也。論衡本性篇於「我」字上有「微子曰」三字，故舊以「迪」屬上讀，今以上下文考之，非是。王子出，與下文「王子弗出」相對成義。迪，讀爲「猶」。我，假爲「可」。韓詩周頌「誐以謐我」，左傳作「何以恤我」，是其證。舊，讀爲「久」。君奭「舊爲小人」，史記「舊」作「久」。云，廣雅：「有也。」刻子，論衡作「孩子」。按刻、核、克古通。吕刑「其審克之」，漢書「克」作「核」，詩雲漢鄭箋：「克當作刻。」並其明證。克子，謂克盡子道之子也。

王子弗出，我乃顛隮。自靖，人自獻于先王，我不顧行遯。」

靖，釋詁：「謀也。」馬本作「清」。獻，呂覽：「致也。」論語「事君能致其身」，是其義也。顧，顧命鄭注：「回首曰顧。」是也。遯，釋言孫注：「逃去也。」

校勘記

〔一〕「王」字舊誤「生」，據諸本改。

〔二〕「王」字舊作「后」，據諸本改。

〔三〕「烏」字諸本作「嗚」，此作者有意而改。後皆同。

〔四〕「戚」字諸本作「慼」，此亦作者有意而改。

〔五〕「辭」字舊作「詞」，今改本字。

〔六〕「顚」字舊誤從「上」，今改正。

〔七〕「頁」字舊作「𩑋」，據義改。

〔八〕「作」「猷」二字舊倒，今乙正。

〔九〕「筵」上舊衍「修」字，今删。

〔一〇〕「共」諸本作「供」，此作者有意而改。

〔一一〕「常」字舊誤「當」，今改正。

〔一二〕「共」字舊誤「其」，今改正。
〔一三〕「選」字舊誤「塵」，據荀子原書改。
〔一四〕「寽」字舊誤「爰」，據説文原書改。
〔一五〕「豐」字舊誤「農」，據國語韋注原書改。
〔一六〕「大」史記原書作「太」。
〔一七〕「大」下「師」字舊脱，據義增。
〔一八〕「維」字舊誤「爲」，據詩原書改。
〔一九〕「古文」字舊誤「古人」，今改正。
〔二〇〕「太玄」字舊作「大玄」，今改本字。
〔二一〕「祇」字舊誤「祗」，今改正。注内同。

尚書覈詁　卷三

周書上

周，國號。詩緜篇「周原膴膴」，此蓋周之所由名也。按緜篇上文云：「古公亶父，來朝走馬，率西水滸，至于岐下。」蓋自大王遷岐，已有周名。郡國志：右扶風美陽有岐山，有周城，當即大王所居之地。迨後武王遷鎬，號以宗周，成王營雒，名曰成周，遂以爲有天下之號矣。

牧誓第十二

牧，説文作「坶」，謂朝歌南七十里地。漢志：「朝歌，紂所都。」按朝歌故境，在今淇縣。坶野，當在淇縣以南也。史記周本紀：「十一年，伐紂，至牧野，周公佐武王作牧誓。」按漢書律曆志：文王十五而生武王，受命九年而崩，崩後四年而武王克殷，則當在十三年矣。但史記以文王受命七年而崩，乃其所謂受命之年有前後二年之差，實則同爲文王崩後之四年也。

時甲子昧爽，王朝至于商郊牧野，乃誓。

古書多不紀年，而月日則必兼備。此篇不載何月，蓋以前有大誓一篇，已詳紀其年月而省耳。據史記，當在十一年二月也。昧爽，説文：「旦明也。」「王」上，史記及詩大明箋引書並有「武」字，疑此譌脱。朝，説文：「旦也。」郊，周禮載師注杜子春曰：「五十里爲近郊，百里爲遠郊。」牧野當在近郊之外，遠郊之内。鄭謂郊外曰野，乃謂近郊之外耳。

王左杖黄鉞，右秉白旄以麾，

杖，説文：「持也。」鉞，釋文：「本作戉。」按説文作「戉」，謂大斧也。旄，馬謂旄牛尾，是也。説文作「氂」。古旄、氂通用。秉，釋詁：「執也。」麾，左傳杜注：「招也。」説文作「摩」，謂旌旗所以指麾也。

曰：「逷矣，西土之人！」

逷，今本作「逖」。按爾雅郭注、文選李注並作「逷」，是本當作「逷」也。釋詁：「逷，遠也。」説文：「逖，遠也，古文作逷。」是逷、逖仍一字耳。

王曰：「嗟！我友邦冢君御事，司徒、司馬、司空，亞旅、師氏，千夫長、百夫長，

友邦，史記作「有國」。按周禮大宗伯鄭注：「天子亦有友諸侯之誼，武王誓曰『我友邦冢君』。」則鄭本作「友」。有邦，即皋陶謨之「亮采有邦」也。冢，釋詁：「大也。」御，詩傳：「治事之官也。」按大誥：「大誥猷爾多邦，越爾御事。」又曰：「肆哉，爾庶邦君，越爾御事。」酒誥：「我西土棐徂邦君御事。」所謂御

事，皆謂邦君執政之官也。史記無「御事」二字。亞，釋言：「次也。」旅，釋詁：「衆也。」旅與師同義，皆爲將兵之官。成二年左傳魯賜晉三帥三命之服，亞旅一命之服，則亞旅當是三帥之副貳，亦爲將兵之官明矣。師氏，掌兵之官。詩雲漢傳「師氏弛其兵」，彔卣王命彔「以成周師氏戍于辪自」，皆其證也。

及庸、蜀、羌、髳、微、盧、彭、濮人：

庸，國名。文十六年左傳：「庸人率群蠻以叛楚。」又曰：「楚師滅庸。」杜注：「今上庸縣，屬楚，小國。」蓋在今湖北鄖陽界也。蜀，華陽國志：「蜀之爲國，肇自人皇。」言雖不經，其來蓋久。戰國之際，秦使司馬錯滅蜀，即此文所謂蜀也。羌，説文：「西方牧羊人也。」詩殷武「自彼氐羌」，鄭箋：「夷狄國在西方者。」髳，與「髦」通。詩角弓「如蠻如髦」，鄭箋：「髦，西夷別名。」字又作「茅」，成元年左傳：「王師敗績于茅戎。」按括地志茅津及茅城在陝州河北縣西二十里，則正當山西南部濱河之地矣。微，古通「眉」。少牢饋食禮「眉壽萬年」，注云：「古文眉爲微。」莊二十八年左傳「築郿」，公羊、穀梁並作「築微」，是其證矣。詩大雅：「王餞于郿」，散氏盤「迺即散用田眉」，羌伯敦「王命益公征眉敖」，漢志右扶風有郿縣，皆即古郿國也。盧，史記作「纑」。桓十三年左傳「楚屈瑕伐羅，羅與盧戎兩軍之。」水經注：「沔水過中盧縣東，春秋盧戎之國也。」按中盧在今襄陽南漳縣東北。彭，漢志安定有彭陽縣。濮，文十六年左傳「麇人率百濮將伐楚」，昭九年傳「巴、濮、楚、鄧，吾南土也」，逸周書王會解正南之國有「百濮」。

稱爾戈，比爾干，立爾矛，予其誓。」

稱，與「偁」通。釋言：「偁，舉也。」郭注引書作「偁」。戈，考工記注：「今句孑戟也。」〔一〕比，說文：「相比次也。」干，說文作「𢧀」，謂盾也。矛，說文：「酋矛也，建于兵車，長二丈，古文作𢦏。」

王曰：「古人有言曰：『牝雞無晨；牝雞之晨，惟家之索。』

牝，廣雅：「雌也。」晨，釋詁：「早也。」此謂雞之晨鳴也。牝雞之晨，謂牝雞若晨也。索，疑讀爲「隙」，易震爻辭「虩虩」「蘇蘇」「索索」，並同義，可知隙、索聲近可通；周語韋注：「隙，瑕釁也。」

今商王受惟婦言是用，

受，史記、漢書作「紂」。逸周書克殷解「殷末孫受德」，孔注：「受德，紂字也。」吕覽仲冬紀：「受德，乃紂也。」按此經言「受」不言「受德」，受、紂一聲之轉。立政：「其在受德暋。」又曰：「桀德惟乃弗作往任。」如「受德」爲紂之字，則「桀德」亦應爲桀之字，殆不可從也。婦，謂妲己。晉語：「殷辛伐有蘇，有蘇氏以妲己女焉。」列女傳：「紂好酒淫樂，不離妲己。」即其事也。史記「商」作「殷」，「婦」作「婦人」。漢書五行志又無「是」字。

昏棄厥肆祀弗答，昏棄厥遺王父母弟不迪；

昏，王引之謂當讀爲「泯」。昭二十九年左傳：「若泯棄之。」泯棄，猶蔑棄也。周語：「不共神祇而蔑棄五則。」泯、蔑，一聲之轉耳。按王說是也。肆，周禮大祝注：「肆，享祭宗廟也。」答，鄉射禮孔注：「對也。」與詩清廟「對越在天」、毛公鼎「對揚天子皇休」同義，對之言報也。史記作「自棄其先祖肆祀不答」。遺，昭三年左傳「及遺姑姊妹」杜注：「遺，餘也。」王，漢石經作「任」。按史記引大誓「離逷其王父母弟」，則從「玉」爲是也。史記作「昏棄厥家國，遺厥王父母弟不用」，與今本異。然漢石經以「厥遺」連文，不作「遺厥」。「厥」字以上雖不可考，似與今本無異也。迪，史記訓「用」，是也。

乃惟四方之多罪逋逃是崇是長，是信是使，是以爲大夫卿士；

逋，說文：「亡也。」崇，周語注：「尊也。」長，漢書司馬相如傳注：「謂崇長之也。」士，與「事」通。論語「雖執鞭之士」，鹽鐵論「士」作「事」；荀子致仕篇注：「士當爲事。」皆其證也。卿事，執政之官，非上士、中士、下士之士也。

俾暴虐于百姓，以姦宄于商邑。今予發惟共行天之罰。〔二〕

宄，史記作「軌」，古通用字。發，武王名也。共，僞孔傳：「奉也。」

今日之事，不愆于六步七步，乃止，齐焉。夫子勖哉！不愆于四伐五伐六伐七伐，乃止，齐焉。勖哉夫子！

愆，史記訓「過」，是也；藝文類聚作「諐」，「愆」之籀文也。乃，猶則也。勖，今本作「勗」。按說文作「勖」，勗乃「勖」之譌。釋詁：「勖，勉也。」伐，樂記注：「一擊一刺謂之伐。」夫子，男子之美稱也。史記第一「過」下無「于」字。

尚桓桓，如虎如貔，如熊如羆于商郊，

桓，說文作「狟」，蓋壁中古文。釋訓：「桓桓，威也。」貔，說文：「豹屬也。」史記作「如虎如熊，如豺如離」，「離」即「螭」之假字。班固典引：「虎離其師。」後漢書杜篤傳：「如虎如螭。」文選西都賦注：「歐陽尚書說曰：『螭，猛獸也。』」說文引歐陽喬說：「離，猛獸也。」喬，即「高」之假字。並係今文尚書也。

弗御克奔以役西土。

御，今本作「迓」。按正義謂王肅讀「御」爲「禦」，匡謬正俗亦作「御」，則本作「御」甚明。馬本及史記並作「禦」。役，疑當爲「投」，言弗禦能奔以投西土之人耳。

勖哉夫子！爾所不勖，其于爾躬有戮。」

所，王引之謂猶「若」也。僖二十四年左傳「所不與舅氏同心者，有如白水」，謂若不與舅氏同心也；論語「予所否者，天厭之，天厭之」，謂予若否也。躬，釋詁：「身也。」

洪範第十三

洪，史記、大傳作「鴻」。古洪、鴻通用。禮記樂記注釋文「鴻本作洪」，即其例也。釋詁：「洪，大也。」範，法也。漢志：「劉歆以爲禹治洪水，賜雒書法而陳之，洪範是也。降及于殷，箕子在父師位而典之，周既克殷，以箕子歸，武王親虛己而問焉。」按篇中天乃錫禹洪範九疇，不過托神明之意而已。雒書之說，誕妄不足徵也。

惟十有三祀，王訪于箕子。

史記：「武王已克殷後二年，問箕子殷所以亡。」按克殷在十一年二月，則此正克殷後二年也。周初亦通稱祀，師遽敦「惟王三祀，四月既生霸，辛酉，王在周客新宫」；盂鼎「惟王在宗周」，末云：「惟王二十又三祀。」皆其證也。訪，釋詁：「謀也。」

王乃言曰：「烏呼！箕子，惟天陰騭下民，相協厥居，我不知其彝倫攸叙。」

乃，漢書作「迺」。按吉金文中乃女字作「乃」，語辭之乃作「迺」，分别綦明，是漢書爲得其實矣。騭，史記作「定」。俞樾謂疑史公讀「騭」爲「敕」。皋陶謨「敕天之命」，孔傳：「敕，正也。」夏本紀作「陟天之命」。「騭」之爲「敕」，猶「陟」之爲「敕」也。「正」與「定」古字通，故「騭」可通爲「定」也。相，詩傳：「助也。」協，史記訓「和」，是也。彝，釋詁：「常也。」攸，猶所在，王引之謂猶所以也。敘，釋詁：「順也。」史記作「序」。

箕子乃言曰：「我聞在昔，鯀陻洪水，汩陳其五行。

在昔，古成語。酒誥「在昔殷先哲王」、商頌那篇「自古在昔」，皆其例也。陻，今本作「陻」。說文作「垔」，謂塞也，玉篇引書同，謂孔安國曰「垔，塞也」，則孔本當作「垔」。此疑衛包改從史記、漢書也。漢石經作「伊」，伊、垔雙聲相通。汩，大傳：「亂也。」漢石經作「曰」。

帝乃震怒，不畀洪範九疇，彝倫攸斁。

帝，鄭謂天也。震，詩傳：「動也。」畀，釋詁：「賜也。」史記作「從」，以「畀」爲「俾」，義稍疏矣。疇，齊策注：「類也。」史記訓「等」，亦通。斁，說文作「殬」，謂敗也。

鯀則殛死，禹乃嗣興，天乃錫禹洪範九疇，彝倫攸敘。

則，與既通。按王制注：「即或爲則。」詩終風「顧言則嚏」，一切經音義作「願言即嚏」，是「則」與「即」通也。古即、既亦通用。文侯之命「既我御事」，漢書「既」作「即」；顧命「茲既受命」，漢石經「既」作「即」：皆其證也，故「則」亦可通作「既」。此文「則」與「乃」相對成義，謂鯀既殛死，禹乃嗣興也。

殛，釋文：「本又作極。」魏志裴注亦作「極」。極、殛同聲，義亦相近也。嗣，釋詁：「胤也。」

初一，曰五行；次二，曰敬用五事；

馬謂從「五行」以下至「六極」爲洛書文。漢志以「初一」至「六極」六十五字皆雒書本文，與馬説同。按皆誤會經義，附以讖緯之説，疑未足據。五行，白虎通謂金、木、水、火、土也。敬，漢志作「羞」。按敬、羞以形近相譌。金文「羞」作「□」，「敬」作「□」，从又與从攴無别，而其偏旁亦相近似。説文「苟」从羊省，則與「羞」同从羊也。甲骨文「羞」或从「□」，則與「敬」之从苟尤相肖矣。疑以作「敬」爲是。五事，即下文貌、言、視、聽、思也。用，與「以」同，下七疇「用」字並同。史記無「次敬用」三字，下七疇亦同。

次三，曰農用八政；次四，曰協用五紀；

農，廣雅：「勉也。」呂刑「農殖嘉穀」，謂勉殖嘉穀也。左傳「小人農力以事其上」，謂勉力以事其上也。八政，即下文食、貨、祀、司空、司徒、司寇、賓、師也。協，漢志作「叶」，「協」之古文。五紀，即下文歲、月、日、時辰、歷象也。

次五，曰建用皇極；次六，曰乂用三德；次七，曰明用稽疑；次八，曰念用庶徵；

皇，大傳作「王」。俞樾謂下文「皇極之敷言」與「凡厥庶民極之敷言」相對爲文，則「皇」之爲「君」無疑矣。「極」爲準則，蓋亦古有此義。詩殷武「商邑翼翼，四方之極」，後漢書樊準傳注引韓詩作「四方是則」，是毛作「極」，韓作「則」，其義同也。昭十三年左傳：「貢獻無極。」上文曰：「貢之無藝。」服注：「藝，極也。」杜注：「藝，法制也。」「極」與「藝」同，則「極」亦爲法制矣。按俞説視舊訓「皇極」爲大中者爲勝。詩思文「立我烝民，莫匪爾極」，皇矣「不識不知，訓帝之則」，「則」之與「極」亦相同也。詩、書所用「皇」字，多有大義。此篇「皇」字，疑從大傳作「王」爲尤長也。乂，漢石經作「艾」。古「乂」與「艾」通。釋詁：「艾，養也。」德之言養，於義尤洽。三德，即下文正直、剛克、柔克也。稽，説文：「卟，卜以問疑也。从口卜，讀與稽同。」則本字當用「卟」也。念，説文：「常思也。」按盤庚「念敬我衆」，「念」意與「敬」同。徵，荀子楊注：「驗也。」庶徵，即下文休徵、咎徵之類也。

次九，曰嚮用五福，威用六極。

嚮，漢書谷永傳作「饗」。按本字當止作「鄉」，古嚮背、饗樂字皆同作「鄉」，故或訓嚮，或訓饗也。此文以從「饗」爲長。儀禮鄭注：「饗，歆也。」左傳杜注：「饗，受也。」此自受者言之也。士昏禮注：「以酒食勞人曰饗。」此自賜者言之也。威，史記訓「畏」，是也。五福，謂壽、富、康寧、攸好德、考終命也。六極，謂凶短折及疾、憂、貧、惡、弱也。

一，五行：一曰水，二曰火，三曰木，四曰金，五曰土。水曰潤下，火曰炎上，木曰曲直，金曰從革，土爰稼穡。

「五行」上，史記無「一」字。以下八疇，並無數目字。漢石經「爲天下王三德」相連，則亦無數目字加于每疇之上也。此古文、今文之異，而古文爲尤明晰。潤，廣雅：「濕也。」炎，説文：「火光上也。」從，後漢書外戚傳注：「因也。」因、革相反成義。爰，釋詁：「曰也。」

潤下作鹹，炎上作苦，曲直作酸，從革作辛，稼穡作甘。

作，釋詁：「爲也。」辛，韻會引聲類：「江南曰辣，中國曰辛。」甘，廣雅：「美也。」

二，五事：一曰貌，二曰言，三曰視，四曰聽，五曰思。

貌，釋文：「一作頟，貌之或體也。」思，大傳、漢書並作「思心」。按從古文作「思」爲長也。

貌曰恭，言曰從，視曰明，聽曰聰，思曰睿。

從，漢志：「順也。」睿，大傳作「容」。鄭注：「容當爲睿。睿，通也。」按漢紀、説苑並從今文作「容」。漢志作「睿」，古文睿。段玉裁謂小顔改「容」爲「睿」，以傅合古文尚書。按「容」本「睿」之譌，从古文作「睿」爲長。

恭作肅，從作乂，明作晢，聰作謀，睿作聖。

肅，漢志：「敬也。」乂，漢志作「艾」。晢，今本作「哲」，鄭本作「晢」，漢志作「悊」，史記作「智」。按説文：「晢，昭晰明也。」又曰：「哲，知也。」又曰：「悊，敬也。」「智」乃「哲」之訓故字，今文當作

「哲」。班固假「悊」爲「哲」，與古文作「晢」者異。然哲、晢之義俱可通也。謀，王引之謂謀、敏聲相近。中庸「人道敏政，地道敏樹」，鄭注：「敏或爲謀。」是其證也。此「謀」當與「敏」同。按王說較舊義爲勝。

三，八政：一曰食，二曰貨，三曰祀，四曰司空，五曰司徒，六曰司寇，七曰賓，八曰師。

鄭謂「食」，掌民食之官，若后稷者也。貨，掌金帛之官，若周禮司貨賄是也。祀，掌祭祀之官，若宗伯者也。司空，掌居民之官。司徒，掌教民之官。司寇，掌詰盜賊之官。賓，掌諸侯朝覲之官，周禮大行人是也。師，掌軍旅之官，若司馬者也。按鄭舉官名以明其職，故舉之官不必一朝之制也。

四，五紀：一曰歲，二曰月，三曰日，四曰星辰，五曰曆數。

紀，廣雅：「識也。」此五者，皆用以識時日也。曆，堯典「曆象日月星辰」，是其義也。數，算經：「黃帝爲法，數有十等。」蓋數算爲曆家所必資也。

五，皇極：皇建其有極，斂時五福，用敷錫厥庶民；

有極，與「有邦」「有居」同例，「有」字無意義也。斂，釋詁：「聚也。」敷，詩傳：「徧也。」史記作「傅」，古通用字。

惟時厥庶民于女極，錫女保極。

于，與「以」同。于女極，謂以女作極，與下文「惟皇作極」相同。保極，蓋謂保守其極，與下文「會其有極」「歸其有極」之義相近也。

凡厥庶民，無有淫朋，人無有比德，惟皇作極。

「庶民」與「人」對文，則「人」與「庶民」有別。皋陶謨：「在知人，在安民。」詩「宜民宜人」，毛傳謂「宜安民，宜官人」，亦本尚書爲説。蓋「人」謂在位之正長也。比，論語孔注：「阿黨爲比。」是也。

凡厥庶民有猷有爲有守，女則念之。

猷，釋詁：「謀也。」守，周易繫辭傳：「持不惑曰守。」念，説文：「常思也。」亦與「敬」同。

不協于極，不離于咎，皇則受之。而康而色，曰：予攸好德。女則錫之福。

協，周語注：「亦合也。」大傳作「叶」。不協，當讀爲「丕協」。離，今本作「罹」。按「罹」乃俗字，古分離、陷離字同作「離」。詩漸漸之石「月離于畢」、新臺「鴻則離之」，皆止作「離」也。大傳作「麗」。古離、麗通。文選李注：「離與麗古字通。」是也。俞樾謂上「而」字乃語詞，言不但受之，而又和女之顔色以受之也。攸，與「修」通，長也。

時人斯其惟皇之極。

斯，王引之謂猶則也，乃也。惟皇之極，與上文「惟皇作極」同義，猶言惟皇是極耳。

無虐煢獨，而畏高明。人之有能有爲，使羞其行，而邦其昌。

煢，楚辭注：「孤也。」無虐煢獨，史記、後漢書作「毋侮鰥寡」。大傳「鰥」作「矜」。古鰥、矜通用。是今文自作「毋侮鰥寡」，與古文字異，然義則並同也。高明，楊雄解嘲：「高明之家，鬼闞其室。」是高明猶言顯貴矣。羞，釋詁：「進也。」潛夫論作「循」，李尤靈臺銘作「脩」，古脩、循通用，蓋今文一作「脩」。按脩、攸、猷、羞，古並通用，从「脩」爲長。而邦其昌，王引之謂「其」猶乃也。

凡厥正人，既富方穀，女弗能使有好于而家，時人斯其辜。

正，釋詁：「長也。」康誥：「惟厥正人。」又曰：「不于我政人得罪。」正人，即政人也。富，讀爲「備」。廣雅：「福，備也。」本篇「九五福」鄭注：「福者備也。」古服、備通，古「服」一作「犕」。易大畜「輿説輹」、大壯「大輿之輹」，釋文並作「輻」。服、復亦古通用，如臯陶謨「卒乃復」，即卒乃服。足證福、備、復、服古並同聲通用。穀，詩傳：「禄也。」然則「既富方穀」，猶言既備大禄矣。好，詩箋：「猶善也。」

于其無好，女雖錫之福，其作女用咎。

于，猶如也，漢書汲黯傳：「愚民安知市買長安中，而文吏繩以爲闌出財物如邊關乎？」史記「如」作「于」，即其證也。「好」下今本有「德」字。按史記無「德」字。鄭謂無好于女家之人，雖錫之以爵禄，其動作爲女用惡。是鄭本亦無「德」字，則今古文同無「德」字明矣。王念孫謂「好」與「咎」爲韻，是也。其，猶乃也。作，讀爲「酢」。禮記少儀注：「酢或爲作。」是其證。釋詁：「酢，報也。」用，一切經音義引蒼頭：「以也。」皋陶謨「天其申命用休」，與此文法一例也。

無偏無頗，遵王之義。

頗，說文：「頭偏也。」唐玄宗以「頗」聲與義不協，詔改爲「陂」。按古音陂、頗同普多切，義讀魚何切，故可相叶。玄宗不知古音，妄改經文也。遵，釋詁：「循也。」義，匡謬正俗作「誼」，古通用字。

無有作好，遵王之道。無有作惡，遵王之路。

無有，吕覽作「毋或」。古無、毋通用。廣雅：「或，有也。」考工記注、詩箋並云：「或之言有也。」是「有」與「或」義同。好，說文作「玐」。古文假「玐」爲「好」也。

無偏無黨，王道蕩蕩。無黨無偏，王道平平。

無，史記作「不」，漢石經作「毋」，義並近也。蕩蕩，左傳注：「政無私也。」平平，吕覽貴公篇注：「平易也。」史記作「便便」，古聲近相通，如「平秩」亦作「便程」也。

無反無側，王道正直。會其有極，歸其有極。

反側，詩傳：「不正直也。」按自此以上，蓋所謂極之敷言也。

曰皇，極之敷言，是彝是訓，于帝其訓。

曰皇，與下文「凡厥庶民」相對成義，則「皇」謂君也。敷，史記作「傅」。〔三〕按敷、傅、賦三字，古皆通用。詩人所謂「敷陳其言」者是矣。彝，史記作「夷」。按詩烝民「民之秉彝」，孟子「彝」作「夷」，是彝、夷通也。周禮注：「彝，法也。」訓，詩傳：「教也。」帝，謂上帝也。下「訓」字，史記作「順」。廣雅：「訓，順也。」于帝其訓，猶言惟帝是順耳。于、惟，並與「越」通，故于、惟爲通用字。「其」與「之」通，「之」「是」亦通用。

凡厥庶民，極之敷言，是訓是行，以近天子之光。曰：天子作民父母，以爲天下王。

訓，亦謂順也，故史記亦作「順」。近，説文：「附也。」按「近」疑讀爲「昕」。説文：「忻，闓也。」又：「昕，旦明日將出也。」詩匏有苦葉傳注〔四〕：「昕者，明也。」闓、明同誼。詩執競「斤斤其明」，毛傳：「斤斤，明察也。」爾雅同。漢書律曆志：「斤者，明也。」〔五〕是「斤」誼亦可爲「明」。禮記祭法注：「相近，當爲『攘祈』。」「近」之通作「昕」，猶「近」之通作「祈」也。

六，三德：一曰正直，二曰剛克，三曰柔克。平康正直，彊弗友剛克，燮友柔克。

克，釋詁：「勝也。」後漢書鄭興傳注作「尅」，亦通用字。友，廣雅：「親也。」燮，釋詁：「和也。」史記作「內」。段玉裁謂古內、入通用，入、燮同部，故今文作「內」也。

沈潛剛克，高明柔克。

沈潛，馬謂沈，陰也；潛，伏也。史記、左傳「潛」作「漸」，潛、漸雙聲。漸者，浸也，義亦相通。此言剛柔相濟之道，與上文言剛柔之性質者別矣。

惟辟作福，惟辟作威，惟辟玉食；臣無有作福作威玉食。

辟，釋詁：「君也。」玉食，馬謂美食也，鄭謂備珍美也。漢書劉向傳，後漢楊震、荀爽、蔡邕諸傳並以「作威」列在「作福」前。漢書王嘉傳作「亡有玉食」，多二字。並今文與古文之異。

臣之有作福作威玉食，其害于而家，凶于而國。人用側頗僻，民用僭忒。

之，猶若也。史記無「之」字。其，猶則也。湯誓「予其大賚女」，又曰「予則奴戮女」，可證。僻，史記、漢石經及王嘉傳作「辟」。古僻、辟通用。吕覽論人篇注：「僻，邪也。」僭，詩傳：「差也。」忒，漢書作「慝」。按忒，詩傳：「差也。」慝，詩傳：「惡也。」是慝、忒聲義並通。

七，稽疑：擇建立卜筮人，乃命卜筮。

卜筮，曲禮：「龜爲卜，筴爲筮。」白虎通：「龜曰卜，蓍曰筮。」是二者之别也。

曰雨，曰濟，曰圛，曰雺，曰克，曰貞，曰悔。

濟，今本作「霽」，按史記作「濟」。鄭謂濟者，如雨止之雲，氣在上者也。是鄭本亦作「濟」。説文：「霽，雨止也。」則假爲「霽」字耳。圛，今本作「驛」。按説文作「圛」，謂升雲半有半無，讀若「驛」。鄭謂圛，色澤而光明也。史記作「涕」，索隱：「涕，尚書作圛。」皆古文本作「圛」之證。按「圛」假爲「睪」，廣雅、方言並云：「曎，明也。」今本「曰圛」在「曰雺」之下，據周禮大卜注、史記集解引鄭書注，及尚書正義引王、鄭注，並「圛」在「雺」之上，茲改從鄭、王本也。雺，今本作「蒙」。按鄭謂「雺，氣不澤，鬱鬱冥冥也」；王謂「雺，天氣下，地不應，闇冥也」，是古文本作「雺」也。史記作「霧」，「霧」即「霚」之俗體，「雺」係「霚」之籀文。是今文與古文同，皆不作「蒙」也。雺，謂闇冥不澤，與「圛」之言光明者正相反矣。克，王引之謂雨以下五事，即承「乃命卜筮」而言，五者所以命龜之事也。襄二十八年左傳盧蒲癸、王何卜攻慶氏，示子之兆，子之曰：「克，見血。」昭十七年傳吳人伐楚，楚卜戰不吉，司馬子魚命龜曰：「魴也以其屬死之，楚師繼之，尚大克之，吉。」是「曰克」爲命龜之事明矣。貞悔，鄭謂內卦曰貞，貞，正也。外卦曰𠧪，𠧪之言晦，晦猶終也。僖十五年左傳：「蠱之貞，風也。其悔，山也。」說文：「𠧪，易卦之上體也。」皆與鄭說相合。

凡七卜，五占用，二衍忒。

鄭謂卜五占之用，謂雨、濟、圛、雺、克也。二衍忒，謂貞、悔也。史記亦云「卜五占之用」，是同以「卜五占用」爲句。按「卜」字當上屬爲句。「五占用」與「二衍忒」，相對爲文。七卜，即承上文「乃命卜筮」而言，或言卜，或言占，皆統卜筮言之也。五占用，謂雨、濟、圛、雺、克五者，用以占事耳。馬、王以「卜五」爲句、「占用二」爲句，謂占，筮也。義亦可通。衍，周易鄭注：「演也。」忒，史記作「貣」。詩傳：「貣，變也。」貣，亦「忒」之假字。

立時人作卜筮。三人占，則從二人之言。女則有大疑，謀及乃心，謀及卿士，謀及庶人，謀及卜筮。

三人，鄭謂卜、筮各三人，大卜掌三兆三易。從二人，從其多者。按金縢「乃卜三龜，一習吉」，疑即此所謂三人也。則，王引之謂猶若也。

女則從，龜從，筮從，卿士從，庶民從，是之謂大同。身其康彊，子孫其逢，吉。

逢，禮記儒行注：「猶大也。」按古「逢」與「豐」通。淮南天文訓「五穀豐昌」，史記「豐」作「逢」，即其證也。逢，謂豐大也。「逢」與「同」「從」爲韻，「吉」字自爲句也。史記于「身」字及「子孫」上並多「而」字。

女則從，龜從，筮從，卿士逆，庶民逆，吉。卿士從，龜從，筮從，女則逆，庶民逆，吉。庶民從，龜從，筮從，女則逆，卿士逆，吉。女則從，龜從，筮逆，卿士逆，庶民逆：作内吉，作外凶。龜、筮共違于人：用静吉，用作凶。

龜筮共違于人，謂龜與筮俱逆也。「作」與「静」，相對成文。釋詁：「作，動也。」

八，庶徵：曰雨，曰暘，曰奥，曰寒，曰風。

暘，漢書作「陽」。説文：「暘，日出也。」則「暘」爲本字，「陽」乃通假也。奥，今本作「燠」。按史記、漢書並作「奧」。古燠煖字亦止作「奧」，堯典馬注：「奧，煖也。」是其證矣。

曰時五者來備，各以其叙，庶草蕃廡。一極備凶，一極無凶。

曰，猶若也。後漢書李雲傳「得其人，則五氏來備」，荀爽傳「五韙咸備」，章懷注謂「氏」與「是」通，韙，是也。兩引尚書均作「五是來備」，則今文作「五是來備」與古文別。裴學海謂「是」猶者也。蕃廡，國語韋注：「蕃，滋也；廡，豐也。」説文作「緐無」。按文選李注：「蕃與繁古字通。」史記亦作「繁」。無、廡並「蕪」之假字。釋詁：「蕪，豐也。」極，釋詁：「至也。」極備，謂過多也。

曰休徵：曰肅，時雨若；曰乂，時暘若；〔六〕曰哲，時奧若；曰謀，時寒若；曰聖，時風若。

休，廣雅：「喜也。」時，學記「當其可之謂時」，是也。若，周易王注：「辭也。」乂，漢書五行志作「艾」，「暘」作「陽」、「哲」作「悊」，並通用字。

曰咎徵：曰狂，恒雨若；曰僭，恒暘若；曰舒，恒奧若；曰急，恒寒若；曰雺，恒風若。

恒，史記作「常」，訓詁字也。狂，鄭謂倨慢也。舒，今本作「豫」。按史記、漢書作「舒」，鄭謂「舒，舉遲也」，王謂「舒，惰也」，則今、古文同作「舒」矣。大傳作「荼」。古「荼」與「舒」通。襄二十三年左傳魏舒，史記索隱引世本「舒」作「荼」，即其證也。雺，今本作「蒙」，其誤與上文同。

曰：王省惟歲，卿士惟月，師尹惟日。

省，史記作「眚」。按古「省」通「眚」。莊二十八年公羊傳「肆大省」，左傳、穀梁「省」作「眚」；康誥「人有小罪非眚」，潛夫論「眚」作「省」：皆其明證。周易鄭注：「眚，過也。」師，釋詁：「衆也。」

歲月日時無易，百穀用成，乂用明，俊民用章，家用平康；

易，晉語注：「變也。」時者，歲月日之統稱，故下文又變言日月歲時也。乂，釋詁：「治也。」俊，說文：「才過千人也。」史記及文選李注作「峻」，並通用字。章，鄭謂明也。

日月歲時既易，百穀用不成，乂用昏不明，俊民用微，家用不寧。

既，猶若也。既、則古通，「則」爲若，故「既」亦爲若也。微，釋詁：「隱也。」謂不顯用也。寧，詩傳：「安也。」

庶民惟星：星有好風，星有好雨。日月之行，則有冬有夏；月之從星，則以風雨。

馬謂箕星好風，畢星好雨。鄭謂箕，東方木宿；畢，西方金宿也。谷永謂星辰附離于天，猶庶民附離王者，是也。「有冬有夏」下，漢紀引多「有寒有暑」四字。按「以」猶有也，史記吴世家「社稷有奉」，吴越春秋「有」作「以」，可證。

九，五福：一曰壽，二曰富，三曰康寧，四曰攸好德，五曰考終命。

說苑建本謂「五福以富爲始」，則今文一作「富」在「壽」前。攸好德，與上文「予攸好德」同，謂長好德也。考，説文：「老也。」詩傳：「成也。」考終命，謂不死于非命也。

六極：一曰凶短折，二曰疾，三曰憂，四曰貧，五曰惡，六曰弱。」

凶短折，漢志：「傷人曰凶，禽獸曰短，草木曰折。」鄭謂未齔曰凶，未冠曰短，未婚曰折。按班、鄭皆望文生訓。凶、短、折三字，義略相近，謂不得其死耳。

金縢第十四

縢，説文：「緘也。」金縢，匱名。篇中「乃納册于金縢之匱中」，此其所由名也。此篇在克商二年，據史記十一年克商，則此當在十三年，與洪範同時也。

既克商二年，王有疾弗豫。

豫，釋文：「本又作忬。」按説文作「悆」，謂喜也。忬即「悆」字。忬之爲「悆」，猶予之爲「余」也。史記作「豫」，與今本同。白虎通：「天子病曰不豫。」古、今文同作「豫」，「悆」乃壁中古文。釋詁：「豫，安也。」

二公曰：「我其爲王穆卜！」周公曰：「未可以戚我先王。」

二公，史記謂太公、召公也。穆，史記作「繆」，徐廣曰：「古書穆字多作繆。」則「繆」乃假字耳。一切經音義作「睦」，引孔安國曰：「睦，敬也。」古睦、穆亦通用。史記司馬相如傳「旼旼睦睦」，漢書作「旼旼穆穆」。又孟子趙注「君臣集穆」，「穆」當爲「睦」，皆其證也。釋訓：「穆穆，敬也。」戚，詩傳：「憂也。」

公乃自以爲功，爲三壇同墠。

功，洪頤煊謂通作「攻」字。周禮大祝「掌六祈以同鬼神示」，「五曰攻，六曰說」，鄭注：「攻說，則以辭責之。」攻即謂下文册祝之辭。下乃得周公所自以爲功代武王之說，即得此册祝之辭。史記魯周公世家作「乃自以爲質」。質，亦辭也。按洪說未協，「質」如周鄭交質之質，言以己爲質也。疑「功」亦與質同，當讀爲「貢」。易繫辭釋文：「貢，荀本作功。」是其證。爲，史記作「設」。壇墠，禮記祭法鄭注：「封土曰壇，除地曰墠。」是也。

爲壇于南方，北面，周公立焉。植璧秉珪，乃告大王、王季、文王。

于，唐石經作「於」，古通用字。北面，言北向三壇也。史記作「周公北面立」，與古文不同。植，史記、漢書作「戴」，易林作「載」。戴、載古通。禮記喪大記鄭注：「戴之言值也。」則「戴」可通爲「植」也。植，古「置」字。論語「植其杖而耘」，漢石經書作「置」；詩商頌那篇「置我鞉鼓」，廣雅引作「植」，是其證。則「植」謂置于神前也。璧，說文：「瑞玉圜也。」釋器：「好倍肉謂之瑗，肉倍好謂之璧。」秉，釋詁：「執也。」珪，史記作「圭」。說文：「圭，瑞玉也，上圜下方。」乃告，史記作「告于」。

史乃册祝曰：「惟爾元孫某，遘厲虐疾。

册，說文：「𠕁，告也。」按「史」謂内史，主作册之事，故一名作册。彝器多稱「作册某」，或稱「作册内史某」，或但云「内史某」。雒誥「命作册逸祝册」，即他書所謂史佚也。「册祝」與祝册同，謂讀册文而祝告之。「冊」乃冊之後起字。冊，史記作「策」。古冊、策通。雒誥「王命作冊逸祝冊」，漢志「冊」作「策」；左傳「大事書于策」，釋文：「本又作冊。」皆其證也。元孫，猶召誥言「元子」也。廣雅：「元，長也。」某，史記作「王發」，周史諱其名也。遘，周易象傳：「遇也。」厲，釋名：「疾氣也，中人如磨厲傷物也。」虐，廣雅：「惡也。」遘厲虐疾，史記作「勤勞阻疾」，徐廣曰：「阻一作淹。」孫謂説文「阻，險也」，險、淹聲相近。疑今文本作「淹疾」，史公易此爲「阻」也。堇，説文古文作「[illegible]」，从黄。[illegible]、菫聲形並近。廣雅：「勵，勸也。」與勞、徠義近，而「厲」古讀如賴，勞、賴又聲近也。史記「阻」即金文「䖒」字，説文「虐」本作「[illegible]」，二字形近，非本爲險也。如西伯戡黎「惟王淫戲」，史記「戲」作「虐」，亦以形近而譌。其作「淹」者，淹、阻誼同。

若爾三王，是有丕子之責于天，以旦代某之身。

是，通作「實」。秦誓「是能容之」，大學引作「實」，是也。丕子，鄭謂「丕」讀爲「不」，愛子孫曰子。俞樾謂「丕」字史記作「負」，負子者，諸侯疾病之名。曲禮正義引白虎通「天子病曰不豫」，言不復豫政也。諸侯曰負子，子民也，言憂民不復子之也。是「負子」之義，本爲不子。桓十六年公羊解詁曰：「天子有疾稱不豫，諸侯稱負兹。」古文以聲爲主，無定字耳。凡人有病，則須子孫扶持之。謂爾三王在天，若有疾病扶持之事，必須子孫任其責，請以旦代某也。下文曰「乃元孫不若旦多材多藝，不能事鬼神」，可知此文所言，是事鬼神之事矣。三王生前皆未爲天子，故仍從諸侯之稱也。按「負子」，本當作「不兹」。「丕」與「負」，皆「不」

之假字。「子」與「兹」，皆「慈」之假字。古子、慈通用，晏子非儒「不可使慈民」，墨子外篇「慈」作「子」，是其證。兹、慈亦同聲通假。僖五年左傳「公孫兹如牟」，〔七〕公羊作「慈」；又僖八年宋襄公兹父，公羊亦作「慈父」；襄十年左傳生秦不兹，釋文「一作秦不兹」，家語作「秦不慈」，史記作「秦丕子」，今本作「子丕」，非也，皆其證也。慈，猶和也。不和則即有疾，非不復子民之義也。

予仁若考，能多材多藝，能事鬼神。

第一「能」字，因下「能」字而衍，下文無「能」字可證。王引之謂「予仁若考」，史記作「旦巧」。考、巧古字通，若、而語之轉。予仁若考者，予仁而巧也。按禮記表記「蹶欲考」，鄭注：「考，巧也。」是考、巧古通之證。俞樾謂「仁」當讀爲「佞」。説文：「佞，巧讇高材也。」大徐本作「从女、信省」，小徐本作「从女，仁聲」。段玉裁謂晉語「佞之見佞，〔八〕果喪其田」，古音「佞」與「田」韻，則「仁聲」是也。「佞」从仁聲，故得假「仁」爲之。佞與巧，義相近；仁與巧，則不類矣。史記周本記「爲人佞巧」，亦以「佞巧」連文，是其證也。

乃元孫不若旦多材多藝，不能事鬼神，乃命于帝庭，敷佑四方。

帝，馬謂武王受命于天帝之庭，則帝謂上帝也。敷佑，即匍有也。盂鼎：「匍有四方。」古「敷」與「溥」通，詩般篇「敷天之下」北山作「溥天之下」，是其證。古「溥」與「匍」爲一字也。佑，古止作「右」。儀禮鄭注：「古文右作侑。」宣十五年公羊傳「中國不救，狄人不有」，〔九〕即不右也。是亦「佑」「有」可通之證也。

用能定爾子孫于下地，四方之民，罔不祗畏。烏呼！無隊天之降寶命，我先王亦永有依歸。

祗，釋詁：「敬也。」隊，今本作「墜」，段玉裁謂「墜」俗字，〔一〇〕當作「隊」，是也。寶，史記作「葆」。按吉金文「寶」與「保」通，留君簠「永寶用之」，鄦子妝簠作「永保用之」，即其證也。葆，當爲「寶」之假字。史記「有」字下有「所」字。

今我即命于元龜，爾之許我，我其以璧與珪，歸俟爾命；

即，當作「既」，古「即」與「既」通用。謂既命于元龜也。「既」上史記多「其」字，則以「即命」爲就受其命。之，猶若也。其，猶則也。俟，釋詁：「待也。」史記「歸」上多「以」字。

爾不許我，我乃屏璧與珪。」

屏，詩傳：「蔽也。」按詩皇矣「作之屏之」，釋文：「屏，除也。」荀子彊國篇注：「屏，棄也。」論語「屏四惡」，亦謂除四惡也。然則「屏璧與珪」，亦謂棄除之耳。

乃卜三龜，一習吉，啓籥見書，乃并是吉。

三龜，史記謂「即三王而卜」，似于三王前各卜一龜。按洪範「三人占，則從二人之言」，則古者卜必三人，故有三龜，非謂就三王前各卜一龜也。習，周易：「習坎，重險也。」是習有重意。史記作「皆曰吉」，蓋三龜皆吉也。按「習」與「皆」形近，疑本「皆」之譌字。啓，周禮大卜注作「開」，訓故字也。籥，說文：「書僮竹笘也。」又曰：「潁川人名小兒所書寫爲笘。」是籥蓋簡類也。并，廣雅：「同也。」論衡作「逢」。并、逢，聲之轉也。

公曰：「體！王其罔害。

體，俞樾謂發語辭，慶幸之意也。詩氓篇：「爾卜爾筮，體無咎言。」釋文：「體，韓詩作『履』，幸也。」則體亦猶幸也。史記無「體」字。

予小子新命于三王，惟永終是圖；兹攸俟能念予一人。」

新，當爲「親」。下文「予小子其新逆」，馬本作「親」，即其例也。「命」上史記有「受」字，其義較長。永，釋詁：「長也。」終，與永同。文選吳都賦劉注：「終古，猶永古也。」圖，釋詁：「謀也。」永終，是即上文「永有依歸」也。兹，猶是也。攸，史記作「道」。蓋今文作「迪」。多方「不克終日勸于帝之迪」，馬本「迪」作「攸」，是其證也。迪，道，訓故字。攸、迪，皆謂用也，以也。俟，說文：「大也。」予一人，天子之稱，謂武王也。

公歸，乃納册于金縢之匱中。王翌日乃瘳。

翌，今本作「翼」。按爾雅郭注、漢志顏注、文選李注並作「翌」。釋言：「翌，明也。」則本作「翌」無疑。其本字當爲「昱」。說文：「昱，日明也。」經傳皆假「翌」爲「昱」耳。瘳，詩傳：「愈也。」

武王既喪，管叔及其群弟乃流言于國曰：「公將不利于孺子。」

史記：「武王克商二年，天下未寧而崩。」則崩亦在十三年也。管叔，文王第三子也。逸周書作雒解：武王「立王子禄父，俾守商祀。建管叔于東，建蔡叔、霍叔于殷，俾監殷臣」。群弟，即謂蔡叔、霍叔也。流，荀子揚注：「無根源之謂。」是流言猶盤庚之「浮言」也。孺子，說文：「乳子也。」史記作「成王」。按崔東壁謂孺子乃少之親之之稱，非謂年幼。史記蒙恬傳恬曰：「昔成王未離襁褓，周公旦負王以朝。」淮南要略：「武王立三年而崩，成王在襁褓之中，未能用事。」非也。

周公乃告二公曰：「我之弗辟，我無以告我先王。」

辟，說文作「㢶」，謂法也。釋文引馬、鄭音「避」。按馬、鄭讀「辟」爲「避」，以下文「居東」爲出處東國，待罪以須君之察己，而謂「罪人斯得」，爲成王收捕公之屬黨，與僞孔傳之以「辟」爲討罪，下文「居東」爲征東，「罪人斯得」爲誅管、蔡者迥殊。史記雖讀「辟」爲「避」，而謂我之所以弗避，而攝行政者，恐天下畔周，無以告我先王。其解「居東」爲誅管、蔡，又與僞孔傳合。三說各自不同。竊疑馬、鄭讀「辟」爲「避」是矣，而解罪人爲周公屬黨則非也。據豳風之次，鴟鴞在前，東山次之，而破斧最後。鴟鴞即下文公所貽王之詩。東山云「我徂東山」，又云「我來自東」，又曰「自我不見，于今三年」，是明爲居東二年後歸周時作，而次之破斧之前。破斧云「周公東征，四國是皇」，則破斧作于東征之時，而居東山之後。其徂東之與東征，蓋不可混爲一事，而東征應在東山既歸之後也。又鴟鴞一詩，作于居東之時。玩其辭意，亦並非在既誅三叔之後。觀其「鴟鴞鴟鴞，既取我子」「無毁我室」「恩斯勤斯，鬻子之閔斯」數語，蓋以鴟鴞喻禄父，以「我子」喻管、蔡。無毁我室，明言欲保安周室之意。鬻子，則謂成王。其尚在未誅管、蔡之先甚明。則鄭氏出處東國之説，必非誣矣。我之弗避，謂我若弗避也。史公訓爲所以不避，義稍疏矣。

周公居東二年，則罪人斯得。

居東，即詩東山「我徂東山」，是也。罪人斯得，蔡傳謂始知流言之爲管、蔡，似視古説爲勝。按上文言周公，不言王，則此知者當爲周公，非爲王明矣。斯，猶盡也。詩皇矣「王赫斯怒」、板篇「無獨斯畏」，鄭箋並曰：「斯，盡也。」是其證矣。

于後公乃爲詩以詒王，名之曰鴟鴞，王亦未敢誚公。

于，猶其也。襄四年左傳「愚弄其民」，潛夫論「其」作「于」，可證。詒，今本作「貽」。按鄭本作「詒」，謂「悦也」，則古文本作「詒」。説文：「詒，一曰遺也。」詒自可讀爲貽。名，史記作「命」。鴟鴞，釋鳥：「鴟鴞也。」陸璣謂似黄雀而小，其喙尖如錐，取茅莠爲窠。誚，方言：「讓也。」史記作「訓」。段玉裁謂玉篇

「信」古文作「訫」，集韻「信」古作「訫」，訫、訫一字，訫从立「心」，非大小字。史記之「訓」，乃「訫」之誤，蓋今文尚書作「信」。按段說非也。今文作「信」，無有佐證。「訓」與「誚」義相近，疑史公以訓故字代之耳。

秋，大熟，未穫，天大雷電以風，禾盡偃，大木斯拔。

穫，說文：「刈穀也。」秋，即居東二年之秋。史記、大傳以爲周公死後之事，非也。段玉裁謂今文之說最爲荒謬。史官紀事，前云既克商二年，云武王既喪，云居東二年，何等分明！豈有爲詩詒王之後，秋大熟之前，間隔若干年，若干大事不書，不書周公薨而突書其死後之事，令人讀罷不知其顛末者？其言精闢，無間然矣。偃，說文：「僵也。」斯，史記訓「盡」，是也。按雷電，史記、大傳及論衡並作「雷雨」。又下文「天乃雨反風」，論衡作「天止雨反風」，琴操作「天乃反風霽雨」，蓋今文「雷」作「雨」、「雨」作「霽」，與古文不同。

邦人大恐，王與大夫盡弁以啓金縢之書，乃得周公所自以爲功代武王之說。

弁，史記作「朝服」。按周禮「眡朝服則皮弁服」，玉藻「皮弁以日視朝」，是弁爲朝服也。說，周禮「六祈」，其六曰「說」，是「說」蓋即祝詞。史記集解徐廣謂「說」一作「簡」，「簡」即謂祝册也。

二公及王乃問諸史與百執事。

諸，簡朝亮謂語詞。按「諸史」與「百執事」對文，簡說非也。古史官之人數甚多。酒誥「矧大史友、内史友」，毛公鼎「大史寮、內史寮」，即其證也。後漢蔡邕傳「事」作「士」。

對曰：「信。噫！公命我勿敢言。」

噫，馬本作「懿」。按楚語韋注：「懿，讀曰抑。」詩十月之交箋：「抑之言噫。」段玉裁謂噫、懿、抑，皆以聲轉，是也。史記作「有」。古噫、有同部，故亦可相通。噫，然也。

王執書以泣，曰：「其勿穆卜。昔公勤勞王家，惟予冲人弗及知。

勤勞，與「勞勤」同。毛公鼎「勞勤大命」，其義與此同也。冲，史記作「幼」。

今天動威以彰周公之德，惟朕小子其新逆，我國家禮亦宜之。」

新逆，馬本作「親迎」。按逆、迎古通，「新」當從馬本作「親」爲長。史記作「迎」，無「新」字。

王出郊，天乃雨反風，禾則盡起。二公命邦人凡大木所偃，盡起而築之，歲則大熟。

築，釋文：「本作筑。」按釋言：「筑，拾也。」起而拾之，於文不順，字仍以作「築」爲長。儀禮既夕記注：「築，實土其中，堅之。」此言以土築之，使堅固也。

大誥第十五

誥，釋詁：「告也。」史記：「管、蔡、武庚率淮夷而反，周公奉成王命興師東伐，作大誥。」按大誥次于金縢之後，亦足證金縢所載居東親迎之事並在東征之前。大傳收之金縢前，殆非也。

王若曰：「大誥猷爾多邦，越爾御事。

大誥猷，今本作「猷大誥」。按釋文引馬本作「大誥繇」，正義謂鄭、王本「猷」在「告」下，是馬、鄭、王同作「大誥猷」。猷、繇古字通。詩巧言「秩秩大猷」，漢書班固傳「猷」作「繇」，是也。翟方進傳載王莽倣大誥亦曰「大誥道諸侯王三公列侯」。釋詁：「繇，道也。」方言：「猷，道也。」是今文亦同作「大誥猷」，不作「猷大誥」明矣。越，廣雅：「與也。」御事，謂諸侯執政用事之臣也。

弗弔天降割于我家，不少延。

弔，古「淑」字。弗弔天，謂不善之天。哀十六年左傳「旻天不弔」，多士「弗弔旻天」，是其義也。割，馬本作「害」。古「割」與「害」通，作「害」者是也。延，釋詁：「間也。」釋言：「間，息也。」是「延」亦猶息也。

洪惟我幼冲人，嗣無疆大歷服。〔一一〕

洪，釋詁：「大也。」凡「大」皆辭也。多方「洪惟圖天之命」，與此正同。嗣，釋詁：「繼也。」歷，釋詁：「數也。」論語「天之歷数在爾躬」，是其義也。三體石經作「鬲」，古歷、鬲聲近。服，釋詁：「事也。」按服，猶位也，職也。文侯之命：「即我御事，罔或耆壽，俊在厥服。」「在服」即在位、在職也。詩蕩篇：「曾是在位，曾是在服。」孟子：「賢者在位，能者在職。」是其明證。大雅「昭哉嗣服」，與此正同。

弗造哲迪民康，矧曰其有能格知天命？

造，漢書作「遭」，古「遭」與「造」通。吕刑「兩造具備」，史記徐廣注：「一作『遭』。」讀「遭」者是也。哲迪，古成語，亦作「迪哲」，無逸「兹四人迪哲」是也。通作「迪吉」，康誥「爽惟民迪吉康」、盤庚「乃有不吉不迪」，皆其例也；又作「由哲」，下文「爽邦由哲」是也。按「迪」讀爲「常」，善也。常、哲同誼，猶言昌明也。格，漢書作「往」。裴學海謂「格」，達也。淮南修務「期于通道略物」，高注：「略，達也。」是其證。

已！予惟小子，若涉淵水，予惟往求朕攸濟。

已，漢書作「熙」，皆歎詞也。康誥「已！女惟小子」、梓材「已！若兹監」，並與此同。淵，詩傳：「深也。」攸，猶所也。王引之謂猶所以也。

敷賁敷前人受命，兹不忘大功。

漢書載王莽倣大誥作「奔走以傅近，奉承高皇帝所受命」。今文無上「敷」字，與古文異。按「敷」猶布也，則「賁」讀爲「頒」。宣十七年左傳「苗賁皇」，晉語「賁」作「棼」，說苑作「盆」。淮南覽冥「姮娥竊以奔月」，「奔月」或作「坌肉」，可知賁、頒聲近可通。故釋名：「頒，分也。」此言大頒布前人之受命耳。「兹」之言斯也。忘，古與「亡」通。詩綠衣「曷維其亡」，鄭箋：「亡之言忘也。」淮南修務篇「南榮疇恥聖道之獨亡于己」，賈子勸學篇「亡」作「忘」，是其證也。兹不忘大功，謂斯不失前人之大功耳。

予不敢閉于天降威，用寧王遺我大寶龜，紹天明。

閉，漢書作「比」。按下文無「毖于恤」，與此同誼，「比」爲「毖」之省。詩小戎釋文：「閉，一作䩛。」是閉、毖可通。閉、毖當讀「宓」，說文：「安也。」又孳乳爲「密」，靜也，止也。予不敢閉于天降威，與「紹天明」相對成義。呂刑「德畏惟威，德明惟明」，亦「威」「明」對舉也。紹，詩傳：「繼也。」謂承受也。「明」與「命」通，易賁釋文：「明，蜀本作『命』。」即其證。凡言天命、天明，皆善意。寧王，當作「文王」。君奭「割申勸寧王之德」，禮記緇衣作「周田觀文王之德」，鄭注：「今博士讀亂勸寧王之德。」蓋自漢時，已譌「文」爲「寧」矣。古文「文」作忞，从文从心，與「寧」相似，故漢人誤認爲「寧」。文侯之命「追孝于前文人」，與下文「予害敢不于前寧人攸受休畢」相同，亦其證矣。寶，三體石經作「𠈃」。古「寶」與「保」通，

「倮」蓋「保」之異文也。

即命曰：有大艱于西土，西土人亦不靜。

即，王引之謂猶則也。靜，漢書作「靖」，古靖、靜通。按「不靜」與下文「蠢動」相應。由此至「我有大事休」，皆敘命龜之辭。

越茲蠢殷小腆，誕敢紀，其敘天降威，

越，三體石經作「粵」，古粵、越通，謂故也。「越」之爲故，猶「越」之爲乃也。蠢，三體石經作「𢧢」，同聲通假字。腆，王謂主也。殷小主，謂祿父也。按腆，說文：「設膳腆腆多也。」古謂國力富厚亦謂之腆。左傳「不腆敝邑」，杜注：「厚也。」一作「無腆」，左傳「鄭雖無腆」是也。疑此蠢殷小腆，謂蠢殷之國勢小富厚耳。紀，漢書作「犯」，當從之。其，與「以」通。詩候人「彼其之子」，表記作「記」，左傳、晉語作「己」，即其證。謂乃敢犯我以順天之降威也。

知我國有疵，民不康，曰：『予復反。』鄙我周邦。

疵，釋詁：「病也。」漢書作「呰災」，義亦相同。鄙，疑讀「圖」，古鄙、圖同作「啚」，齊子仲姜鎛「鄙」作「[illegible]」即其證。漢書作「右」。說文：「啚，嗇也。嗇，愛濇也。」今文訓「啚」爲右，亦止作「啚」之證。

今蠢今翌日民獻。有十夫予翼，以于敉寧、武圖功。

翌，俞樾謂說文「翊，飛貌」，翌即「翊」之變體。蠢以蟲喻，翊以鳥喻。又變作「⿰犭立」，〔一二〕文選吳都賦「趁譚⿰犭立⿰犭⿱罒示」，李注：「相隨驅逐衆多貌。」此謂武庚蠢動，而淮夷從之，翊⿰犭立衆多也。按俞說似較舊說爲勝。日，疑爲「曰」之誤。曰，于也。獻，大傳作「儀」，漢書作「獻儀」。按古聲獻、儀相近，故皋陶謨「萬邦黎獻」，漢人皆作「儀」。黎獻者，黎庶也。民獻亦謂民庶，或孽民。此謂今蠢動于殷之頑民間耳。翼，詩箋：「助也。」于，詩箋：「往也。」敉，釋言：「撫也。」王師謂古彌、敉聲近，當讀爲「彌」。按周禮小祝注：「彌讀曰敉。」是其證也。又左傳提彌明、高渠彌，史記「彌」並作「眯」；左傳彌子瑕，大戴記「彌」作「迷」：亦彌聲、米聲相近之證。彌，詩傳：「終也。」寧、武，即文、武也。圖功，王引之謂大功也。古圖、大聲近，釋詁：「都，大也。」古圖鄙字皆止作「啚」，都、鄙同義，故亦有大誼也。

我有大事休，朕卜並吉。

大事，成十三年左傳：「國之大事，在祀與戎。」此當謂戎事也。休，廣雅：「喜也。」詩傳：「慶也。」

肆予告我友邦君，越尹氏、庶士、御事曰：『予得吉卜，予惟以爾庶邦，于伐殷逋播臣。』

肆，釋詁：「故也。」尹氏，官名。克鼎：「王呼尹氏册命善夫克。」揚敦：「王命内史□册命揚。」是尹氏即内史之別名。内史一名作册，尹氏，其長也，故又稱作册尹。師農鼎「王命作册尹册命師農」，即其證也。逋，說文：「亡也。」播，李登聲類：「散也。」逋播，雙聲連語。

爾庶邦君，越爾庶士、御事罔不反，曰：『艱大，民不靜。

反，周禮宰夫鄭注：「復之言報也，反也。」反報于王，謂于朝廷奏事。艱大，猶上言「大艱」也。

亦惟在王宮、邦君室，越予小子考翼，不可征。王害不違卜？』

王宮，與「邦君室」相對，其義並同。謂有管、蔡等内奸也。越，猶故也。翼，裴學海謂當讀爲「億」，度也。天問「馮翼惟象」，司馬相如長門賦「心憑噫而不舒兮」，「馮翼」即「憑噫」，可證。漢書無「害」字，當係譌脱。

肆予冲人，永思艱曰：烏呼！允蠢鰥寡，哀哉！

永，釋詁：「長也。」艱，即上文「大艱」也。允，釋詁：「信也。」

予造天役，遺大投艱于朕身；越予冲人，不卬自恤。

漢書「造」作「遭」爲長。役，讀爲「疫」。説文：「疫，民皆病也。从疒，役省聲。」天疫，即天災也。遺大，與「投艱」相對成文。卬，釋詁：「我也。」恤，三體石經作「卹」。古恤、卹通用，卹之言慎也。

義爾邦君越爾多士，尹氏、御事綏予曰：『無毖于恤，不可不成乃寧考圖功。』

義，禮記中庸注：「義者，宜也。」綏，告也。毖，猶安也，静也。恤，説文作「卹」，古通用字。寧考，當作「文考」也。

已！予惟小子，不敢朁上帝命。

已，漢書作「熙」。朁，今本作「替」。按三體石經作「朁」，漢書作「僭」，「朁」與「僭」同，是今古文皆不作「替」，「替」疑「朁」之譌。顏師古謂「僭」，不信也。下文「天命不僭」，義正與此同也。

天休于寧王，興我小邦周。寧王惟卜用，克綏受茲命。

休，廣雅：「喜也。」謂嘉美之意。寧王，並當爲文王也。漢書無下「寧王」二字。綏，讀爲「緌」。詩車攻、韓奕釋文並云：「綏本作緌。」〔一三〕釋詁：「緌，繼也。」猶言承也。康王之誥「緌爾先公之臣服于先王」，「緌」謂承也，繼也。

今天其相民，矧亦惟卜用。烏呼！天明畏弼我丕丕基。

相，詩傳：「助也。」畏，釋文徐音威，與漢書同。按古畏、威通用。皋陶謨「天明威自我民明威」，明威，謂其德明，而威可畏也。弼，説文：「輔也。」丕，釋詁：「大也。」基，淮南主術篇注：「業也。」漢書作「矣」，段謂今文作「其」，讀爲「姬」，故訓爲「矣」也。

王曰：「爾惟舊人，爾丕克遠省，爾知寧王若勤哉？

惟，讀爲「雖」。莊子庚桑楚釋文：「唯，一本作『雖』。」即其證。丕，漢書作「不」。古丕、不通用，此當作「不」。遠省，漢書謂省識古事，是也。若，荀子王霸篇「亦可以察若言矣」，楊注：「若言，如此之言。」按

「若」可訓如此，亦可訓如彼。若勤，謂如彼其勤也。

天閟毖我成功所，予不敢不極卒寧王圖事。

閟，釋文音「祕」。按正義引釋詁：「閟，愼也。」今爾雅「閟」作「毖」，則閟、毖本爲一字。蓋古文作「閟」，今文作「毖」，僞孔本誤兩存之。如「民獻」，今文作「民儀」，漢書遂兩存之而作「民獻儀」矣。漢書作「勞」，則訓故字。廣雅「祕，勞也。」朱彬謂「毖，愼」，釋詁文；然其義未盡。釋言：「誥誓，謹也。」則謹愼與誥誓近，毖之訓亦與誥戒相近。按朱說是也。酒誥「厥誥毖庶邦庶士」，正以誥、毖義近而連文也。又曰：女典聽朕毖，與其上文「其爾典聽朕教」相同。則「毖」有誥教之意，明矣。所，疑讀爲「攸」，道也。僖二十三年左傳「勤而無所，必有悖心」，又宣十二年傳「撫弱攻昧，以務烈所」，皆與此同。極，吕覽高注：「終也。」卒，釋詁：「終也。」

肆予大化誘我友邦君，天棐忱。

誘，釋詁：「道也。」棐，當讀爲「匪」。詩蕩篇「其命匪諶」，「諶」與「忱」同。漢書孔光傳引書正作「諶」。則「棐忱」即謂「匪諶」，言天無誠也。詩大明「天難忱斯」，義與此同。

辭其考我民，予害其不于前寧人圖功攸終？〔一四〕

辭，讀爲「殆」，辭、怠古通。秦誓「俾君子易辭」，公羊傳作「易怠」，可證。此讀爲「殆其考我民」也。

考，詩傳：「成也。」漢書作「累」。害其，與「害爲」同。前寧人，亦爲「前文人」之謌。兮仲鐘「用侃喜前文人」、南宮敦「前文人秉德」，皆其證也。攸，猶是也。詩蓼蕭「萬福攸同」，長發「百祿是遒」，攸、是同誼。按此文法與洪範「于帝其訓」同，言予曷爲不惟前寧人圖功是終耳？

天亦惟用勤毖我民若有疾，予害敢不于前寧人攸受休畢？」

毖，猶勞也。勤毖，謂勤勞也。有，王引之謂猶爲也。成十年左傳「疾不可爲也」、山海經「旋龜可以爲疷」，「爲」並治療之意。畢，漢書作「輔」。蓋今文作「弼」，弼、畢一聲之轉。以上文「圖功攸終」例之，「攸」字疑在「休」字下，謂予害敢不于前寧人受休攸畢也。畢，廣雅：「終也。」

王曰：「若昔，朕其逝，朕言艱日思。

若昔，蓋謂如昔日先王之征殷人，故下言朕其逝也。逝，釋詁：「往也。」言，裴學海謂孟子「宰我、子貢，善爲說辭；冉牛、閔子、顏淵，善言德行」，「言」與「爲」對文，皆猶於也。朕言艱日思，猶言朕於艱日思也。與上文「永思艱曰」之意相近。

若考作室，既厎法，厥子乃弗肯堂，矧肯構？

考，謂父也。厎，釋詁：「定也。」堂，禮記檀弓注：「堂形四方而高。」肯，蔡邕陳留太守胡公碑皆作「克」。構，說文：「蓋也。」按正義謂定本「矧弗肯構」「矧弗肯穫」，皆有「弗」字。檢孔傳所解，「弗」爲衍字。段玉裁謂「矧」,况也,益也。矧弗,猶言益弗也。蓋「矧」可訓况,亦可訓益,惟語有反正之別耳。

厥考翼其肯曰『予有後,弗棄基』?

今本無此一語,按正義謂「鄭、王本於『矧肯構』下亦有此一語,然取喻既同,不應重出」,則本有此一語明矣。翼,王念孫疑爲衍文,按當讀爲「抑」,古抑、噫、翼、億並通,故「翼」得爲「抑」也。其肯,猶豈肯也。

厥父菑,厥子乃弗肯播,矧肯穫?厥考翼其肯曰『予有後,弗棄基』?

菑,爾雅郭注:「今江東呼初耕地反草爲菑。」是也。播,説文:「種也。」穫,説文:「刈穀也。」

肆予害敢不越卬敉寧王大命?若兄考,乃有友伐厥子,民養其勸弗救?」

越,猶于也。卬,釋詁:「我也。」敉,讀爲「彌」,謂終也。養,漢書作「長」,夏小正傳:「養,長也。」古長、養聲近相通。公羊何注:「炊烹者曰養。」按兄、考連用少見,且下文獨言子,疑「兄」本當作「皇」。無逸「無皇曰」,則「皇」自敬德。漢石經「皇」並作「兄」,可證也。友,漢書作「效」。疑今文作「爻」,爻與「㕛」形近致譌。説文:「爻,交也。」故可讀爲「效」。

王曰:「烏呼!肆哉爾庶邦君,越爾御事。

肆哉,古本作「肆告我」。漢書與今本同。按「肆哉」二字不辭,古本「我爾」連文,亦不可通。疑本作「我告」,故以形近譌作「哉」。上文「肆予告我友邦君」,肆予告即肆我告。是其證也。

爽邦由哲，亦惟十人迪知上帝命。

爽，說文：「明也。」由哲，古成語，謂昌明也，善也。廸、由，古通用。由哲，一作「廸哲」。無逸「玆四人廸哲」，是也。亦作「哲廸」，上文「弗造哲廸民康」是也。爽邦由哲，謂明爽其邦使昌明也。十人，論語「予有亂臣十人」，僞泰誓疏引先儒鄭玄等以十人爲文母、周公、大公、召公、畢公、榮公、太顛、閎夭、散宜生、南宫括也。廸知，亦古語。君奭「廸知天威」、立政「廸知忱恂于九德之行」，皆其例也。古「廸」猶「通」，同也。疑亦猶言同知也。

越天棐忱，爾時罔敢易法，矧今天降戾于周邦？

越，與「若」同。君奭：「若天棐忱。」越、若皆猶以也。古越、于並與「以」通。爾，與「彼」通，孟子「爾焉能浼我哉」，韓詩外傳「爾」作「彼」；又孟子「爾爲爾」，列女傳作「彼爲彼」：皆其例也。彼時，與「今」相對成義。易，說文：「傷，輕也。」廣韻：「相輕慢也。」法，漢書作「定」。按法，說文古文作「㳒」，故誤爲「定」。此當如吉金文假「法」爲「廢」。盂鼎「勿灋朕命」，即其例也。戾，釋詁：「罪也。」漢書作「定」，戾、定亦訓詁字。

惟大艱人，誕鄰胥伐于厥室，爾亦不知天命不易。

大艱人，謂管、蔡也。誕，讀爲「延」，謂延鄰敵相伐也。胥，釋詁：「相也。」不易，謂不可常也。詩文王：「宜鑒於殷，駿命不易。」又曰：「命之不易，無遏爾躬。」敬之：「天維顯思，命不易哉！」皆言其難恃耳。

予永念曰：天惟喪殷，或穡夫，予害敢不終朕畝？

惟，猶若也。「若」爲「惟」，故「惟」亦爲「若」。此言天若喪殷，予亦曷敢自恃，正承天命不易而言。

天亦惟休于前寧人，予害其極卜，敢弗于從率寧人有旨疆土？

亦惟，「亦」謂亦若也。極，儀禮大射儀注：「猶放也。」是「極」有放棄之意。極卜，與上文「王害不違卜」之違卜義相應也。于，猶往也。敢弗于從，漢書作「害敢不卜從」，于、卜形近而譌。「從率」連文，舊以「從」字絕句，非也。有，疑讀爲「以」，有、以古通用字。旨，今本作「指」。按正義與漢書同作「旨」，則本作「旨」也。旨，說文：「美也。」按「旨」讀爲「厎」，〔一五〕古耆、厎通用。盤庚「致告」，即微子之「指告」，集韻「耆」古通「厎」，〔一六〕皆其證。厎，定也。

矧今卜並吉，肆朕誕以爾東征。天命不僭，卜陳惟若茲。」

僭，漢書作「僭差」。按廣雅：「僭，差也。」此以「差」訓「僭」，遂作「僭差」。與上文「天毖我成功所」以「勞」訓「毖」，遂作「毖勞」者同例。陳，廣雅：「列也。」

康誥第十六

康，馬謂圻内國名，鄭謂謚號。按史記：「康叔卒，子康伯立。」則「康」非謚，鄭説非也。白虎通：「文王十子，康、南皆采也。」與馬説合。詩譜：「文王分岐邦周、召之地，爲周公旦、召公奭之采地。」則「康」與周、召同爲采地之名。史記索隱引宋忠曰：「康叔從康徙封衛。」亦以「康」爲地名也。定四年左傳祝佗言武王之母弟八人，周公爲大宰，康叔爲司寇，聃季爲司空，五叔無官。此篇屢言用罰之事，蓋以康叔居司寇之任，故以是誥戒之也。按此篇皆言「朕其弟小子封」，明爲周公之辭，而加「王若曰」三字，與多士明言「周公作誥」，而亦用「王若曰」者同例。蓋史紀周公之言，以其奉王命而代誥，則與王言同，故加「王若曰」「王曰」于每段之首。其他未奉王命如無逸、君奭、立政各篇，則直稱「周公曰」「周公若曰」。舊説以爲周公攝政稱王，非也。

惟三月，哉生魄，

哉，釋詁：「始也。」漢書作「載」。魄，説文作「霸」，謂「月始生魄然也，承大月二日，小月三日」。馬謂「魄，朏也，謂月三日始兆朏，名魄」。王師謂古人紀時月分四期：一曰初吉，二曰既生霸，三曰既望，四曰既死霸。又有哉生霸、旁生霸、旁死霸三名。蓋月之一日至七八日爲初吉，而月之二日，或三日又名哉生霸，三日以後亦得通稱哉生霸，故哉生霸亦可有五日或六日也。旁生霸謂月之九日或十日，旁死霸謂月之二十四日或二十五日，亦各可有五日或六日也。此文月，當在作雒之年，自篇首至「乃洪大誥治」四十八字，與下文不相連屬，又明言治雒之事，當非康誥之文。蘇軾謂爲雒誥之序，然雒誥首尾完具，與此文氣亦不甚協，疑未確也。

周公初基作新大邑于東國雒，四方民大和會，

基，釋詁：「始也。」雒，今本作「洛」。按洛水入渭，與雒水入河者别。周禮注引召誥猶作「雒」不作「洛」也。和，釋詁：「協也。」

侯甸男邦采衛百工播民，和見士于周。

邦，王鳴盛謂「邦」字居中，以貫上下，謂侯服、甸服、男服、采服、衛服諸侯也。工，釋詁：「官也。」播民，與大誥「逋播臣」同義，謂殷之遺民也。見，史記天官書注：「效，見也。」則「見」亦謂「效」也。士，與「事」古通用。效事于周，即召誥所謂「攻位于雒」也。匽侯旨鼎「匽侯旨初見事于宗周」、珥鼎「珥見事于彭」〔一七〕並作「事」。

周公咸勤，乃洪大誥治。

勤，釋詁：「勞也。」此謂慰勞也。洪，鄭謂代也。按詩民勞「而式弘大」〔一八〕，釋詁：「洪、宏，大也。」則洪大與宏大同，疑不得訓爲代也。治，通作「辭」，檀弓鄭注：「辭，猶告也。」酒誥「乃不用我教辭」，謂教

告也。周禮小司徒「聽其辭訟」，小宰「聽其治訟」，司市「聽大治大訟，小治小訟」，治、辭一字可證。

王若曰：「孟侯，朕其弟小子封！

孟，漢書地理志注：「長也。」吕覽誠廉篇「世爲長侯」，長侯，謂諸侯之長也。其，猶之也。雒誥「孺子其朋」，謂孺子之朋也。多士「罔不配天其澤」，謂罔不配天之澤也。則朕其弟，謂朕之弟也。封，康叔名也。

惟乃丕顯考文王，克明德慎罰，

丕，釋詁：「大也。」顯，釋詁：「光也。」克，釋言：「能也。」成二年左傳：「明德慎罰，文王所以造周也。明德，務崇之之謂也；慎罰，務去之之謂也。」大傳作「克明俊德」，疑從堯典而譌也。

不敢侮鰥寡，庸庸祇祇，威威顯民。

侮，説文：「傷也。」「傷，輕也。」庸庸，釋詁：「勞也。」祇祇，廣雅：「敬也。」威，與「畏」同。廣雅：「畏畏，敬也。」顯，釋詁：「明也。」按顯，猶敬也。詩敬之：「敬之敬之，天維顯思！」故言顯則有敬義。酒誥「罔顯于民祇」，謂罔敬于民祇也；多士「罔顯于天」，謂罔敬于天也。中論：「文王祇畏，造彼區夏。」故所謂庸庸、祇祇、威威者，皆形容顯民之意。顯民者，謂以民爲顯而敬畏之也。宣十五年左傳晉侯賞中行桓子，亦賞士伯。羊舌職曰：「周書所謂『庸庸祇祇』者，謂此物也。」杜注：「用可用，敬可敬。」以此例之，其釋此經，當云用可用，敬可敬，威可威，以顯其民。説雖可通，而加字釋經，殆不可從。

用肇造我區夏，越我一二邦，以修我西土。

肇，釋詁：「始也。」區，論語「區以別矣」，一切經音義引論語馬注：「區，別也。」廣雅：「區，小也。」蓋區以別之，則有小意。然則「用肇造我區夏」，猶大誥「興我小邦周」矣。夏，說文：「中國之人也。」修，中庸鄭注：「治也。」

惟時怙冒，聞于上帝；

怙冒，王引之謂「冒」，懋也。盤庚「懋建大命，懋簡相爾」，漢石經「懋」作「勖」；君奭「迪見冒」，馬本「冒」作「勖」；顧命「冒貢于非幾」，馬、鄭、王本「冒」作「勖」；皋陶謨：「懋哉懋哉！」牧誓：「勖哉夫子。」則三字互通也。怙，大也。釋詁：「祜，厚也。」賈子容經篇：「祜，大福也。」逸周書謚法解：「胡，大也。」聲義與「怙」並相近。惟時怙冒，言其功大懋勉也。怙冒，與「丕冒」同意。君奭：「我咸成文王功于不怠，丕冒。」又曰：「乃惟時昭文王迪見冒。」見，猶顯也。冒，馬本作「勖」，云勉也。又曰：「惟茲四人昭武王惟冒。」並與此同。按「古」與「甫」通。「簠」字曾伯黎簠、虢叔簠及鄦子妝簠並作「[illegible]」，是从「甫」从「古」無別。釋詁：「甫，大也。」从「甫」之字，若「溥」若「敷」，均有大義。从「古」與从「甫」相同，故怙、祜、胡諸字亦有大義也。

帝休，天乃大命文王殪戎殷。誕受厥命，越厥邦厥民。惟時叙。

休，廣雅：「喜也。」殪，說文：「死也。」戎，釋詁：「大也。」時叙，王引之謂猶承叙也。承叙者，承順也。時、承一聲之轉。楚策：「仰承甘露而飲之」，新序「承」作「時」，是「時」與「承」同義。堯典「百揆時叙」，亦謂百揆承順也。

乃寡兄勖，肆女小子封在兹東土。」

寡兄，謂武王也。寡，讀爲「嘏」，大也。古寡、顧、嘏通用。禮記緇衣鄭注：「寡當爲顧，聲之誤也。」史記十二諸侯年表宋共公瑕，春秋作「顧」即其證。勖，猶勉也。

王曰：「烏呼！封，女念哉！今民將在祗，遹乃文考紹聞衣德。

古本「民」上有「治」字，疑從古本爲長。祗，釋詁：「敬也。」按「民祗」，古成語。多士「罔顧于天顯民祗」，酒誥「罔顯于民祗」，皆其例也。無逸「治民祗懼」，即此所謂治民將在祗也。簡言之則曰「民祗」，亦猶詩言「天維顯思」，簡言之則曰「天顯」也。將，猶是也。昭十年左傳「非知之實難，將在行之」，亦以「將在」連文。遹，釋詁：「述也。」紹、昭古通用。紹聞，謂昭聞也。衣，白虎通：「衣者，隱也。」古衣、隱同聲。無逸「則知小人之依」，即知小人之隱也。此文「衣」亦爲「隱」。隱德之隱，與「昭聞」正相對成義也。

言往敷求于殷先哲王，用保乂民。女丕遠惟商耇成人宅心知訓。

言，猶乃也。詩葛覃「言告師氏，言告言歸」，廣漢「言刈其楚」，載馳「言至于漕」，「言」並猶乃也。敷，詩傳：「徧也。」丕，乃也。惟，釋詁：「思也。」耈，釋詁：「老也。」宅，與「度」古通，謂度其心也。知，與「之」通。詩采薇「莫知我哀」，鹽鐵論「知」作「之」；楚策「莫知媒兮」，荀子賦篇「知」亦作「之」，可證。訓，詩傳：「教也。」

別求聞由古先哲王，用康保民。

別，王引之謂古字「別」與「辯」通。辯，徧也。樂記：「其治辯者其禮具」，鄭注：「辯，徧也。」史記樂書「辯」作「辨」，一作「別」，是其證也。墨子天志「且天之愛百姓厚矣，天子愛百姓別矣」，「別」亦與「徧」同。由，於也。釋詁：「繇，於也。」通作「由」。大雅抑篇鄭箋：「由，於也。」別求聞由古先哲王者，徧求聞于古先哲王也。康保，與上文「保乂」同義。亦作「康乂」，下文「用康乂民作求」是也。

弘于天若德，〔一九〕裕乃身不廢在王命。」

弘，釋詁：「大也。」荀子富國篇作「弘覆乎天若」，以「若」字絶句。按酒誥「茲亦惟天若元德」，毛公鼎「告于先王若德」，「若」並善也，則當以「德」字絶句。又毛公鼎「俗我弗作先王憂」，「俗女弗以乃辟函于囏」，師訇敦「谷女弗以乃辟函于囏」，俗、谷即此文之「裕」，並假爲「欲」。命，宋本荀子引作「庭」。則「不廢在王命」，謂不廢在王庭，謂可承受王命，長在王庭，不至廢黜。舊以不廢王命釋之，非也。

王曰：「嗚呼，小子封！恫瘝乃身，敬哉！天畏棐忱，民情大可見，小人難保。

鰥，今本作「瘝」，後漢書章懷注作「矜」。按古鰥、矜通用，則本字當作「鰥」。恫，釋言：「痛也。」鰥，釋詁：「病也。」後漢書和帝詔曰：「朕寤寐恫矜。」是「恫鰥」爲憂懼之意。畏，風俗通、爾雅郭注、文選李注並作「威」。古畏、威通用，作「威」者是也。棐忱，風俗通作「棐諶」，即詩「其命匪諶」也。「匪諶」與下文「難保」義正相應。

往盡乃心，無康好逸，乃其乂民。

「逸」下今本有「豫」字，疑衍文也。漢書武五子傳：「毋桐好逸。」康、桐聲近，蓋今文「康」作「桐」，下無「豫」字。尚書中言逸者甚多，皆無「逸豫」連文。酒誥「不敢自暇自逸」，無逸「君子所其無逸」，又曰「先知稼穡之艱難乃逸」，多士「有夏誕厥逸」，僞孔傳並以「逸豫」釋「逸」字，則「豫」本傳文，後人誤以入經也。其，猶可也。乂，釋詁：「治也。」

我聞曰：『怨不在大，亦不在小。惠不惠，懋不懋。』

惠，釋言：「順也。」懋，説文作「㤫」，謂勉也。昭八年左傳作「茂」，古懋、茂通，皆謂勉也。惠不惠，懋不懋，蓋謂順其不順者，而勉其不勉者耳。

已！女惟小子，乃服惟弘王應保殷民，亦惟助王宅天命，作新民。」

服，詩箋：「事也。」按服，亦位也，職也。弘，與「助」相對成文。朱彬以「乃服惟弘王應保殷民」爲句，甚允。按「弘」疑「弜」之譌，唐寫本尚書殘卷釋文「弗」作「亞」，象兩弓相背，即説文之「弜」字，爲「弼」之本字。古弗、弼通用。詩采芑「簟茀魚服」，毛公鼎「茀」作「㢸」，即其證。弼、助對文，義相近也。應保，王引之謂廣雅：「應，受也。」周頌賚篇「我應受之」，襄十三年左傳「應受多福」，逸周書祭公解「應受天命」，「應」與「膺」同。周語：「膺保明德。」或直作「受」，士冠禮：「永受保之。」〔二〇〕或謂之「保受」，召誥：「保受王威命明德。」「應」與「容」一聲之轉，易臨象傳：「容保民無疆。」「應」與「承」聲相近。雒誥：「承保乃文祖受命民。」皆屬一語之轉。王説亦是也。宅，謂度也。無逸「天命自度」，是其義也。

王曰：「烏呼，封！敬明乃罰。

烏呼，潛夫論作「於戲」，〔二一〕今文尚書也。明，緇衣作「民」。古民、明聲近，故「民」與「萌」通。賈子大政：「民之爲言萌也。」楊震碑「黎民」作「黎萌」，皆其證矣。則「明」蓋「民」之假字也。〔二二〕

人有小罪，非眚，乃惟終，自作不典，式爾；有厥罪小，乃不可不殺。

非眚，潛夫論作「匪省」，並通假字。眚，過也。終，謂怙終不悛也。典，釋詁：「法也。」式，釋言：「用也。」爾，猶如此也。按用爾，與下文「適爾」相對成義，用之言因也。有，釋訓：「雖也。」

乃有大罪，非終，乃惟眚災，適爾。既道極厥辜，時乃不可殺。」

災，潛夫論作「哉」，古烖、災同字，故可通爲「哉」，「哉」乃「烖」之假也。堯典「眚災肆赦，怙終賊刑」，與此文正同。適，文選王命論注：「猶遇也。」蔡傳謂適偶如此，是也。既，假作「即」。道，與「終」古通。君奭「其終出于不祥」，今文「終」作「道」。終、極二字同義。極，表記注：「猶盡也。」辜，潛夫論作「罪」，訓故字也。

王曰：「烏呼，封！有叙時，乃大明服，惟民其勑懋和。

有，猶能也。禮記「知止而後有定，定而後能靜」，有、能對文，其誼同也。叙，釋詁：「順也。」時，猶是也。左傳、荀子引書「乃大明服」，並以「時」字上屬也。明服，謂明其職事也。勑，與「敕」同，字一作「勅」。釋詁：「勑，勞也。」荀子作「力」，義較長。懋，謂勉也。惟，猶則也。下二「惟」字同。王引之謂「爲」猶則也。爲、惟古通用。

若有疾，惟民其畢棄咎。

若，荀子作「而」。若、而，聲之轉也。按若有疾，與「若保赤子」對文成義。有，讀爲「爲」，治也。畢，釋詁：「盡也。」咎，廣雅：「惡也。」

若保赤子，惟民其康乂。

若，大學作「如」，義同。赤子，孟子「赤子匍匐將入井，非赤子之罪也」，趙注：「以赤子無知，故救之。」則赤子，謂無知之嬰兒也。康乂，與「保乂」同。一作「康保」，並一語之變也。

非女封刑人殺人，無或刑人殺人；非女封又曰劓刵人，無或劓刵人。」

又曰，黄以周謂「又」之言有，謂非女封有劓刵人之言，無或敢劓刵人，明小刑亦自女封主之也。按「有」與「又」古通用，黄説是也。劓，説文：「刑鼻也。」刵，説文：「割耳也。」王引之謂「刵」當作「刖」，形近而譌。吕刑五刑但有墨、劓、剕、宫、大辟，周禮秋官司刑同，而「剕」作「刖」。左傳言「刖」者五，言「劓」者一。初學記政理部引慎子説刑有鯨、劓、刖、宫，無言剕者。易困九五「劓刖」，虞翻注：「割鼻曰劓，斷足曰刖。」正與康誥「劓刖」同。説文「斀」字注引書「刖劓斀黥」，「刵」字亦作「刖」。夏侯等今文尚書作「臏宫劓」。臏爲去膝蓋，與刖同類，故今文作「臏」，古文作「刖」。猶剕辟之剕，今文作「臏」，周官作「刖」也。按王説詳覈，則疑「刖」之譌也。

王曰：「外事，女陳時臬司，師兹殷罰有倫。」

外事，與外正同。下文「越厥小臣外正」，「正」與「事」皆謂官也。酒誥「有正有事」，又曰「允惟王正事之臣」，皆以正、事並舉。按正，釋詁：「長也。」「事」與「吏」古同字，詩「三事大夫」，逸周書大匡解作「三吏大夫」，即其證也。「正」與「吏」，對文則别，散文則通也。故逸周書注：「三吏，三卿也。」以三卿之尊，亦通稱爲事。其他如言「御事」，亦謂執政之臣。此「外事」，王呼康叔也。周禮鄭注：「外朝，司寇聽獄蔽訟之朝也。」康叔爲司寇，故王以外事呼之。臬，廣雅：「法也。」司，古通作「事」。詩小雅「擇三有事」，毛公鼎「粵三有嗣」，嗣，古「司」字，是司、事通。下文「女陳時臬事」，是「臬司」即「臬事」，謂法事也。師，管子注：「法也。」倫，與「侖」同，說文：「理也。」

又曰：「要囚，服念五六日，至于旬時，丕蔽要囚。」

要，王師謂當讀爲「幽」。詩七月「四月秀葽」，夏小正「葽」作「幽」，是其證也。多方：「要囚殄戮多罪，亦克用勸。」又曰：「我惟時其戰要囚之。」要囚，並謂幽囚也。服，猶思也。詩關雎「寤寐思服」，是其義也。旬，十日也。周禮小司寇：「以五刑聽萬民之獄訟，附于刑，用情訊之；至于旬，乃蔽之。」即其制也。丕，猶乃也。蔽，周禮鄭注：「斷也。」左傳「蔽罪邢侯」，是其義也。

王曰：「女陳時臬事，罰蔽殷彝，用其義刑義殺，勿庸以次女封。

彝，釋詁：「法也。」罰蔽殷彝，與上文「師茲殷罰有倫」同意，謂以殷法斷罪耳。義，詩傳：「善也。」次，荀子作「即」。按次、即古通，說文「垐」古文作「堲」，是其證也。此文從「即」爲長。廣雅：「即，就也。」

乃女盡遜，曰時敘；惟曰未有遜事。

遜，荀子作「順」。詩箋：「遜，順也。」曰，與「越」同。曰時敘，猶言惟時敘也。時敘者，承順也。堯典「百揆時敘」，是其義也。下「遜」字謂遁也。釋言：「遜，遁也。」莊子：「古者謂之遁天之刑。」則遜事，亦猶言遁刑耳。

已！女惟小子，未其有若女封之心。朕心朕德，惟乃知。凡民自得罪，寇攘姦宄，殺越人于貨，

攘，猶盜也。越，與「于」同，猶其也。于，與「以」同。殺越人于貨，謂以貨殺其人也。江聲謂「于」猶取也。詩七月「晝爾于茅」，謂取茅也；「一之日于貉」，謂取貉也。其説亦通。

暋不畏死，罔弗憝。」

暋，釋詁：「强也。」謂彊禦也。憝，説文：「怨也。」引書「凡民罔不憝」。孟子亦云：「凡民罔不譈。」此疑脱「凡民」二字也。

王曰：「封，元惡大憝，矧惟不孝不友。

元，釋詁：「首也。」矧，王引之謂猶亦也。下文「不率大戛，矧惟外庶子訓人」，謂亦惟外庶子訓人也。下文「亦惟君惟長」，文義正相近。此文「矧惟不孝不友」，亦謂亦惟不孝不友也。孝友者，釋訓：「善父母爲孝，善兄弟爲友。」是也。

子弗祇服厥父事，大傷厥考心；于父不能字厥子，乃疾厥子。

祇，釋詁：「敬也。」服，與「艮」同，説文：「治也。」于，夏小正：「越，于也。」廣雅：「越，與也。」

是「于」亦「與」也。多方「不克敬于和」，謂不克敬與和也。下文「告女德之説，于罰之行」，亦謂與罰之行也。字，詩傳：「愛也。」疾，禮記少儀注：「惡也。」

于弟弗念天顯，乃弗克恭厥兄；兄亦不念鞠子哀，大不友于弟。

天顯，古語，多士「罔顧于天顯民祇」、酒誥「迪畏天顯小民」，皆其例也。詩敬之：「敬之敬之，天維顯思。」天顯，猶天明、天命也。鞠，釋言：「稚也。」哀，廣雅：「痛也。」王引之謂古音「哀」如「依」。依，隱也。無逸「愛知小人之依」，謂知小人之隱也。此文「鞠子哀」，亦謂鞠子之隱耳。周語「勤恤民隱」，韋注：「隱，痛也。」

惟弔茲不于我政人得罪，天惟與我民彝大泯亂，

惟，古與「雖」通。弔，釋詁：「至也。」不于我政人得罪，猶言不得罪于我政人。酒誥「人無于水監」，與此文法一例，皆倒文也。與，猶今言給也。民彝，猶言民則也。雒誥「聽朕教女于棐民彝」、詩「民之秉彝」，皆其義也。泯，亂也。逸周書祭公解「汝無泯泯芬芬」，孔晁注：「泯芬，亂也。」

曰：乃其速由文王作罰，刑茲無赦。

由，廣雅：「用也。」此言文王作罰，正以別于上文之殷罰也。

不率大戛，矧惟外庶子、訓人，惟厥正人越小臣諸節。

率，釋詁：「循也。」戛，正義：「楷也。」古楷、戛同聲，相通。皋陶謨「戛擊鳴球」，明堂位「戛」作「楷」；禹貢「三百里納秸」，釋文作「稭」，漢志作「戛」，是其證。此文「戛」，謂楷法也。矧，猶亦也。庶子，官名。燕義：「古者周天子之官，有庶子官。庶子官，職諸侯卿大夫士之庶子之卒，掌其戒令，與其教治。」周禮「諸子」，鄭注：「或曰庶子。」訓人，亦謂掌教人之官。惟，猶暨也。禹貢「羽毛齒革惟木」，是其例也。節，王師謂「節」古文作「卪」，「夷」古文作「𡰥」，兩形相似。諸節，疑即「諸夷」也。逸大誓「乃告司徒、司馬、司空諸節」，牧誓亦云「司徒、司馬、司空」，而未有庸、蜀、羌、髳諸夷，是諸節正與諸夷相當也。

乃別播敷，造民大譽。

別，猶徧也。播，說文：「布也。」敷，說文：「㪃也。」按播、敷亦雙聲連語，疑當讀爲「頗故」。禹貢「滎播既豬」，漢志「播」作「波」，是播、頗可通之證；「古」聲、「甫」聲，古時通用。故，即淮南原道訓「偶嗟智故」之故。頗、故，並姦邪之稱。造，釋詁：「爲也。」譽，假爲「荼」。孟子梁惠王「一游一豫」，昭二年左傳服注「豫」作「譽」；洪範「曰舒」，正義本「舒」作「豫」，是舒、譽古通之證；舒、荼古通用字，故洪範之「曰舒」，大傳又作「曰荼」也。一切經音義引廣雅：「荼，痛也。」

弗念弗庸，鰥厥君，時乃引惡，惟朕憝。已！女乃其速由茲義率殺。

念，說文：「常思也。」謂敬念之意。庸，釋詁：「勞也。」鰥，今本作「瘝」，亦當作「鰥」，釋詁：「病也。」引，釋詁：「長也。」率，法也。義率，猶上文「義刑」也。

亦惟君惟長不能厥家人，越厥小臣外正；惟威惟虐，大放王命，乃非德用乂。

能，猶善也。堯典「柔遠能邇」，是其義也。正，長也。外正，謂在外之正長。放命，古成語。堯典「方命圮族」，〔二三〕漢書作「放命」，是放命、方命，本一語也。孟子趙注：「方，猶逆也。」史記「方」作「負」。竊謂即詩韓奕「無廢朕命」之廢。金文以「灋」爲之，經典則以「方」「放」「負」爲之。用，讀爲「猶」。詩傳：「猶，可也。」又，釋詁：「治也。」

女亦罔不克敬典，乃由裕民，惟文王之敬忌，乃裕民。

典，釋詁：「法也。」由裕，王引之謂由、猷古字通。方言：「猷、裕，道也。東齊曰裕，或曰猷。」故分言曰猷、曰裕，合言曰猷裕，皆道也。敬忌，亦古語。顧命：「眇眇予末小子，〔二四〕其能而亂四方以敬忌天威。」吕刑：「敬忌罔有擇言在身。」又作「畏忌」，齊鎛「余彌心畏認」，邾公牼鐘「余畢龔威忌」，義並爲敬畏也。

曰：我惟有及，則予一人以懌。」

有及，承上文而言，謂有及文王之敬忌也。懌，釋詁：「樂也。」荀子君道篇作「擇」。古擇、懌通用字。

王曰：「封！爽惟民迪吉康，我時其惟殷先哲王德，用康乂民作求。

爽，發聲也。下文「爽惟天其罰殛我」，與此正同。王引之謂凡書言「洪惟」「爽惟」「丕惟」「誕惟」「迪惟」「率惟」，皆詞也。迪吉，即迪哲，一作「哲迪」。大誥「弗造哲迪民康」，與此同義。時，猶是也。求，與「逑」同。爾雅釋文：「逑，本作求。」詩傳：「逑，匹也。」大雅下武：「王配于京，世德作求。」作求，即作匹也。雒誥「其作周匹」，是其義也。

矧今民罔迪不適，不迪則罔政在厥邦。」

迪，釋詁：「道也。」適，廣雅：「善也。」釋詁：「往也。」疑從「善」義爲長。

王曰：「封！予惟不可不監，告女德之說于罰之行。

監，釋詁：「視也。」當以「監」字絶句，即論語「周監于二代」之意也。于，與「越」同，廣雅：「與也。」

今惟民不静，〔二五〕未戾厥心，迪屢未同；爽惟天其罰殛我，我其不怨。

戾，詩傳：「定也。」迪，讀爲「猶」，尚也。「罰殛」連文，「殛」亦猶罰也。釋言：「殛，誅也。」

惟厥罪無在大，亦無在多，〔二六〕矧曰其尚顯聞于天？」

尚，左傳杜注：「上也。」顯，廣雅：「明也。」

王曰：「封，敬哉！無作怨，勿用非謀非彝蔽時忱，丕則敏德。

非謀，謂不善之謀。非彝，與上文「自作不典」同。彝與典，皆法也。蔽，當作「敝」，詩敝笱釋文：「敗也。」此文疑以「勿用非謀非彝蔽時忱」爲句。忱，説文：「誠也。」丕則，語之轉詞也。無逸「時人丕則有愆」，又曰「否則侮厥父母」，並與此同。其義亦與「丕乃」一語相近，盤庚「迪高后丕乃崇降弗祥」，立政「丕乃俾亂相我受民」，亦皆承上之轉詞也。敏，説文：「疾也。」國語韋注：「達也。」周禮師氏以三德教國子，二曰「敏德以爲行本」，是其義也。

用康乃心，顧乃德，遠乃猷裕，乃以民寧，不女瑕殄。」

康，釋詁：「安也。」顧，讀爲「嘏」，大也。猷裕，道也。瑕，禮記聘義注：「玉之病也。」殄，周禮稻人注：「病也。」詩思齊「肆戎疾不殄，烈假不瑕」，殄、瑕並舉，與此相同。僖七年左傳「不女疵瑕」，「疵」亦病也。

王曰：「烏呼！肆女小子封，惟命不于常，女念哉！無我殄享。

肆，釋詁：「今也。」于，猶有也。墨子非命上引書仲虺之誥「我聞于夏」，非命下「于」作「有」，于、有一聲之轉。享，廣雅：「祀也。」

明乃服命，高乃聽，用康乂民。」

服，猶位也。服、命，並文。上文「乃大明服」，酒誥「明大命于妹邦」，以服、命分言可證。高，廣雅：

「敬也。」

王若曰：「往哉，封！勿替敬，典聽朕誥，女乃以殷民世享。」〔二七〕

替，釋詁：「廢也。」上文「爾亦罔不克敬典」，以「敬典」連讀，但酒誥「其爾典聽朕教」，又曰「女典聽朕毖」，則並以「典聽」連文。釋詁：「典，常也。」殷民，定四年左傳「分康叔以殷民七族」是也。

酒誥第十七

史記：周公旦懼康叔齒少，告以紂之所以亡者以淫于酒，酒之失，婦人是用，故紂之亂自此始。故謂之酒誥以命之。按論衡稱紂爲長夜之飲，呂覽稱殷人失日，殷人嗜酒特甚，周公懼民之化于惡俗，故作此以誥康叔也。韓非子引作「康誥」。蓋酒誥、梓材同爲誥康叔之詞，故書序亦同爲一序也。其作之時代，不可詳考。據篇首言「成王若曰」，而篇次召誥之前，或即在東征之後，營雒之前也。

成王若曰：「明大命于妹邦。

成王，今本無「成」字。按釋文：「馬本作『成王若曰』。」正義謂馬、鄭、王本以文涉三家，而有「成」字。三家謂今文尚書大、小夏侯及歐陽氏。是今古文同有「成」字。梅本删之，非也。且顧命稱成王崩，甫崩不得有謚。史記、大傳叙周公誡伯禽之語，兩稱成王。斯時成王尚生，則成王乃生前之稱，非死後之謚。梅氏不解此義，故妄去之也。妹，地名。按詩鄘風：「沬之鄉矣。」今河南淇縣有沬鄉，蓋即其地。左傳季札觀樂，工爲之歌邶、鄘、衛，而曰「吾聞衛唐叔、武公之德如是」。蓋邶、鄘有目無詩，鄘風亦衛之詩，沬本爲衛地也。

乃穆考文王，肇國在西土。

穆考，詩文王「穆穆文王」。穆，亦猶穆穆也。孫星衍以詩載見「率見昭考」，毛傳「昭考，武王也」，謂武王爲昭，則文王爲穆也。按廟中之有昭穆，疑非周初之制。詩、書所稱昭穆，皆美先王之辭。故穆王未死，適敦已稱爲「穆穆王」。又雒誥稱成王爲「昭子」，昭亦美稱，與廟中之昭穆無涉。肇，與「肁」同，説文：「始開也。」詩文王有聲：「作邑于豐。」豐地在今陝西咸寧，故謂之西土也。

厥誥毖庶邦庶士，越少正、御事，朝夕曰祀兹酒。

誥毖，謂誥戒也。漢衡方碑「毖」作「祕」。廣韻：「祕，告也。」毖、祕古通。正，釋詁：「長也。」少正，與康誥「小臣」略同，謂庶事之長，非秉正之大臣；左傳言少正公孫僑，家語魯有少正卯，並其例也。祀，俞樾謂乃「已」之假字。周易損初九：「已事遄往。」釋文：「已，虞作祀。」此假「祀」爲「已」之證。已兹酒者，止此酒也。按俞説未是，以下文考之，並非一律止酒。其祀之用酒，下有明文，則「祀兹酒」謂祀乃酒也。又，「曰」疑讀爲「于」。朝夕，猶言夙夜。周語：「夙夜，恭也。」似當以「朝夕于祀」爲逗。

惟天降命，肇我民，爲元祀。

降命，古成語。王師謂「天降命」，正與下文「天降威」相對爲文。多士：「天大降顯命于成湯。」天降命于君，謂付以天下。蓋降命皆有右助福祐之義也。至君降命于民，亦然。多士：「昔朕來自奄，予大降爾四國民命。」又曰：「乃有不用我降爾命。」其義亦無不有降福之意也。肇我民，與上文「肇國」同意。元祀，謂天子受命改元而後稱元祀。惟，玉篇：「爲也。」爲，與「作」同。雒誥「以功作元祀」，即其證也。

天降威，我民用大亂喪德，亦罔非酒惟行；越小大邦用喪，亦罔非酒惟辜。

威，謂威罰也。行，俞樾謂當爲「衍」字之誤。淮南泰族訓「不下廟堂而行四海」，今本「行」誤作「衍」，是其例矣。衍，讀爲「愆」，昭二十一年左傳「豐愆」，釋文：「愆本或作衍。」是「愆」與「衍」古字通。亦罔非酒惟愆，與下文「亦罔非酒惟辜」語意一律。按俞説未盡，古語辜亦作「行苦」，周禮鄭注：「謂物行苦者。」行苦，即此之「行辜」也。

文王誥教小子、有正、有事，無彝酒。

小子，太玄注：「謂百姓也。」有正、有事，謂官吏也。彝酒，韓非子説林：「常酒也。常酒者，天子失天下，匹夫失其身。」正申此經之旨。

越庶國飲，惟祀德將無醉。

祀，俞樾謂「已」之假字。古已、以通，惟已德將無醉，即梅傳所謂當以德自將，無令致醉也。按將，廣雅：「扶也。」扶之言持也。

惟曰我民迪小子，惟土物愛，厥心臧。

民，讀爲「敃」，説文：「彊也。」字一作「昬」，勉也。迪，道也。土物，洪範「土爰稼穡」，則即下文所謂黍稷也。臧，釋詁：「善也。」

聽德祖考之彝訓，越小大德，小子惟一。

彝，釋詁：「常也。」小大德，論語：「大德不踰閑，小德出入可也。」惟一蓋小德亦不踰閑矣。

妹土，嗣爾股肱。純其藝黍稷，奔走事厥考厥長，

嗣，疑當爲「司」。高宗肜日「王司敬民」，史記「司」作「嗣」，是司、嗣通也。司爾股肱，猶言作爾股肱也。肱，詩傳：「臂也。」純，當讀爲「諄」。詩抑篇「誨爾諄諄」，釋文：「諄本作訰。」中庸注引作「忳忳」，可證。說文：「諄，告曉之熟也。」當以「純其藝黍稷」爲句。藝者，種也。

肇牽車牛，遠服賈，用孝養厥父母；

肇，釋言：「敏也。」廣雅：「亟也。」服，釋詁：「事也。」謂服其事也。賈，白虎通：「行曰商，止曰賈。」用，猶以也。孝養二字，論衡引作「欽」，以「賈用」連文。論語爲政邢疏亦同，今不從。

厥父母慶，自洗腆致用酒。

慶，詩傳：「善也。」按周易兑象傳：「九四之喜，有慶也。」則「慶」亦喜也。洗腆，叠韻連語。洗，白虎通：「鮮也。」腆，說文：「設膳腆腆多也。」按「洗腆」古語，有豐善之意。詩新臺「籧篨不鮮」，又曰「籧篨不殄」，鄭箋：「殄當作腆，善也。」鮮殄，即此文之「洗腆」。致，說文：「送詣也。」用，一切經音義引

蒼頡云：「以也。」

庶士有正越庶伯君子，其爾典聽朕教。

有正，謂正長也。伯，說文：「長也。」君子，荀子大略篇注：「在位者之通稱。」典，釋詁：「常也。」

爾大克羞耇惟君，爾乃飲食醉飽。

羞，說文：「進獻也。」字一作「饈」。耇，釋詁：「老也。」與上文「厥考」「厥長」同義。惟，猶暨也。羞耇惟君，謂孝養其耇長與君上也。

丕惟曰爾克永觀省，作稽中德。

惟，王引之謂猶乃也。則丕惟，猶言「丕乃」矣。論語「吾日三省吾身」，是其義也。稽，說文：「留止也。」作、稽相對成義。中，穆天子傳注：「猶合也。」

爾尚克羞饋祀，爾乃自介用逸。

尚，猶常也，陳侯午錞「永爲典尚」，即假「尚」爲「常」之證。饋，周禮鄭注：「薦熟也。」介，與「匄」通。克鼎「用介康龢屯右眉壽永命霝終」，師奎父鼎「用匄眉壽黄耇吉康」，大司工簠「用匄眉壽」，詩七月「以介眉壽」，不嬰敦「用匄多福」，詩楚茨「以介景福」，皆介、匄相通之明證。廣雅：「匄，求也。」爾乃自介用逸者，爾乃自求用逸也。詩文王「自求多福」，文法與此同也。逸，吳語注：「樂也。」

兹乃允惟王正事之臣，兹亦惟天若元德，永不忘在王家。」

允，釋詁：「信也。」正事之臣，即上文「有正有事」也。元、德，并文。元，善也。皋陶謨「敦德允元」，可證。忘，與「亡」通。詩緑衣「曷維其亡」，謂曷維其忘也；大誥「兹不忘大功」，謂兹不亡大功也。此文「永不忘在王家」，謂永不亡在王家也。亡之言失也，猶言永不失在王家耳。

王曰：「封！我西土棐徂邦君御事小子，

棐，與「匪」通。棐徂，與周頌載芟「匪且有且」之「匪且」相同。古「徂」「且」亦通用字。毛傳：「且，此也。」蓋「徂」有往行之意，亦有不行之意。周易「其行次且」，釋文：「且本作趄，又作跙。」引王肅曰：「趑趄，行止之礙也。」是「且」有止礙不行之義。而「徂」與「趄」同，从彳、从走，其義無別。又如阻、沮皆从且，而有阻止不行之義，亦其證也。釋詁：「徂，存也。」存有止義，故徂可訓往，亦可訓止。往之意引申爲往日，止之意引申爲此時，正相同也。粊誓「徂兹淮夷、徐戎並興」，徂猶兹也。录卣「叡淮夷敢伐内國」，叡、且同字，亦謂兹也。然則「棐徂」，猶言在昔矣。棐徂，與下文「故我至于今」相對成義。

尚克用文王教，不腆于酒，故我至于今，克受殷之命。」

腆，疑讀爲「湎」。「腆」之爲「湎」，猶「腆」之爲「殄」也。下文「罔敢湎于酒」，又曰「乃湎于酒」，又曰「無辯乃司民湎于酒」，皆與此義同。下文「荒腆于酒」，亦猶言荒湎于酒也。説文：「湎，湛于酒也。」詩抑篇「荒湛于酒」，正與「荒湎」之義相當也。

王曰：「封！我聞惟曰在昔殷先哲王，迪畏天顯小民，經德秉哲。

惟，東京賦薛綜注：「有也。」惟曰，猶言「有曰」也。天顯小民，與多士「罔顧于天顯民祗」同意。詩敬之「敬之敬之，天維顯思」，此天顯之義也。無逸「治民祗懼，不敢荒寧」，此民祗之義也。經，孟子「經德不回」，注云：「經，行也。」秉，釋詁：「執也。」哲，説文作「悊」，謂敬也。

自成湯咸至于帝乙，成王畏相。

咸，釋詁：「皆也。」皆之言徧也。帝乙，史記：「帝乙崩，子辛立。」是帝乙即紂之父也。成王，謂有成德之王。成者，美稱，故湯亦稱成湯也。下文「惟助成王德顯」，成王亦謂賢王耳。詩昊天有成命「成王不敢康」，亦與此同。相，説文：「省視也。」畏相，猶言敬省，非輔相之謂也。

惟御事厥棐有共，不敢自暇自逸，矧曰其敢崇飲？

共，今本作「恭」。按書中「共」字，多遭衛包改爲「恭」，此亦當作「共」。棐，與「匪」同。厥非有共，謂無所供職之時也。暇，晉語注：「閒也。」逸，吴語注：「樂也。」崇，廣雅：「聚也。」

越在外服，侯、甸、男、衛、邦伯；

服，釋詁：「事也。」外服，與康誥「外事」同意。外服、外事、外正，同謂在外之官。白虎通「男」作

「任」、「邦」作「國」，此今文尚書也。

越在内服，百僚庶尹，惟亞惟服，宗工，越百姓里居：

僚，釋詁：「官也。」尹，釋言：「正也。」亞，次也，謂副貳之官，如亞旅之類也。服，亦事也。事、吏古同字。工，釋詁：「官也。」宗工，下文「越獻臣百宗工」，疑如漢人宗正之屬。里居，王師謂當爲「里君」之誤。史頌敦：「里君百生，師堣盩于成周，休有成事。」「百生」即百姓，則「里居」當即里君也。

罔敢湎于酒。不惟不敢，亦不暇。惟助成王德顯，越尹人祗辟。

成王，謂賢王也。尹，正也。尹人與正人同。康誥「惟厥正人」，洪範「凡厥正人」，皆其例也。祗，釋詁：「敬也。」辟，釋詁：「法也。」

我聞亦惟曰：在今後嗣王，酣身厥命，

亦惟曰，猶言亦有曰也。酣，廣雅：「樂也。」身，疑爲「信」之譌。古身、伸相通，荀子儒效篇「是猶傴伸而好升高也」，楊注：「伸讀爲身。」是其證也。釋名：「身，伸也。」白虎通：「申，身也。」亦伸、身聲義並近之證。古「伸」多作「信」，周易繫辭「引而伸之」，釋文：「伸本作信。」儀禮士相見禮「君子欠伸」，注云：「古文伸作信。」是其證矣。「伸」與「身」通，故「身」可通作「信」也。周禮大宗伯注：「信當爲身，聲之誤也。」則「身」亦當爲「信」聲之誤矣。酣信厥命，猶言迷信厥命也。西伯戡黎「我生不有命在天」，此酣信厥命之徵也。

罔顯于民祗，保越怨不易。

顯，猶祗畏也。多士「誕罔顯于天」，謂罔敬畏于天也；康誥「庸庸祗祗，威威顯民」，謂庸庸祗祗，威威以敬畏民也。此文「罔顯于民祗」，亦謂罔敬畏于民祗耳。詩敬之：「敬之敬之，天維顯思！」此顯之所以有敬畏之意也。保，詩傳：「安也。」易，齊語注：「變易也。」

誕惟厥縱淫泆于非彝，用燕喪威儀，民罔不盡傷心。

泆，釋文：「本又作逸，亦作佚。」唐石經作「佚」。古逸、佚、泆三字通用。廣雅：「佚，樂也。」非彝，猶言非法也。康誥「勿用非謀非彝」，是其義也。燕，後漢書鄭興傳注：「樂也。」詩箋：「飲也。」盡，説文：「傷痛也。」

惟荒腆于酒，不惟自息乃逸。

荒腆，猶言荒湎，詩抑篇「荒湛于酒」，是其義也。惟，釋詁：「思也。」乃，疑當爲「厥」之譌。盤庚「乃有不吉不廸」，左傳「乃」作「其」。「其」本「厥」之訓詁字，蓋「乃」亦作「厥」也。君奭「前人敷乃心」，「乃」亦「厥」之譌，謂前人敷厥心也。然則「自息乃逸」，當爲「自息厥逸」矣。息，詩傳：「止也。」逸，釋言：「過也。」

厥心疾很，不克畏死；辜在商邑，越殷國滅，無罹。

疾，詩箋：「害也。」很，說文：「盭也。」盭，古「戾」字。不克畏死，與康誥「敃不畏死」之義相同。克，猶肯也，克、肯古通用字。辜，周禮「殺王之親者辜之」，注云：「辜之言枯也，謂磔之。」荀子正論「斬斷辜磔」，楊注：「辜即枯也。」是辜猶言磔也。辜在商邑，謂其身死而磔之也。罹，詩傳：「憂也。」謂身死國滅而不憂，正敃不畏死之義也。

弗惟德馨香，祀登聞于天，誕惟民怨。

馨，說文：「香之遠聞者。」祀，俞樾謂「祀」當爲「已」之假字。古已、以通用，猶言弗聞德馨香以登聞于天也。按呂刑「罔有馨香德，刑發聞惟腥」，與此文「德馨香」正同，則「祀」之爲「已」，殆可信也。登，釋詁：「陞也。」

庶群自酒，腥聞在上，

自，正義謂俗本誤作「嗜」。按「自」疑「甘」之譌。「自」亦作「𦣹」。說文「𦣹」，亦自字也。魯、者、智諸字皆从「自」，吉金文則皆從「𦣹」，與从「甘」之曆、甚字所从之「甘」相同。是古字「自」與「甘」相同，故致互譌也。淮南覽冥篇注：「甘，猶耆也。」故甘酒又可作「嗜酒」也。僞五子之歌「甘酒嗜音」，恐即竊取此文。自「甘」譌作「自」，而義遂不可通。甘之言酣也。應劭謂不醒不醉曰酣。腥，周語注：「臭惡也。」

故天降喪于殷，罔愛于殷，惟逸。天非虐，惟民自速辜。」

逸，釋言：「過也。」亦謂樂也。謂惟此逸樂之過耳。

王曰：「封！予不惟若茲多誥。古人有言曰：『人無于水監，當于民監。』

予不惟，與下文「予惟曰」相對成義。君奭「予不允惟若茲誥，予惟曰襄我二人，女有合哉」，文法與此一例。惟，釋詁：「思也。」監，釋詁：「視也。」人無于水監，當于民監，猶言人無監於水，當監于民。中論正作「人毋鑒于水，鑒于人也」。高晉生謂「于」與「以」通，謂人無以水監，當以民監，亦勝。

今惟殷隊厥命，我其可不大監撫于時？

隊，今本作「墜」，當本爲「隊」，說文：「從高隊也。」撫，文選神女賦序注：「覽也。」則監撫，猶言監覽也。左傳「入則監國，出則撫軍」，監、撫同義。

予惟曰：女劼毖殷獻臣，

劼，說文：「慎也。」言慎戒，則有誥教之意。上文「厥誥毖庶邦庶士」，與此同意。按劼毖，疑亦「誥毖」之譌。古吉、告相通，禮記緇衣注：「尹吉，亦尹告也。」又曰：「吉，當爲『告』。告，古文『誥』，字之誤也。」周禮大宗伯「以吉禮事邦國之鬼神示」，注云：「故書『吉』或爲『告』。」是其證也。又「詰」與「誥」亦通。周易姤：「后以施命誥四方。」釋文：「鄭作『詰』。」漢書刑法志集注：「詰，或作『誥』。」然則「誥」之譌爲「劼」，亦如「誥」之爲「詰」、「告」之爲「吉」矣。獻臣，猶言遺臣也。逸周書作雒解：「俘殷獻民于九畢。」注云：「獻民，士大夫也。」是獻臣、獻民，當非賢臣、賢民明矣。説文：「欁，伐木餘也，一作蘖。」是「獻」與「蘖」聲意相近。詩碩人「庶姜孼孼」，韓詩作「⿰車獻⿰車獻」。吕覽過理篇注：「櫱當爲⿰車獻。」又曰：「蘖與⿰車獻，其音同耳。」説文：「櫱，庶子也。一曰餘子。」在木爲蘖，在人爲孽。獻臣之義，正取諸孽餘也。舊以賢釋之，非矣。

侯、甸、男、衛，矧大史友、内史友，越獻臣、百宗工；

矧，猶又也。下文：「矧惟爾事服休服采。」又曰：「又惟殷之迪諸臣惟工。」矧惟，與「又惟」同也。友，謂僚友也。詩吉日「或群或友」，士喪禮「僚友群士也」，是其義矣。蓋大史、内史之官僚友甚多，故呼之曰大史友、内史友；猶毛公鼎之言「大史寮、内史寮」也。

矧惟爾事，服休、服采；

爾事，與上文「御事」「有事」相同，即指下文服休、服采言之也。服休、服采，二官名。鄭謂服休，燕息之近臣；服采，朝祭之近臣。按服，釋詁：「事也。」休，説文：「息止也。」采，魯語「天子大采朝日，少采夕月」，注引虞説：「大采，衮職也；少采，黻衣也。」則服采當是主掌朝服之官，與周官司服相似矣。

矧惟若疇，圻父薄違，農父若保，宏父定辟；

疇，釋文：「本或作壽。」按詩閟宮「三壽作朋」，晉姜鼎「三壽是利」，三壽猶言三老，即指圻父、宏父也。若壽，與上文「爾事」相對成文。圻父，謂司馬。詩傳：「圻父，司馬也，職掌封圻之兵甲。」是其證。薄，左傳杜注：「迫也。」詩六月「薄伐玁狁」，是其義也。違，白帖及群經音辨作「韋」，謂「韋，違行也，音回」。按詩傳：「違，回也。」是「違」謂回邪之人，司馬主薄伐之也。農父，謂司徒。周禮大司徒「辨十有二壤之物而知其種，以教稼穡樹蓺」。是其證。吉金文「司徒」皆作「嗣土」，正以其主農事也。若，堯典「疇若予工」，若，善也。保，說文：「養也。」周禮大司徒「以保息六養萬民」，鄭注：「保息，謂安之使蕃息也。」按「保」之本義爲保養，教以農事使養其生，故謂之保息也。宏父，謂司空。宏，古讀爲「紘」。考工記鄭司農注：「宏，讀爲紘紘之綖。」是其證。淮南原道篇注：「紘，網也。」謂網之大繩。又通作「閎」，釋宮：「閎，衖頭門也。」是厷爲大義。「宏」从厷从宀，當訓爲大室，與「紘」爲大繩、「閎」爲大門一例，不得專爲大義。司空主作宮室，故以宏父稱之，宏謂大室也。詩緜篇：「乃召司空，乃召司徒，俾立家室。」是司空主作宮室之證。吉金文皆作「嗣工」，工謂百工。周禮大宰注：「工，作器物者。」是也。辟，釋詁：「法也。」法謂建築造作之法式也。

矧女剛制于酒。

矧，猶「又」也。剛，說文：「彊斷也。」制，王制鄭注：「斷也。」

厥或告曰群飲，女勿佚，盡執拘以歸于周，予其殺。

佚，與「失」通。成二年公羊傳釋文：「佚一作失。」即其證。說文：「失，縱也。」拘，說文引作「拘獻」。按「拘」與「拘」形近而譌，從「拘」爲長。大徐本説文無「獻」字，疑本無「獻」字也。

又惟殷之迪諸臣惟工，乃湎于酒，勿庸殺之，姑惟教之。

迪，王引之謂爲語中助詞。按「迪」疑假爲「有」。盤庚「女萬民乃不生生暨予一人猷同心」，「猷」本當作「有」。迪、猷古通用。之迪，即若有也。惟工，俗本誤作「百工」。按惟，猶暨也。謂殷之諸臣暨諸工也。

姑，詩傳：「且也。」

有斯明享，乃不用我教辭，惟我一人弗恤，弗蠲乃事，時同于殺。」

享，疑爲「諄」之省假。說文：「諄，告曉之熟也。」詩抑篇釋文引埤蒼曰：「諄，告曉之熟。」後漢班彪傳注：「諄誨，謂殷勤教告也。」此文上言明諄，下言教辭，辭亦告也，其爲「諄」蓋無疑義矣。恤，釋詁：「憂也。」蠲，釋詁：「明也。」時，猶是也。

王曰：「封！女典聽朕毖，勿辯乃司民湎于酒。」

毖，謂誥毖也。辯，廣雅：「使也。」古「辯」與「俾」通。書序「俾榮伯作賄肅慎之命」，馬本「俾」作「辨」，即其證也。

梓材第十八

史記：「周公旦懼康叔齒少，爲梓材，示康叔，可法則。」按大傳以梓材爲周公告伯禽與康叔之作，考之經文，全不相協。伏生之說，未可從也。梓，釋文亦作「杍」。楚語韋注：「杞梓，良材也。」此取篇中「若作梓材」一語以爲名也。

王曰：「封！以厥庶民暨厥臣，達大家；以厥臣達王，惟邦君。

達，說文：「通也。」謂通達下情于上也。大家，孟子「爲政不難，不得罪于巨室」，巨室與大家同，皆謂秉政大臣也。中庸「敬大臣也，體群臣也，子庶民也」，與此文之次相反，而義相似。

女若恒越曰：我有師師、司徒、司馬、司空、尹旅，曰：

若，猶其也。昭元年左傳「子若勉之以勸左右可也」，王引之以「若」爲「其」，是也。恒，釋詁：「常也。」越，晉語「而越于民」，韋注：「揚也。」古「揚」與「颺」通。皋陶謨「拜手稽首颺言」，又曰「工以納言，時而颺之」，颺謂颺舉于上，越亦謂揚達于上也。「有」與「友」通。論語「有朋自遠方來」，釋文：「有，本作友。」荀子大略「友者，所以相有也」，楊注：「友與有同義。」左傳「是不有寡君也」，「有」當作「友」。

皆有、友相通之證。大誥「肆予大化誘我友邦君」，亦以「我友」連文也。師師，廣雅：「衆也。」旅，釋詁：「衆也。」此官名，如牧誓「亞旅」之類也。

予罔厲殺人。亦厥君先敬勞，肆徂厥敬勞；

厲，襄十三年左傳「戮殺不辜曰厲」，是也。按「予罔厲殺人」以下，係代康叔叙其臣之辭，舊爲王言非也。徂，釋詁：「往也。」

肆往姦宄殺人歷人宥，肆亦見厥君事戕敗人宥。

歷，當作「鬲」。大誥「大歷服」，三體石經「歷」作「鬲」，可證。盂鼎「人鬲自馭至于庶人六百又五十又九夫」，人鬲實即民獻，獻即孽字，民孽謂奴虜之民。「姦宄殺人歷人宥」，與下文「戕敗人宥」相對爲文，其義亦相同也。按戕敗人宥，論衡效力作「彊人有」，戕、彊聲近，今文無「敗」字。宥，當從今文作「有」。姦宄殺人歷人有，即殺人取人貨之意。人有，謂人所有也。下「肆」字疑因上文而衍，上兩句以「亦」「肆」對文可證。

王啓監，厥亂爲民。

啓，廣雅：「開也。」開義與立同。酒誥「肇我民」，即詩烝民之「立我烝民」。肇，猶啓也。周禮大宰「立其監」，注謂公、侯、伯、子、男各監一國，是也。論衡作「賢」，形近而譌。厥亂爲民，論衡作「其率化民」。

王引之謂「爲」者，「化」之假字；「亂」者，「率」之假字也。「爲」與「化」，古皆讀爲「訛」。「亂」字古音在元部，「率」字古音在術部。古元、術二部，音讀相通。若今文尚書呂刑「其罰百率」，古文尚書作「百鍰」，是其例也。又君奭「厥亂明我新造邦」，厥率明我新造邦也。雒誥「亂爲四輔」，率爲四輔也。又曰「亂爲四方新辟」，率爲四方新辟也。「亂」與「率」同爲語詞，而無實義。按隸古定本「率」字作「[illegible]」，亦作「[illegible]」，三體石經「亂」字作「[illegible]」，二字蓋以形近混。「率」之言用也。厥率化民，猶言乃用化民也。王師謂「王啓監」以下，明是臣下對王之言，此上疑有脱文。竊謂「王啓監」以下，蓋爲康叔答王之辭，其上闕脱若干字，不可考矣。

曰：無胥戕，無胥虐，至于敬寡，至于屬婦，合由以容。

胥，釋詁：「相也。」敬，當作「鰥」。呂刑「哀敬折獄」，大傳「敬」作「矜」，漢書于定國傳作「鰥」，是其證矣。大傳：「老而無妻謂之鰥，老而無夫謂之寡。」是今文正作鰥寡也。屬，説文作「嫋」，謂婦人妊身也。小爾雅：「妾婦之賤者謂之屬婦；屬，逮也。逮婦之名，言其微也。」按「逮」與「隸」同，其義似較妊婦之説爲長。由，道也。容，畜也。周易師象傳「君子以容民畜衆」，〔二八〕是其證。

王其效邦君越御事，厥命曷以引養引恬？

效，廣雅：「教，效也。」則效亦謂教也。引，釋詁：「長也。」恬，説文：「安也。」

自古王若兹監，罔攸辟。

若兹監，猶言若監于兹也，與酒誥「人無于水監，當于民監」句法正同。辟，詩板篇「民之多辟」，釋文：「邪也。」古邪僻字止作「辟」。攸，讀爲「有」，言無有邪僻耳。

惟曰：若稽田，既勤敷菑，惟其陳修爲厥疆畎；

稽，周禮質人注：「治也。」按稽乃「耤」之假，廣雅：「耤，種也。」集韻：「耤，一作稓。」敷，詩傳：「布也。」説文：「播，一曰布也。」是「敷」猶播也。菑，説文：「才耕田也。」惟，猶乃也。陳，與「甸」通。周禮稍人注引詩「維禹甸之」，「甸」作「敶」，謂敶，甸，治也。疆，説文：「界也。」畎，説文作「𡿨」，謂溝澮也。

若作室家，既勤垣墉，惟其斁塈茨；

垣，説文：「牆也。」吴語：「君有短垣而自踰之。」墉，釋宫：「牆謂之墉。」詩良耜：「其崇如墉。」是墉高大而垣卑短。〔二九〕馬謂卑曰垣，高曰墉，是也。斁，今本作「塗」。按正義謂二文皆言「斁」即古「塗」字，是本作「斁」字明矣。説文作「𢿱」。後漢張衡傳注：「斁，古度字。」中論引作「塗」，蓋今文作「塗」。釋名：「塗，杜也，杜塞孔穴也。」杜，與「𢿱」通。柴誓「杜乃擭」，説文「杜」作「𢿱」，是其證也。塈，説文：「仰涂也。」此謂仰塗之物。茨，説文：「以茅葦蓋屋也。」

若作梓材，既勤樸斲，惟其塗丹雘。〔三〇〕

樸，説文：「木素也。」按「樸」當作「戣」。宗周鐘「戣伐𠂤都」，「戣」即伐也。斲，廣雅：「斫也。」雘，説文：「善丹也。」

今王惟曰：「先王既勤用明德，懷爲夾，庶邦享作，兄弟方來。

懷，釋詁：「來也。」夾，一切經音義引蒼頡曰：「輔也。」享，釋詁：「獻也。」作，如「任土作貢」之作，「作享」與「作貢」之義同也。兄弟方，三字連文。王師謂如易之「不寧方」、詩之「不庭方」，「方」謂國也。按易言「高宗伐鬼方」，詩言「徐方既來」，「方」皆謂國也。

亦既用明德，后式典集，庶邦丕享。

后，釋詁：「君也。」堯典「群后四朝」，則「后」謂諸侯也。典，釋詁：「常也。」集，釋言：「會也。」「丕」與「式」相對成義，猶言乃也。裴學海謂「式」與「載」通，詩蕩篇「式呼式號」，崧高「式遄其行」，「式」並猶乃也。

皇天既付中國民，越厥疆土于先王。肆王惟德用，和懌先後迷民，

付，説文：「與也。」馬本作「附」，同聲通假字。肆，釋詁：「今也。」懌，詩傳：「悦也。」釋文：「一作斁。」亦同聲通假字。迷，釋言：「惑也。」

用懌先王受命。

懌，疑假作「繹」。方言：「繹，長也。」王師謂君奭「天不庸釋于文王受命」，「庸釋」與「用懌」皆古通用字，自當爲一語。多方「非天庸釋有夏，非天庸釋有殷」，則「庸釋」俱爲舍棄不顧之意，與此處之義不合，疑有脱文。竊謂師説少拘，此文自順，與多方等篇不同。

已！若茲監。惟曰：欲至于萬年，惟王子子孫孫永保民。」

已，歎詞也。康誥「已！女惟小子」，與此正同。

校勘記

〔一〕「孑」字舊誤「子」，據周禮原書改正。

〔二〕「共」諸本作「恭」，此亦作者有意而改。

〔三〕「傅」字舊誤「傳」，據史記原書改正。

〔四〕「注」，當作「疏」。

〔五〕「曆」字舊誤「歷」，今改正。

〔六〕「奧」字諸本作「燠」，此作者有意而改。

〔七〕「如」字舊誤「加」，據左傳原書改正。

〔八〕「段」字舊誤「叚」，今改正。

〔九〕「狄人」字舊誤「夷狄」，據公羊傳原書改。

〔一〇〕「段」字舊誤「叚」，今改正。

〔一一〕「歷」字舊作「厤」，據諸本改正字。注内同。

〔一二〕「翋」字舊誤「翊」，據下文改。

〔一三〕「釋文」字舊誤「釋言」，據引文考釋文原書改。

〔一四〕「害」，諸本作「曷」。注内及後文皆同。

〔一五〕「底」字舊誤「庢」，今改正。下同。

〔一六〕「古通」二字舊倒，今乙正。

〔一七〕「玐」今或隸「揚」。

〔一八〕「弘」字舊作「宏」，據原詩改。

〔一九〕「弘」字舊作「宏」，據諸本改。

〔二〇〕「永」上舊衍「字辭」二字，今删。

〔二一〕「潛」字舊誤「僭」，今改正。

〔二二〕「明」「民」二字舊互誤，今易正。
〔二三〕「圮」字舊誤「圯」，今改正。
〔二四〕「子」字舊誤「予」，今改正。
〔二五〕「不」字舊誤「未」，據諸本改。
〔二六〕「亦」字舊脱，據諸本增。
〔二七〕「殷」字舊誤「朕」，今改正。
〔二八〕「象」字舊誤「衆」、「君」舊誤「天」，據周易原書改。
〔二九〕「墉」字舊誤「庸」，據上下文改。
〔三〇〕「塗」字舊作「斁」，據諸本改。

尚書覈詁　卷四

周書下

召誥第十九

史記：「周公行政七年，成王長；周公反政成王，北面就群臣之位。成王在豐，使召公復營雒邑，如武王之意。周公復卜申視，卒營築，居九鼎焉，曰：『此天下之中，四方入貢，道里均。』作召誥、雒誥。」按史遷以作雒誥在成王七年，其説是也。雒誥末書「惟七年」，而召誥有月無年，蓋即因雒誥而省略也。大傳謂周公攝政五年營成周，七年致政，殆不可從。

惟二月既望，越六日乙未，王朝步自周，則至于豐。

望，釋名：「月滿之名，月大十六日，小十五日。日在東，月在西，遥相望也。」按「既望」，古人紀日之名，自十六日至二十三日，皆可通稱爲既望。此文既望，則專指第一日；所謂越六日乙未，則既望之第六日也。朝，釋詁：「早也。」步，説文：「行也。」周，馬謂鎬京，是也。豐，説文作「酆」，謂「周文王所都，在京兆杜陵西南」。按史記索隱：「後武王都鎬，於豐立文王廟。」則至豐，乃以告文王之廟也。

惟大保先周公相宅。

大保，即召公。大傳「使召公先相宅」，是其證也。相，釋詁：「視也。」宅，釋言：「居也。」

越若來三月，惟丙午朏，越三日戊申，大保朝至于雒，〔一〕卜宅。

越若，猶及也。逸武成「粤若來二月」，與此同。來，釋詁：「至也。」朏，說文：「月未盛之明，从月、出。」按康誥馬注：「魄，朏也，謂月三日，始生兆朏，名曰魄。」是「朏」殆亦謂月三日，與哉生魄同。魄，即金文之「霸」。雒，唐石經以下均作「洛」。按周禮天官序注作「雒」，古雒與洛爲二水，作「洛」者非也。

厥既得卜，則經營。

卜，後漢班固傳注作「吉卜」，蓋依僞孔傳增「吉」字也。經，詩傳：「度之也。」營，詩箋：「表其位也。」詩靈臺「經之營之」，是其義也。

越三日庚戌，大保乃以庶殷，攻位于雒汭。

庶，釋古：「衆也。」殷，謂殷獻民也。攻，詩傳：「作也。」位，逸周書作雒解「乃位五宮、大廟、宗宮、考宮、路寢、明堂之位」，是也。汭，方言注：「水口也。」此謂雒水入河處也。

越五日甲寅，位成。若翌日乙卯，〔二〕周公朝至于雒，則達觀于新邑營。

若，猶及也。成二年左傳「病未及死」，晉語作「病未若死」，是其證矣。達，說文：「通也。」營，說文：

「帀居也。」漢書楊雄傳注謂圍守也，蓋謂經營之區域。周禮鄭注：「兆爲壇之營域。」是也。

越三日丁巳，〔三〕用牲于郊，牛二。

巳，説文作「亥」。按漢書、白虎通並作「巳」，「亥」疑譌字也。郊，逸周書：「乃設丘兆于南郊，以祀上帝，配以后稷。」按漢書郊祀志：「祭天于南郊，就陽之義也；瘞地于北郊，即陰之象也。」又曰：「郊處各在聖王所都之南北。書曰：『越三日丁巳，用牲于郊，牛二。』」是以爲郊祀天地，非止上帝矣。

越翌日戊午，乃社于新邑，牛一、羊一、豕一。

社，昭二十九年左傳：「后土爲社。」孝經：「社爲土神。」按白虎通：「人非土不立，非穀不食。」又曰：「故封土立社，示有土尊。稷，五穀之長，故封稷而祭之也。尚書曰：『乃社于新邑。』」則以社兼社稷言之，舉社以賅稷也。

越七日甲子，周公乃朝用書命庶殷侯、甸、男邦伯。

書，謂役書也。蓋謂以役書令于諸侯。昭三十二年左傳：「士彌牟營成周，計丈數，揣高卑，度厚薄，仞溝洫，物土方，議遠邇，量事期，計徒庸，慮材用，〔四〕書餱糧，以令役于諸侯。」即其例也。

厥既命殷庶，庶殷丕作。

殷庶，謂殷衆也。丕，與「既」相對爲文，猶言乃也。禹貢「三危既宅，三苗丕叙」，與此正同。作，漢書禮樂志注：「謂有所興起也。」

大保乃以庶邦冢君，出取幣；乃復入錫周公，

幣，謂玉帛也。錫，猶獻也。古者下奉上通謂之錫。禹貢「九江入錫大龜」，即其例也。

曰：「拜手稽首，旅王若公；誥告庶殷，越自乃御事。

旅，釋詁：「陳也。」若，後漢陳忠傳注：「及也。」按詩思齊鄭箋引書無「自」字，蓋鄭本無「自」字也。大誥：「越爾御事。」「乃」與「爾」同，是當作「越乃御事」爲長。

烏呼！皇天上帝改厥元子茲大國殷之命；惟王受命，無疆惟休，亦無疆惟恤。烏呼！曷其奈何弗敬？

元，廣雅：「長也。」休，釋詁：「慶也。」恤，釋詁：「憂也。」曷，廣雅：「何也。」其，猶爲也。

天既遐終大邦殷之命；茲殷多先哲王在天，越厥後王後民，茲服厥命，

遐，釋詁：「遠也。」遠之，則棄之也。詩汝墳「不我遐棄」，是其義也。服命，古成語，「服」猶受也。康誥「明乃服命」、下文「有夏服天命」、又曰「有殷服天命」，皆其例也。茲，與「斯」同。

厥終智藏鰥在；夫知保抱攜持厥婦子，以哀籲天，

鰥，今本作「瘝」，按本當作「鰥」，爾雅郭注正作「鰥」。釋詁：「鰥，病也。」夫，昭七年左傳「故夫和致

死焉」，杜注：「人欲致死討紂。」則「夫」猶言人也。籲，説文：「呼也。」

徂厥亡，出執。

徂，疑「阻」之假字。莊子則陽釋文：「徂本作阻。」是阻、徂可通。晉語注：「阻，古詛字。」然則「阻厥亡」者，猶言詛其亡也。出執，同門裴学海先生謂即「槷鼿」，説文：「槷鼿，不安也。易曰『槷鼿』。」一作「杌隉」，古杌、柮通用。如左傳之「檮杌」，説文作「檮柮」，即其證。隉、槷古亦通用。是也。

烏呼！天亦哀于四方民，其眷命用懋。王其疾敬德！

眷，説文：「顧也。」懋，疑「茂」之假字。詩傳：「茂，美也。」其眷命用懋，與皋陶謨「天其申命用休」同意，「用」之言以也。疾，釋詁：「速也。」

相古先民有夏，天迪從子保，面稽天若；今時既墜厥命。

相，釋詁：「視也。」先民，禮記坊記注：「謂上古之君也。」迪，猶所也。子，王引之謂當讀若「慈」。古字「子」與「慈」通。墨子非儒「不可使慈民」，晏子外篇「慈」作「子」。周語：「慈保庶民，親也。」是「慈保」連文之證。按王説是也。昭三十二年左傳：「姑慈而從。」是「從」與「慈」亦義相近。然「從子」合音爲「慈」，疑乃「不可」爲「叵」、「之乎」爲「諸」之類。面，當讀爲「勔」。釋詁：「勔，勉也。」稽，廣雅：「合也，當也。」天若，古語。康誥「宏于天若」，酒誥「茲亦惟天若元德」，皆其例也。

今相有殷，天迪格保，面稽天若；今時既墜厥命。

格，假爲「嘉」。詩「假樂」，孟子作「嘉樂」；又淮南主術「假輿馬者，足不勞而致千里」，注：「假或作駕。」足證假、嘉古通，則「格」可爲「嘉」也。

今沖子嗣，則無遺壽耇，曰其稽我古人之德，矧曰其有能稽謀自天？

無遺壽耇，漢書孔光傳作「無遺耇老」，顏師古謂不遺老成之人也。按「壽耇」與「耇老」，形義並近。遺，祭義釋文：「棄忘也。」詩谷風「棄予如遺」，是其義也。言耇老能稽古人之德者亦不之遺棄，况彼能稽謀自天者乎？

烏呼！有王雖小，元子哉！其丕能諴于小民，今休。

元子，與上文「天既改厥元子」之義相同，謂受天命爲天子也。諴，説文：「和也。」休，釋詁：「美也。」

王不敢後，用顧畏于民碞。

後，説文：「遲也。」遲與上文「王其疾敬德」相反成義。多士「朕不敢有後」，與此正同。説文引書「畏于民碞」，似以「顧」字絶句。按「顧」與畏義同，多士「罔顧于天顯民祇」，即謂罔畏于天顯民祇也。二字同義，故得連文，非以「顧」字絶也。碞，俞樾謂説文：「碞，磛碞也。周書曰『于民碞』，讀與『巖』同。」又曰：「嵒，多言也。从品相連。春秋傳曰『次于嵒北』，讀與『聶』同。」而王應麟困學記聞、藝文志考二書皆云說文「顧畏于民喦，多言也」，與說文不合。疑王氏所見說文與今本不同。其「喦」篆下引春秋傳「次于碞北」，而云讀與「巖」同；其「碞」篆下引周書「畏于民碞」，〔五〕而云讀與「聶」同，此蓋許君之真本也。「喦」字與「碞」相似。說文：「喦，山巖也，从品、山。讀若吟。」今釋文：「五咸反，徐又音吟。」可知古本有作「喦」者。雖同是誤本，而作「喦」之本視作「碞」之本又爲古矣。夫「碞」爲磛碞，則春秋之碞北，蓋以其地在山巖之北而得名。「喦」爲多言，則尚書之「畏于民喦」，即詩所謂「畏人之多言」也。

王來紹上帝，自服于土中。

紹，史記集解引郭璞曰：「紹介，相佑助者也。」古紹、詔、昭，並有右助之意。釋詁「詔」與「助」同。文侯之命「克左右昭事厥辟」，詩大明「昭事上帝」，「昭」並謂助也。自，鄭謂用也。按「自」與「由」通，故得訓爲用也。服，與「艮」同，說文：「治也。」土中，謂雒，居天下之中也。

旦曰：『其作大邑，其自時配皇天，毖祀于上下。

旦，周公名。此召公叙其言也。曲禮君前臣名，故稱周公之名。毖，猶告也。毖祀，亦古語。雒誥「予沖子夙夜毖祀」，「毖祀」亦謂告祀。祀有祝辭，故亦謂之告。金縢「乃告大王、王季、文王」，是也。其義與今言禱告相同。

其自時中乂。』王厥有成命治民，今休。

中，即上文所謂「土中」也。乂，釋詁：「治也。」雒誥「其自時中乂，萬邦咸休」正與此同。厥，釋言：「其也。」成命，猶言休命。詩周頌「昊天有成命」，多士「乃大降顯休命于成湯」，其義相近也。

王先服殷御事，比介于我有周御事。

服，說文：「用也。」逸周書職方解注：「言服王事也。」比，廣雅：「近也。」介，足利古本作「迩」。按「迩」，古文「邇」，古尒、介以形近相譌。莊十八年穀梁傳「不使戎邇于我也」，釋文：「邇本作介。」又十九年傳「不以難邇我國也」，釋文：「邇本又作介。」皆其證也。邇，釋詁：「近也。」因邇、介可通，故「介」亦可訓爲近。文十五年穀梁傳「不以難介我國也」，注云：「介，猶近也。」僞孔傳訓「介」爲近，正與彼同。其本字當作「邇」爲長。比邇，與「密邇」同。說文：「比，密也。」吳語「密邇于天子」，是其義也。

節性，惟日其邁。

節，釋名：「有限制也。」周禮「以節民性」，是其義也。邁，左傳「皋陶邁種德」，杜注：「邁，勉也。」其本字當作「勱」。說文：「勱，勉力也。」立政「用勱相我國家」，是也。

王敬作所，不可不敬德。我不可不監于有夏，亦不可不監于有殷。

所，一切經音義引三蒼云：「處也。」論語「居其所而衆星共之」，大誥「天閟毖我成功所」，皆其義也。監，後漢崔駰傳作「鑒」，古通用字也。

我不敢知曰有夏服天命，惟有歷年；

服命，古語，猶言受命也。康誥「明乃服命」上文「茲服厥命」，皆其例也。歷，釋詁：「艾也。」詩傳：「艾，久也。」是「歷」亦猶久也。

我不敢知曰不其延。惟不敬厥德，乃早墜厥命。

「不其」亦古語。盤庚「不其或稽」，左傳「秦不其然」，皆其例也。延，釋詁：「長也。」

我不敢知曰有殷受天命，惟有歷年；我不敢知曰不其延。惟不敬厥德，乃早墜厥命。今王嗣受厥命，我亦惟茲二國命，嗣若功。

嗣，釋詁：「繼也。」若，王念孫謂猶其也。昭元年左傳「子若勉之，以勸左右，可也」，謂子其勉之也。又二十六年傳「君若待于曲棘，使群臣從魯君以卜焉」，謂君其待于曲棘也。

王乃初服。烏呼！若生子，罔不在厥初生，自貽哲命。

初服，謂初服天命也。論衡率性作「今王初服厥命」，是其證也。生子，論衡謂十五，子初生，意於善，終於善；意於惡，終於惡。按白虎通：「八歲入小學，十五入大學。」王充蓋以「生子」謂入大學之始。此蓋今文家說，然經義恐未嘗確指何年也。貽，當作「詒」。詩小明「自詒伊戚」，與此意正相反。釋言：「詒，遺也。」哲，與「悊」通，大戴記注：「明也。」

今天其命哲，命吉凶，命歷年，知今我初服宅新邑。

初服，與上文「王乃初服」同。宅，釋言：「居也。」

肆惟王其疾敬德，王其德之用，祈天永命。其惟王勿以小民淫用非彝，亦敢殄戮用乂民，若有功；

祈，説文：「求福也。」永，釋詁：「長也。」淫，吕覽高注：「過也。」「用」之言以也。乂，釋詁：「治也。」康誥「乃非德用乂」，其義與此正同。若，小爾雅：「乃也。」周語引書「必有忍也，若能有濟也」，韋注：「若，猶乃也。」是其證矣。

其惟王位在德元，小民乃惟刑用于天下，越王顯。

元，釋詁：「善也。」臯陶謨「惇德允元」，此「德元」之義也。刑，釋詁：「常也。」多方「厥民刑用勸」，亦謂厥民常用勸也。越，與「聿」通，猶今言於是也。顯，釋詁：「光也。」

上下勤恤，其曰我受天命，丕若有夏歷年，式勿替有殷歷年。欲王以小民，受天永命。」

恤，釋詁：「憂也。」丕，猶乃也。式，釋言：「用也。」替，釋言：「廢也。」

拜手稽首曰：「予小臣敢以王之讎民百君子越友民，保受王威命明德。

讎，釋詁：「匹也。」讎民，即指百君子。禮記鄭注：「君子，謂卿大夫也。」此謂卿大夫爲王之讎匹，亦猶酒誥以「若疇」稱三公也。雒誥：「其作周匹。」成王稱周公爲周匹，亦其證也。友，與「有」通。有民，與皋陶謨「予欲左右有民」正同。

王末有成命，王亦顯。我非敢勤，惟恭奉幣，用供王能祈天永命。」

末，逸周書孔晁注：「終也。」勤，說文：「勞也。」

雒誥第二十

史記以召誥、雒誥作在成王七年。大傳與鄭氏雖以召誥爲五年事，而於雒誥之時代，則無異辭。按禮記明堂位、漢書王莽傳、韓詩外傳及後漢書李注，皆以爲周公攝政七年。此爲致政成王之事，與大傳及鄭説相同。逸周書明堂解、韓非説難、淮南齊俗，並有周公攝政七年之説。馬亦謂「惟七年，周公攝政，天下大平」。但此篇紀雒邑告成，成王在新邑舉行改元之禮，既無攝政之事，亦無致政之文。攝政之説，蓋由誤解篇末「惟周公誕保文、武受命惟七年」一語，以爲係周公攝政之明證。王師近據吉金文字，作雒誥解，謂古人紀年之法，每有上紀事下紀年者，如餘尊「惟王來正人方，惟王廿又五祀」是也。此文「惟周公誕保文、武受命」，紀周公受命留雒之事。惟七年，乃紀成王即位之七年，以示别于改元後之元年而已。由此可知各書皆誤。攝政之説既無所據，致政之誤自無庸辯矣。

周公拜手稽首曰：「朕復子明辟。

復，周禮鄭司農注：「謂奏事也。」辟，釋詁：「君也。」子與明辟，同指成王，古人自有複語。立政「告嗣天子王矣」，又曰「咸告孺子王矣」，皆其明證。舊以爲還明辟之政于成王，非也。

王如弗敢及天基命、定命，予乃胤保大相東土，其基作民明辟。

如，左傳服注：「而也。」而，猶女也。弗敢，文選李注作「不敢」。王師謂「弗敢」，猶言弗敢弗也。下文成王曰：「公不敢不敬天之休。」蓋君臣互相歸美，此當是省「弗」字耳。及，荀子儒效篇注：「繼也。」繼之言承也。基，釋詁：「始也。」詩昊天有成命：「成王不敢康，夙夜基命宥密。」基命，蓋謂始受天命。周受天命已久，至是復言基命者，文王受命，僅有西土；武王伐紂，天下未寧而崩；至周公克殷踐奄，東土大定，作新邑于雒以治東諸侯。周之一統，自成王始也。胤，釋詁「繼也。」保，即大保。召誥「大保先周公相宅」，是其證也。

予惟乙卯，朝至于雒師。

乙卯，召誥「若翌日乙卯，周公朝至于雒」是也。師，大傳：「古者處師，八家而爲鄰，三鄰而爲朋，三朋而爲里，三里而爲邑，十邑而爲都，十都而爲師，三十有二師焉。」按師，釋詁：「衆也。」蓋都市之大者，即可謂大師，故王京謂之京師。彔卣「女其以成周師氏戍于𠧟𠂤」。「𠂤」即師字。〔六〕則他地亦可稱師，不必王京矣。

我卜河朔黎水；我乃卜澗水東、瀍水西，惟雒食；我又卜瀍水東，亦惟雒食。

河朔，河北也。黎水，未詳。通考：「衛河、淇水合流至黎陽故城，爲黎水。」按黎陽故城，在今河南濬縣東北，或即黎水故域也。食，僞孔傳：「卜必先墨畫龜，然後灼之，兆順食墨。」按周禮占人：「凡卜，君占體，大夫占色，史占墨，卜人占坼。」卜雒爲王者之事，而云食墨，似未洽也。俞樾謂周易井初六象傳「井泥不食」，李氏集解引虞注：「食，用也。」衛策「始君之所行於世者，食高麗也」，高注：「食，用也。」老子「而貴食母」，河上公注：「食，用也。」是「食」可訓用，言「食」則皆所用也。按「食」亦「事」之假，事，猶治也。鄭謂：「我以乙卯日至于洛邑之衆，觀召公所卜之處，皆可長久居民，使服田相食。」瀍水東既成，名曰成周，今洛陽縣是也。召公所卜處，名曰王城，今河南縣是也。按鄭解「食」義甚迂曲，不可從。其以「卜」爲召公之卜，則是也。召誥周公至雒并無改卜之文，是其明證。此周公代表召公以復命于王，故混合言之。但鄭意以成周別于召公所卜之處，似以瀍水東爲周公所卜。竊謂此說未確。此文卜澗水東瀍水西，與卜瀍水東，即言卜雒一事，故兩文皆曰「惟雒食」。卜瀍水之東西，即所以卜雒也。蓋即瀍水之西卜之，以雒爲吉；又即其東卜之，亦以雒爲吉。此即召誥「厥既得卜，則經營」之事，何得於召公所卜外，另有所卜乎？且鄭以瀍水東爲成周，西爲王城，本漢志爲說。竊疑漢志以成周爲居殷頑民之地，王城爲周公所營之都，其說亦大謬。昭三十二年左傳：「昔成周合諸侯，城成周以爲東都，崇文德焉。」說苑：「昔周成王之卜居成周也。」昭二十六年公羊傳：「成周者何？東周也。」何休注：「名爲成周者，周道始成，王所都也。」是並以成王爲周公所營之東都，非僅居殷頑民之地。且彝器所載宗周，皆指鎬京；而言成周，皆指東都。季娟鼎「三月，王在成周」，盂爵「隹王初賁于成周」，皆謂東都也。蓋殷頑所遷，即在成周附近，古時並無二名。王城之名，始于平王東遷以後，實即成周。昭二十三年左傳：六月「甲午，王子朝入于王城，次于左巷。秋七月戊申，鄩羅納諸莊宮」。又二十六年傳：十一月「癸酉，王入于成周。甲戌，盟于襄宮」，「十二月癸未，王入于莊宮」。兩云莊宮，實即一地，皆即漢志雒陽之成周也。至河南之王城，始于西周桓公。史記「考王封其弟于河南，是爲桓公」，是也。至王赧徙都西周，始有王城之名。史記「王赧時，東、西周分治，周赧徙都西周」，是也。故漢志之王城，實爲西周君之都邑，與周公所營東都無涉也。

伻來以圖，及獻卜。」

伻，群經音辨作「平」，又通作「抨」。釋詁：「抨，使也。」伻來，使王來也。圖，詩傳：「謀也。」

王拜手稽首曰：「公不敢不敬天之休，來相宅，其作周匹休。

休，釋詁：「美也。」匹，詩傳：「配也。」作周匹，謂作周輔也。召誥：「其自時配皇天。」蓋公之作配于周亦猶王之作配于天也。

公既定宅，伻來。來視予卜休，恒吉。我二人共貞。

伻來，即上文「伻來以圖」也。來，謂王自來也。視，詩箋：「古示字。」貞，馬謂當也。古「貞」與「鼎」同字。小徐本說文：「古文以貞爲鼎，籀文以鼎爲貞。」今考吉金文「鼎」字，杞伯鼎作「鼑」，穸鼎作「貞」，夜君鼎作「鼑」，皆即後世之貞字，是其證也。漢書匡衡傳注：「鼎，猶當也。」與馬說合。

公其以予萬億年，敬天之休，拜手稽首誨言。」

億，與「意」同。説文：「十萬曰意。」拜手稽首，王自叙上文之拜手稽首，非有二拜也。誨，説文：「曉教也。」

周公曰：「王肇稱殷禮，祀于新邑，咸秩無文。

肇，釋詁：「始也。」稱，與「偁」同，説文：「舉也。」殷，説文：「作樂之盛曰殷。」易豫象傳「先王以作樂崇德，殷薦之上帝」，鄭注：「殷，盛也。」殷禮，一曰宗禮，下文「四方迪亂未定于宗禮」是也。殷取盛意，宗取尊義，蓋謂祭天改元之大禮。下文「以功作元祀」，即其事也。鄭謂不使成王即用周禮，仍今用殷禮者，欲待明年即政，告神受職，當後頒行周禮。此誤解「殷」字之意，殆不可從。成王即位已七年矣，而曰肇稱殷禮，豈平日固不沿用殷禮乎？若謂「殷禮」爲專指殷人祀天改元之禮，則其他殷人之禮，將皆不能目爲殷禮耶？竊恐鄭氏無説以解此也。文，王引之謂當讀爲「紊」。紊，亂也。盤庚：「若網在綱，有條而不紊。」釋文：「紊，徐音文。」是紊與文古同音，故假「文」爲「紊」。按王説是也。

予齊百工，伻從王于周，予惟曰庶有事？

齊，楚辭釋文：「整齊也。」〔七〕工，詩傳：「官也。」伻，猶使也。周，謂宗周鎬京也。庶，猶庶幾也。論語「回也其庶乎？」周易繫辭傳：「顏氏之子，〔八〕其殆庶幾乎？」是其證矣。有事，謂祀事也。成十三年左傳：「國之大事，在祀與戎。」又僖九年曰：「天子有事于文、武。」有事，即謂祀事矣。蓋周公本意欲百工從王行禮于宗周也。

今王既命曰：記功宗，以功作元祀。

記功，謂記成雒邑之功也。宗，孝經：「宗祀文王于明堂，以配上帝。」按宗禮，似即上文之殷禮。下文「四方迪亂未定于宗禮」，又曰「惇宗將禮」，是其證也。元，詩傳：「大也。」元祀，即祭天改元之大禮，大傳所謂「改正朔，立宗廟」是矣。

惟命曰：女受篤弼，丕視功載，乃女其悉自教工。

篤，釋詁：「厚也。」魯語注：「厚，大也。」秦策注：「厚，猶大也。」墨子經上：「厚，有所大也。」是「厚」有大義。篤，亦猶言大也。詩公劉「篤公劉」、大明「篤生武王」，「篤」皆應訓大。大者，辭也。此「篤弼」，亦謂大弼。丕，亦大也。視，即示也。詩鹿鳴「視民不恌」，鄭箋：「視，古示字。」即其證。載，詩傳：「事也。」教工，大傳作「學功」，謂學、效也。按廣雅：「教，效也。」工，當從大傳作「功」。昭三十二年左傳「而效諸劉子」，國策「願效之王」，「效」皆謂致也、獻也。效功，令公效雒邑之功以示天下也。

孺子其朋，孺子其朋，其往！

其，猶之也。孺子其朋，謂孺子之朋也。康誥「朕其弟」，謂朕之弟也。多士「罔不配天其澤」，謂無不配天之澤也。古者稱臣或曰友，或曰朋，或曰疇，或曰匹，其義一也。其往，即下文「如予惟以在周工往新邑」

是也。

無若火始燄燄，厥攸灼，叙弗其絶。

燄，説文：「火行微始燄燄然也。」漢書梅福傳作「庸庸」，左傳杜注作「炎炎」，皆「燄」之假字。灼，文選射雉賦徐注：「盛貌也。」叙，釋詁：「緒也。」其，猶之也。謂火之灼明，則緒不可絶。盤庚「若火之燎于原，不可鄉邇，其猶可撲滅」，正與此同，皆謂惡之易也。疑宗周舊臣亦有不願往新邑者，故周公以此警之。

厥若彝及撫事。

厥若，古成語，立政「我其克灼知厥若」、康王之誥「用奉恤厥若」，皆其例也。厥若，與「天若」疑爲一語。召誥「面稽天若」，若，善也。彝，釋詁：「常也。」及，讀爲「宜」，吕刑「何度非及」，史記「及」作「宜」，即其證。撫，楚辭王注：「循也。」〔九〕事，荀子楊注：「行也。」

如予惟以在周工往新邑，伻鄉即有僚，明作有功，

如，猶而也。周工，謂在宗周之百官也。伻，猶使也。鄉，今本作「嚮」。按古嚮、饗字皆止作「鄉」。即，與「則」通。秦策「此則君何焉」，史記「則」作「即」；史記蘇秦傳「與則無地以給之」，〔一〇〕韓策「則」作「即」，即其證也。此文當作「則」爲長。「則」之言法也。嚮則，謂嚮法也。酒誥：「越尹人祇辟。」字異義同也。「有僚」字當作「友」。古友、有通，友僚，猶言僚友也。明，猶勉也。下文「公明保予沖子」，亦謂公勉保予沖子也。

惇大成裕，女永有辭。」

惇，釋詁：「厚也。」裕，方言：「道也。」有辭，古成語。多士：「大淫泆有辭。」又曰「罔非有辭于罰。」呂刑：「罔差有辭。」又曰：「鰥寡有辭于苗。」皆其例也。按「有辭」之義，皆謂罪辭。多士「大淫泆有辭」，謂大淫泆有罪辭也；又曰「罔非有辭于罰」，謂無非有可罰之罪辭也。呂刑「罔差有辭」，謂無過而加以罪辭也；又曰「鰥寡有辭于苗」，謂以苗有罪辭也。僖十年左傳「欲加之罪，其無辭乎？」是「有辭」之義也。然與此文上下文義不洽，此文「辭」疑爲「嗣」之假字。説文：「嗣，籀文辭。」是辭、嗣古同字。吉金文「司」字皆作「嗣」，是「有嗣」即有司也。廣雅：「有司，臣也。」毛公鼎「粤三有嗣」，亦「有辭」連文之證。此謂女永有所司守，即康誥「永不忘在王庭」之意。

公曰：「已！〔一一〕女惟沖子，惟終。女其敬識百辟享，〔一二〕亦識其有不享。

惟終，勉其善終也。詩蕩篇：「靡不有初，鮮克有終。」故公以惟終爲言也。辟，釋詁：「君也。」百辟，謂諸侯也。詩烈文「百辟其刑之」，是也。享，釋詁：「獻也。」此因諸侯來助祭，而行享禮也。

享多儀，儀不及物，惟曰不享。惟不役志于享。

享多儀者，禮器：「大饗，其王事與？三牲魚腊，四海九州之美味也；籩豆之薦，四時之和氣也；內金，示和也；束帛加璧，尊德也；龜爲前列，先知也；金次之，見情也；丹、漆、絲、纊、竹、箭，與衆共財也；其餘無常貨，各以其國之所有，則致遠物也。」是其物與儀皆甚多，故曰享多儀也。儀不及物，鄭謂貢篚多而威儀簡，是也。惟，東京賦薛注：「有也。」惟曰，謂有曰也。役，周禮小宰注：「謂使用也。」蓋不用心于禮，則禮儀有失；禮儀失，則不敬，故曰不享也。

凡民惟曰不享，惟事其爽侮，

爽，詩傳：「差也。」侮，淮南說林注：「猶病也。」

乃惟孺子頒。朕不暇，聽朕教女于棐民彝，女乃是不蘉，乃時惟不永哉！

頒，說文作「攽」，謂分也。按「頒」假爲「叛」，古頒、班通用，班亦與叛通。周禮司士注：「故書版爲班。」鄭司農云：班，書或爲版。」版、叛同聲，是「班」可爲「叛」也。于，以古通。棐，與「匪」同。棐民彝，即謂非彝也。蘉，馬謂勉也，鄭、王並同。

篤叙乃正父，罔不若予，不敢廢乃命。

篤，猶大也。正，釋詁：「長也。」父，亦謂百官之長。酒誥所謂圻父、農父、宏父是也。謂女之正父，皆如予不敢廢女之命也。

女往，敬哉！兹予其明農哉！彼裕我民，無遠用戾。」

明農，大傳：「餘子出學，傳農事。上老平明坐于右塾，庶老坐于左塾。」蓋謂退老之意。按明、農皆勉也，古明、勉通。廣雅：「農，勉也。」字假爲「努」。彼，謂上文「篤叙乃正父」之正父也。裕，方言：「道也。」無遠，猶言極遠，謂無遠于此者。戾，釋詁：「至也。」論語「近者悦，遠者來」，是其義也。

王若曰：「公明保予冲子；公稱丕顯德，以予小子揚文、武烈，奉答天命，和恒四方民。

明，亦謂勉也。稱，説文：「揚也。」烈，釋詁：「業也。」答，猶對也。恒，疑當爲「順」。莊子盜跖「而恒民畜民」，釋文：「恒民，一作順民。」是其證也。大傳作「和恒萬邦四方民」，今文多「萬邦」二字也。

居師，惇宗將禮，稱秩元祀，威秩無文。

師，謂雒師也。宗，即上文「記功宗」，下文「未定于宗禮」是也。將，詩箋：「助也。」文，亦「紊」之假字，謂無紊亂也。

惟公德明光于上下，勤施于四方，方作穆穆。御衡不迷文、武勤教。〔一三〕

方作，今本作「旁作」，蓋從今文也。古方、旁同字，皆謂溥也。穆穆，釋詁：「美也。」三國志裴注：「御衡不迷。」蓋以「穆穆」絶句也。御，説文：「使馬也。」荀子楊注：「制也。」衡，漢志：「所以任權而均物平輕重也。」〔一四〕御衡，蓋謂柄政之意。迷，釋詁：「惑也。」當以「御衡不迷文、武勤教」爲句，謂不失文、武之勤教也。

予小子夙夜毖祀。」

毖祀，古成語。召誥「毖祀于上下」，是其義也。疑與今言禱告同意。

王曰：「公功棐迪篤，罔不若時。」

棐，釋詁：「俌也。」按棐、輔一聲之轉，此假棐爲「輔」耳。迪，釋詁：「道也。」篤，釋詁：「厚也。」

王曰：「公，予小子其退，即辟于周，命公後。

即，謂就也。辟，釋詁：「君也。」即辟，謂還就君位也。周，謂宗周。命公後，命周公留守雒邑也。

四方迪亂，未定于宗禮，亦未克敉公功。

迪，與「猶」通。四方迪亂，猶言四方尚亂也。敉，說文：「讀若『彌』。」詩傳：「彌，終也。」

迪將其後監我士師工，誕保文、武受民，亂爲四輔。」

迪，猶言用也。士師工，皆謂官也。受民，古成語。立政「丕乃俾亂相我受民」，又曰「以乂我受民」，下文「承保乃文祖受命民」，蓋謂所受于天之民也。亂，猶率也。梓材「厥亂爲民」，謂厥率爲民也；下文「亂爲四方新辟」，謂率爲四方新辟也。率者，詞之用也。四輔，文王世子：「虞、夏、商、周有師、保，有疑、丞，設四輔。」是以師、保、疑、丞爲四輔也。按皋陶謨「欽四鄰」，大傳謂前曰疑、後曰丞、左曰輔、右曰弼。是四鄰當即四輔，而與禮記之名不同者二。疑四鄰、四輔本泛指左右大臣，非有一定之官。此說經者各以意爲說耳。

王曰：「公定，予往已。公功肅將祇歡，公無困哉！

定，釋詁：「止也。」已，詞之終也。肅，釋詁：「速也。」祇，釋詁：「敬也。」歡，説文：「喜樂也。」謂公功行將敬悦于天下，與上文「亦未克敉公功」之意蓋相應也。困哉，漢書元后傳、杜欽傳及劉昭祭祀志注並作「困我」，逸周書祭公解作「困我哉」。按古文作「哉」，今文作「我」，明以形近而譌，逸周書疑傳合二説爲之也。困，管子中匡注：「困滯，謂疲羸微隱者也。」莊子列禦寇注：「困畏，怯弱者也。」是「困」有疲弱之義。疑從「困哉」爲長。

我惟無斁，其康事；公勿替刑，四方其世享。」

斁，説文：「解也。」謂懈怠也。「公」與「我」相對爲文。替，釋言：「廢也。」刑，釋詁：「法也。」

周公拜手稽首曰：「王命予來承保乃文祖受命民，越乃光烈考武王弘朕恭，〔一五〕孺子來相宅。

「祖」與「考」相對爲文，則文祖謂文王也。烈，釋詁：「光也。」朕，莊寶琛謂當作「訓」。説文：「佚，古文以爲訓字。」尚書當是本作「佚」，後改作「朕」字耳。按大傳：「以揚武王之大訓。」或「朕」即「佚」之譌，亦未可知。共，猶奉也。

其大惇典殷獻民，亂爲四方新辟，作周恭先。

惇典，皋陶謨：「五典五惇哉。」蓋謂使之惇五典之教耳。殷獻民，謂殷遺民也。酒誥「女劼毖殷獻臣」，亦謂殷遺臣也。亂，猶率也。辟，釋詁：「君也。」恭先，古成語。禹貢「祗台德先」，下文「作周孚先」，文法正一例也。

曰：其自時中乂，萬邦咸休，惟王有成績。

中乂，謂中天下而治也。召誥：「其自時中乂，王厥有成命治民，今休。」義與此同。績，釋詁：「功也。」

予旦以多子越御事，篤前人成烈，答其師，作周孚先。

多子，猶言多士也。篤，猶厚也。烈，釋詁：「光也。」師，釋詁：「衆也。」蓋即上文所謂受命民也。孚，釋詁：「信也。」

考朕昭子刑，乃單文祖德。

考，釋詁：「成也。」昭子，與文祖對文。昭者，美稱。昭子，謂成王也。刑，釋詁：「法也。」單，說文：「大也。」謂予能成女之法度，乃能光大文王之德也。

伻來毖殷，乃命寧予以秬鬯二卣。

伻，猶使也。毖，謂誥也。酒誥「厥誥毖庶邦庶士」，是其義也。寧，釋詁：「安也。」詩葛覃「歸寧父母」，是其義也。秬，說文：「黑黍也。一稃二米以釀也。」鬯，說文：「以秬釀鬱草，芬芳攸服以降神也。」

卣，釋器：「中尊也。」

曰：明禋，拜手稽首休享。

禋，周語「精意以享」也。鄭謂明禋者，六典成祭于明堂，告五帝、大皞之屬也。按明禋，即指上文秬鬯而言，謂秬鬯爲明禋之器耳。休，釋言：「慶也。」享，釋詁：「獻也。」此王命使者慶獻于公也。

予不敢宿，則禋于文王、武王。

不敢宿，謂即日也。公受王秬鬯之賜，乃以之禋祭于文、武，示不敢自受也。

惠篤叙，無有遘自疾。

惠，與「惟」聲近相通。酒誥：「予不惟若兹多誥。」君奭：「予不惠若兹多誥。」是「惠」與「惟」同。襄二十六年左傳服注：「惠、伊，皆發聲。」按古書維、伊同爲語詞，無「惠」作發聲者，則「惠」亦當爲「惟」也。遘，説文：「遇也。」金縢「遘厲虐疾」，義與此同。

萬年厭于乃德，殷乃引考。

厭，説文：「飽也。」馬謂飫也，義與飽同。引，釋詁：「長也。」考，疑當作「定」。禮記檀弓注：「考或爲定。」是其證也。謂殷乃長定也。

王伻殷乃承叙萬年，其永觀朕子懷德。」

敘，釋詁：「順也。」懷，釋詁：「思也。」詩板篇：「懷德維寧。」是其義也。

戊辰，王在新邑，烝，祭歲。文王騂牛一，武王騂牛一。

戊辰，漢志：「十二月戊辰晦，周公以反政。」是戊辰爲十二月晦日也。烝，釋天：「冬祭曰烝。」騂，周禮牧人注：「牲赤色也。」

王命作册逸祝册，惟告周公其後。

作册逸，王師謂作册，官名；逸，人名。顧命「命作册度」，畢命序「康王命作册畢分居里，成周郊」。彝器多稱「作册某」，或云「作册内史某」，或但云「内史某」。其長云「作册尹」，亦曰「内史尹」，亦單稱「尹氏」，皆掌册命臣工之事。此云「作册逸」，猶他書云史佚、尹佚矣。祝册，謂以册祝之。金縢「史乃册祝曰」，義正同也。告，謂以周公留守雒邑之事告之文、武也。

王賓殺禋，咸格。

王賓，王師謂文王、武王死而賓之，因謂之賓。卜文屢云「卜貞王賓某某」，「王賓」下皆殷先王名。知此「王賓」即謂文、武矣。殺，謂殺牲也。禋，周禮鄭注：「禋之言煙。周人尚臭。煙，氣之臭聞者也。」蓋煙謂實牲于柴而燎之，使其煙上升也。逸武成「燎于周廟」、堯典「禋于六宗」，〔一六〕又曰「至于岱宗，柴」，皆即此也。格，釋詁：「至也。」詩抑篇：「神之格思。」此謂文、武來格也。

王入大室祼。王命周公後，作册逸誥。

大室，鄭注：「明堂中央室也。」祼，説文：「祭也。」此文祼在神降後，與後世漢以降神之禮别也。古祼、灌通用，皆謂歆神也。王命周公後者，上文既面命之，此復因告廟而以册命之，重其事也。誥，謂誥之天下也。

在十有二月，惟周公誕保文、武受命，惟七年。

誕保文、武受命，與上文「承保乃文祖受命民」，同意。此謂周公受命留雒之事，前人以爲攝政者，非也。惟七年，成王即位之七年。明成王改元在前之七年也。

多士第二十一

史記：「成王既遷殷頑民，周公以王命告，作多士。」按鄭謂成王元年，周公自王城初往成周之邑，用成王命告商王之衆士，以撫安之。鄭用大傳攝政之說，則元年即改元雒邑之年，疑實即成王之七年也。且以本經證之，惟三月周公初于新邑雒，當是召誥乙卯至雒之三月，無疑。且曰昔朕來自奄，大傳以周公踐奄在攝政三年，實即成王即位之三年。此爲七年之事，語氣亦正相合。惟魯世家以多士作在周公奔楚之後，謂周公恐成王壯，治有所淫泆乃作多士、作毋逸。其實奔楚即踐奄也。

惟三月，周公初于新邑雒，用告商王士。

于，詩箋：「往也。」王士，逸周書世俘解「癸丑薦殷俘王士百人」，則王士蓋猶春秋言「王人」也。下文「爾殷遺多士」，亦即此王士也。

王若曰：「殷遺多士，弗弔旻天，大降喪于殷。

旻天，釋天：「秋曰旻天。」馬謂「秋曰旻天，秋氣殺也，方言降喪，故稱旻天」，是也。詩節南山「不弔旻天，亂靡有定」，與此同義。

我有周佑命，將天明威，致王罰，勑殷命終于帝。

佑，當作「有」。金縢「敷佑四方」，盂鼎作「匍有四方」，即其證也。詩文王：「天監在下，有命既集。」又曰：「有命自天。」西伯戡黎：「我生不有命在天？」此「有命」之義也。將，詩箋：「猶奉也。」明威，古成語。皋陶謨「天明威自我民明威」，吕刑「德威惟畏，德明惟明」，下文「惟天明畏」，皆其例也。「明威」本係一義：明言德，威言罰也。此文則專取威罰之意，正如盤庚「顛越不共」專取顛義；無逸「厥口詛祝」，專取詛義之例也。〔一七〕致，説文：「送詣也。」致王罰，謂致王以天罰也。下文「我乃明致天罰」，又曰「予亦致天之罰于爾躬」，皆其明證。勑，當作「敕」，古與「飭」通。漢書楊惲傳注：「飭與敕同，並謂令也，告也。」帝，謂上帝。下文「惟帝不畀」，又曰「則惟帝降格」，又曰「亦罔敢失帝」，皆謂上帝之證。勑殷命終于帝，猶言告殷命終于天也。

肆爾多士，非我小國，敢翼殷命，

翼，今本作「弋」。按釋文馬本作「翼」，正義謂鄭、王本作「翼」，馬、王謂取也，鄭謂猶驅也，則本當作「翼」，而讀爲「弋」耳。管子侈靡注：「弋，取也。」弋即「隿」之假字。説文：「隿，繳䠶飛鳥也。」

惟天不畀，允罔固亂，弼我；我其敢求位？

畀，釋詁：「予也。」允，猶用也。固，國語韋注：「安也。」亂，釋詁：「治也。」下之「惟天不畀，不明厥德」，與此義同。江聲、王鳴盛據書古文訓固作「怘」，左傳有「毋怙亂」之語，謂當作「怙」。不知薛書之無據更勝僞孔傳也。弼，說文：「輔也。」

惟帝不畀；惟我下民秉爲，惟天明畏。

秉，釋詁：「執也。」秉爲，謂所執行，所作爲也。畏，與「威」古同。皋陶謨「天明威自我民明威」，正與此合。

我聞曰：上帝引逸，有夏不適逸；則惟帝降格，鄉于時夏。

上帝，論衡自然篇謂虞舜也。按上文「惟帝不畀」，下文「則惟帝陟格」，皆謂上帝，此何能謂爲上世之帝王？詩大明「上帝臨女，無貳爾心」，下文「惟時上帝不保，降若茲大喪」，則上帝之非虞舜，無待辯矣。引，素問五常政大論「是謂收引」，王注：「引，斂也。」引之本義爲伸，此相反爲訓也。逸，釋言：「過也。」適，猶往也。鄉，今本作「嚮」。按古嚮、饗字通作「鄉」，當本作「鄉」。鄉，應訓饗神之饗，此謂帝之來饗也。詩烈祖：「以假以享。」假，即此文降格；享，即鄉也。此叙夏之先世，非謂桀也。

弗克庸帝，大淫泆有辭，

庸，猶用也。弗克用帝，謂不用帝命也。下文「殷王亦罔敢失帝」，謂不敢失帝命也。泆，釋文：「又作佾。馬本作屑，謂過也。」按失、佾古音同部相通。敦煌石室本凡泆、佚、佾字通作「佾」，即其明證。屑、佾皆从旨，兩从尸與从人同，〔一八〕蓋本一字也。有辭，古語，謂有罪辭也。僖十年左傳：「欲加之罪，其無辭乎？」有辭之義也。

惟時天罔念聞，厥惟廢元命，降致罰，

天罔念聞，謂置之不念不聞，與上文「降格來鄉」之意正相反也。元命，謂享國之大命。呂刑「自作元命」，詩蕩篇「大命以傾」，並其義也。〔一九〕

乃命爾先祖成湯革夏，俊民甸四方。

革，詩傳：「更也。」俊，皋陶謨鄭注：「才過千人曰俊。」按俊民爲賢人之通稱，洪範「乂用明，俊民用章」，又曰「乂用昏不明，俊民用微」，君奭「明我俊民」，皆其證也。甸，詩傳：「治也。」

自成湯至于帝乙，罔不明德恤祀。

恤與「卹」通，謂敬慎也。邾公釛鐘「用敬卹盟祀」，是其義也。

亦惟天丕建，保乂有殷，殷王亦罔敢失帝，罔不配天其澤。

丕，釋詁：「大也。」保乂，古成語，乂與艾同，釋詁：「相也。」謂保相之義。罔敢失帝，謂罔敢失帝命也。上文「夏弗克庸帝」與此文法一例。其，猶之也。康誥「朕其弟」，雒誥「孺子其朋」，「其」並與之同。澤，孟子趙注：「祿也。」孟子「君子之澤」，是其義也。

在今後嗣王，誕罔顯于天，矧曰其有能聽念于先王勤家？

顯，謂敬畏也。罔顯于天，罔敬畏于天也。酒誥「罔顯于民祇」，與此同義。勤家，謂勤于家國之事。雒誥「不迷文、武勤教」、大誥「爾知寧王若勤哉」，並以勤爲言也。

誕淫厥泆，罔顧于天顯民祇，

淫泆，與上文之「大淫泆有辭」之淫泆同義。淫厥泆，猶多方言「誕厥逸」也。天顯，古成語。康誥「于弟弗念天顯」，酒誥「迪畏天顯小民」，並其例也。民祇，亦成語。酒誥「罔顯于民祇」，是也。

惟時上帝不保，降若茲大喪。惟天不畀，不明厥德。凡四方小大邦喪，罔非有辭于罰。」

有辭，古成語。有辭于罰，謂有可罰之罪辭也。上文「大淫泆有辭」，即其例也。

王曰：「爾殷多士，今惟我周王丕靈承帝事，有命曰割殷，告勑于帝。

靈，詩箋：「善也。」靈承，古成語。多方「不克靈承于旅」，又曰「惟我周王靈承于旅」，皆其例也。割，齊策注：「取也。」勑，即上文「勑殷命終于帝」，勑亦告也。

惟我事不貳適，惟爾王家我適。

我事，即承上文丕靈承帝事而言。適，釋詁：「往也。」蓋謂惟奉天命往征爾王家耳。

予其曰惟爾洪無度；我不爾動，自乃邑？

其，猶豈也。上文「我其敢求位」，謂我豈敢求位也。盤庚「若火之燎于原，不可嚮邇，其猶可撲滅」，謂豈猶可撲滅也。洪，釋詁：「大也。」動，淮南高注：「震也。」震動，謂出師征討之意。自乃邑者，謂乃邑將自震亂也。

予亦念天即于殷大戾，肆不正？」

即，與「既」古通用。于，疑當作「予」。儀禮士喪禮注：「古文予爲于。」史記賈生傳「請問于服兮」，索隱云：「漢書作予。」皆其證也。予，廣雅：「與也。」古予、與亦通。康誥「天惟與我民彝大泯亂」，與此之「天既予殷大戾」義正相同。戾，釋詁：「罪也。」肆，猶遂也。正，當讀爲「征」。周禮司門「正其貨賄」，注云：「正讀爲征。」王制「譏而不征」，釋文：「征本作正。」湯誓「舍我穡事而割正」，割正，即害征：皆其明證。

王曰：「猷告爾多士，予惟時其遷居西爾，非我一人奉德不康寧，時惟天命。

猶，方言：「道也。」遷居西爾，猶言遷爾居西，古人語多倒文也。

無違！朕不敢有後，無我怨。

無違，漢石經作「元」，少一字。按「元」即「无」之譌。「後」字上，據三體石經「我」字至「後」字當止十六字，今多一字，疑古本無「有」字。召誥「王不敢後」，此亦當作「朕不敢後」也。漢石經有「有」字，蓋「有」猶或也。僞孔本改從今文，而訓爲「有後誅」，則失其義矣。三體石經「後」下有「王曰繇」三字。王師謂上文「猷告爾多士」，多方「猷告爾四國多方」，又曰「告爾有方多士」，大誥「大誥繇爾多邦」，則此「繇」字下亦當有「告爾多士」四字；然「繇」字至次行「殷革夏」三字中又多出一字，疑下文「惟殷先人有典有册」之「惟」字，石經無之耳。是則「無我怨」上今本蓋脱「王曰繇告爾多士」一句矣。

惟爾知，惟殷先人有典有册，殷革夏命。

典，説文：「大册也。」是典、册同義，猶言典籍矣。

今爾又曰：「夏迪簡在王庭，有服在百僚。」

又曰，承上文「惟爾知」而言，謂既知而又故出是言也。迪、由同字，此假爲「甹」。酒誥「殷之迪諸臣惟工」，亦言殷之甹諸臣惟工也。簡，詩箋：「擇也。」謂夏人猶有簡用在王庭者。多方「我有周惟其大介賚爾，迪簡在王庭，尚爾事，有服在大僚」，與此文同義。此殷民言殷雖滅夏，而猶用其臣，以不滿於周之遷己耳。

予一人惟聽用德，肆予敢求爾于天邑商。予惟率肆矜爾，非予罪，時惟天命。」

求，孟子趙注：「取也。」天邑，當爲「大邑」之譌。古天、大通用。莊子德充符「獨成其天」，釋文：「崔本作大。」即其例也。肆矜，論衡作「夷憐」。按「肆」與「夷」，「矜」與「憐」，古音同部，而義亦相通。

又下文「天惟畀矜爾」，「畀」與「夷」「肆」亦同部。疑本一語，其本字疑當作「夷憐」。左傳杜注：「夷，亦傷也。」古傷、夷並通用。國策注：「傷，愍也。」傷愍與矜憐同意，是「夷」「憐」皆謂哀憐之意。肆矜、畀矜，並「夷憐」一語之轉。舊注「肆」爲赦，「畀」爲予者，疑皆未協也。

王曰：「多士！昔朕來自奄，予大降爾四國民命。

多士，漢石經作「告爾多士」，義並可通。奄，國名。説文：「鄣，周公所誅。鄣國在魯。」四國，詩破斧「周公東征，四國是皇」，毛傳謂管、蔡、商、奄也。降命，古成語。多方「我惟大降爾命，爾罔不知」，又曰「我惟大降爾四國民命」，皆有降賜恩德之意。酒誥「天降命」與「天降威」對文，亦其證也。

我乃明致天罰，移爾遐逖，比事臣我宗多遜。」

移，與「迻」同，説文：「遷徙也。」遐，釋詁：「遠也。」逖，説文：「遠也。」以牧誓「逷矣」字例之，當本作「逷」。比，釋詁：「俌也。」〔二〇〕我宗，多方「奔走臣我監五祀」，或疑「我宗」與「我監」相同。按多方「我監」，明指周公監雒之事；此叙踐奄時遷徙殷民，則「我宗」當非專指周公。天子爲天下之宗，此蓋謂宗周耳。觀下文「予惟時命有申」，可知此是追叙前事。遷徙殷民之事，不自此年爲始。詳玩上下文義，則殷民遷雒當在踐奄之年，故召公營雒，已全用殷民也。遜，與「愻」同，説文：「順也。」

王曰：「告爾殷多士，今予惟不爾殺，予惟時命有申。

申，釋詁：「重也。」命，即上文「予大降爾四國民命」是也。

今朕作大邑于茲雒，予惟四方罔攸賓；

賓，馬謂却也，徐音殯。按古擯、賓通用，趙策「六國從親以擯秦」，史記「擯」作「賓」。此文「賓」當爲「擯」，謂擯棄也。

亦惟爾多士，攸服奔走，臣我多遜。爾乃尚有爾土，爾乃尚寧幹止。

攸，以也，因也。幹，廣雅：「事也。」今本作「幹」，俗字也。止，詩草蟲「亦既見止，亦既覯止」，毛傳：「止，辭也。」

爾克敬，天惟畀矜爾；爾不克敬，爾不啻不有爾土，予亦致天之罰于爾躬。

畀矜，與上文「肆矜」同意，疑皆「夷憐」一語之轉也。不啻，無逸「不啻不敢含怒」，鄭注：「謂不但不敢含怒。」是不啻猶不但也。

今爾惟時宅爾邑，繼爾居；爾厥有幹有年于茲雒，爾小子乃興從爾遷。」

居，江聲謂繼爾所居之業也。詩蟋蟀「職思其居」，亦謂所爲之事爲居也。按江説是也。有年，僞孔傳謂有豐年也。按王謂有安事，有長久年於此雒邑，則不以爲豐年也。興從，連文。微子「我興受其敗」，與此文法正同。興，猶同也。

王曰：「又曰，時予乃或言。爾攸居。」

又，與「有」通。又曰，猶有曰也。時，論語「時然後言，人不厭其言」，是其義也。或，淮南高注：「有也。」段玉裁謂唐石經「或言」之間多一字，諦視是「誨」字，與僞傳「教誨」之言相合。維誥亦有「誨言」二字，似今本或脱「誨」字也。攸，與「猶」同，尚也。

無逸第二十二

史記魯世家：「周公恐成王壯，治有所淫泆，乃作多士、作毋逸。」無，漢石經、大傳作「毋」，漢書梅福傳作「亡」；逸，漢石經作「劮」，大傳作「佚」，皆古通用字。此篇與君奭並無年月，以篇次多士及史記所言，當在成王治雒之後。又其後次以多方，多方一篇疑在治雒後五年事，則此又當在治雒後五年前也。

周公曰：「烏呼！君子所其無逸。

君子，荀子楊注：「謂在位者之通稱。」是也。其，猶以也。王念孫以「所」爲語助，失之。

先知稼穡之艱難乃逸，則知小人之依。

逸，吴語韋注：「樂也。」三體石經於「周公曰烏虖厥亦惟我周大王、王季，克自抑畏」上共闕十四行。以今本較之，今本當羡三字。王師謂今本「三十有三年」之「三十」，石經必作一「卅」字。王念孫謂「乃逸」二字乃因下文而衍，則字數適合，而義亦較長。惟論衡有「乃佚」二字，疑今文與古文不同。僞孔本乃依今文改之也。依，王引之謂猶隱也。説文：「衣，依也。」白虎通衣裳篇：「衣者，隱也。」古依、隱同聲。周語「勤恤民隱」，韋注：「隱，痛也。」則此亦謂則知小人之隱痛矣。

相小人，厥父母勤勞稼穡，厥子乃不知稼穡之艱難乃逸，乃諺既誕。

諺，漢石經作「憲」。詩傳：「憲憲，猶欣欣也。」是憲之義爲欣樂，與古文稍别。僞孔傳謂叛諺不恭，正義引論語「由也喭」。按論語本用「喭」，鄭注：「子路之行，失于吺喭也。」則本字當作「喭」矣。論語王弼注：「喭，剛猛也。」魏都賦劉逵注：「叛换，猶恣睢也。」叛换，即「吺喭」之轉，皆疊韻連綿字也。誕，漢石經作「延」。按吺喭不恭，與誕妄自大其義相近，作「誕」爲長。既，疑當讀爲「暨」。周禮閭胥「既比則讀法」，注云：「故書既爲暨，杜子春讀暨爲既。」是其證矣。呂覽應言篇注：「誕，詐也。」蓋誕妄無實，則爲詐矣。乃諺暨誕，當與「乃逸」相對成文也。

丕則侮厥父母，曰：「昔之人無聞知。」

丕，今本作「否」。按三體石經「否則厥口詛祝」作「不則用厥口詛祝」，是古文作「不」。「不」與「丕」爲同字。下文「時人丕則有愆」，康誥「丕則敏德」，「丕則」與「丕乃」之義相近，是本字當作「丕」無疑。

周公曰：「烏呼！我聞曰：昔在殷王中宗，嚴恭寅畏，天命自度。

昔在，中論作「在昔」。按洪範「我聞在昔，鯀陻洪水」，酒誥「我聞惟曰在昔殷先哲王，迪畏天顯小民」，詩商頌「自古在昔」：皆有「在昔」之文，則應從中論爲長。中宗，鄭謂大戊也。詩烈祖箋：「中宗，殷王大戊，湯之元孫也。」按卜辭有「中宗祖乙牛吉」之文，而又每以太甲、祖乙同祭，不及大戊，是中宗當爲祖乙。

鄭據史記爲説，疑非也。嚴，詩傳：「矜莊貌。」馬本作「儼」，古通用字。寅，釋詁：「敬也。」度，漢石經作「亮」，段玉裁謂「亮」與「量」音同，自量猶自度也。

治民祗懼，不敢荒寧。肆中宗之享國，七十有五年。

治，漢石經、史記並作「以」。按古文台、㠯形極相近，音亦同部，故得相通；然作「治」義爲長。荒寧，古成語。文侯之命「毋荒寧」，毛公鼎「女毋敢妄寧」，妄、荒同聲通假字。荒寧，蓋謂荒廢縱樂之義。享，史記、漢石經作「饗」，古通用字也。

其在高宗，時舊勞于外，爰暨小人。

高宗，禮記：「高宗者，武丁。武丁，殷之賢王也。」時，中論作「寔」，釋詁：「時、寔，是也。」古「時」與「寔」通。「寔」即「實」字，其義亦較作「時」爲長。舊，鄭謂猶久也，史記正作「久」。暨，釋詁：「與也。」商頌譜作「洎」。蓋古文本作「臮」。三體石經作「𣬉」，吉金文作「臮」，疑本从「水」。洎，即「𣬉」之隸變也。

作其即位，乃或亮陰，三年不言；

作，詩傳：「始也。」王引之謂猶及也。作與「徂」聲相近。詩雲漢：「不殄禋祀，自郊徂宮。」謂自郊而及于宗廟也。絲衣：「自堂徂基，自羊徂牛，鼐鼎及鼒。」徂亦及也。以文義考之，似王説爲勝。或，史記作

「有」，古訓故字也。亮陰，論語作「諒陰」，禮記喪服四制篇作「諒闇」，大傳作「梁闇」。鄭謂諒闇，轉作「梁闇」。楣謂之梁，闇謂廬也。小乙崩，武丁立，憂喪三年之禮，居倚廬，柱楣，不言政事。按禮記喪服大記倚廬爲始遭喪時所居，既葬乃居柱楣。柱楣謂竪柱施梁，倚廬謂寢苫枕凷也〔二一〕。但馬謂亮，信也；陰，默也。是鄭從今文與馬不同。竊謂說文：「陰，闇也；闇，閉門也。」是陰、闇義同，故可相通。鄭讀闇爲鶉鵪之鵪，而訓爲廬，與陰義不相當。且不謂之「闇梁」而謂之「梁闇」，於事之次亦不順。亮，漢書五行志作「涼」。古亮、涼通。詩大明「涼彼武王」，韓詩「涼」作「亮」，是也。涼與陰闇之義相近，疑本作「涼陰」，乃杜門居憂之義，亦不必如鄭說也。

其惟不言，言乃雍，不敢荒寧，嘉靖殷邦。

雍，詩傳：「和也。」史記作「讙」，讙與「歡」同。「雍」古文，「講」今文，雍、讙形義並近。嘉，釋詁：「善也。」史記作「密」。詩傳：「密，安也。」東觀漢紀序作「密靜」，靜、靖古通，亦用今文作「密」。靖，詩傳：「和也。」韓詩說：「善也。」

至于小大，無時或怨。肆高宗之享國，五十有九年。

小大，謂大小之臣。詩泮水「無小無大」，鄭箋：「臣無尊卑。」是其義也。五十有九年，漢石經作「百年」，史記作「五十五年」。按史記應作「百年」，此疑劉歆等用古文竄改，遂致譌「九」爲「五」也。

其在祖甲，不義惟王，舊爲小人。

祖甲，鄭謂武丁子帝甲也。祖甲有兄祖庚賢，武丁欲廢兄立弟，祖甲以此爲不義，逃于人間，故曰久爲小人。馬注與鄭同，按史記「帝甲淫亂，殷復衰」，周語「帝甲亂之，七世而隕」。則祖甲非今主，故僞孔傳從今文釋爲大甲。據漢石經於「肆高宗之享國百年」下即云「自時厥後」。漢書王舜、劉歆曰：「於殷大甲曰大宗，大戊曰中宗，武丁曰高宗。周公爲毋逸之戒，舉殷三宗以勸戒成王。」則今文祖甲當作大宗，而次于中宗之前，其義較今本爲長。然下文自「殷王中宗及高宗及祖甲及我周文王，茲四人迪哲」，三體石經與今本同，則古文自作祖甲。此古文之不如今文者也。惟古文之義，亦自可通。多士：「自成湯至于帝乙，罔不明德恤祀。」武丁爲殷高宗，帝乙當在武丁之後，則惟武乙及帝乙二人足以當之。武乙以射天震死，帝乙亦非賢主，而周公亦盛稱之。詩文王：「殷之未喪師，克配上帝。」〔一二二〕則紂以前皆非極虐之主，自有足稱者在也。惟，猶爲也。皋陶謨「共惟帝臣」，僞孔傳謂「共爲帝臣」，是其例也。

作其即位，爰知小人之依，能保惠于庶民，不敢侮鰥寡。肆祖甲之享國，三十有三年。

惠，史記作「施」，晉語注：「惠，施也。」史記以「施」訓惠耳。庶民，史記作「小民」，義同。三十，唐石經作「卅」〔一二三〕，蓋與三體石經同。

自時厥後立王，生則逸；生則逸，不知稼穡之艱難，不聞小人之勞，惟耽樂之從。

王師謂「立王」二字當屬上讀爲句，詩大雅「天降喪亂，滅我立王」，是其例也。耽，詩傳：「樂也。」論衡作「湛」。詩抑篇「女雖湛樂從」，常棣釋文引韓詩説：「湛，樂之甚也。」是字異義同矣。

自時厥後，亦罔或克壽：或十年，或七八年，或五六年，或四三年。」

自時厥後，漢書鄭崇傳、論衡語增篇並作「時」，少三字，乃今文也。四三，中論作「三四」，疑中論是也。

周公曰：「烏呼！厥亦惟我周大王、王季，克自抑畏。文王卑服，即康功田功。

抑，詩傳：「抑抑，慎密也。」卑，馬本作「俾」。俞樾謂「俾」者，「比」之假字。詩皇矣「克順克比」，樂記作「克順克俾」，漸漸之石「俾滂沱矣」，論衡明雩作「比滂沱矣」：是俾、比音近義通。周官遂師職曰：「比叙其事而賞罰。」然則文王比服者，服事也。言文王比叙其事也。字亦作「庀」。魯語「夜庀其家事」，又曰「子將庀季氏之政焉」，並同此義。按俞説近之。即，詩傳：「就也。」就之言成也。康，疑當讀爲「荒」。古康、荒可通，故「甈」字亦作「瓻」。周易泰釋文引鄭注：「荒讀爲康。」即其明證。説文：「荒，一曰艸淹地也。」則「荒功」與「田功」對文，蓋謂山澤荒地耳。

徽柔懿恭，懷保小民，惠鮮鰥寡。

徽，釋詁：「善也。」柔，晉語注：「仁也。」懿，釋詁：「美也。」恭，漢石經作「共」，疑今文假「共」爲「恭」也。惠，釋詁：「愛也。」鮮，釋詁：「善也。」漢石經及漢書「鮮」作「于」。段玉裁謂「鮮」爲「于」

之譌。按古文以「惠鮮」與「懷保」對文，非譌字也。

自朝至于日中昊，〔二四〕不遑暇食，用咸和萬民。

昊，釋文「一作仄。」董仲舒傳作「昃」。周易豐彖傳：「日中則昃。」說文：「昃，日在西方時側也。」疑本作「昃」，遑，釋詁：「暇也。」楚語作「皇」。下文「則皇自敬德」，鄭注：「皇謂暇。」則本字蓋皆作「皇」也。咸，當爲「諴」。說文：「諴，和也。」詩常棣箋「周公弔二叔之不咸」，正義謂：「咸，和也。」是其證矣。

文王不敢盤于遊田，以庶邦惟正之共。

盤，釋詁：「樂也。」晏子作「盤遊于田」。西京賦李注作「盤于游畋」。按遊、游，田、畋，並通用字。三體石經作「盤于遊于田」，田上亦有「于」字。下文「無淫于觀于逸于游于田」，則此文亦當作「于田」也。正，國語作「政」。古正、政通用，作「政」字，本字也。共，今本作「供」，國語作「恭」。按本字當作「共」，故一訓爲供，一訓爲恭也。漢書谷永傳引下文「以萬民惟政之共」，是其明證。共者，奉也。

文王受命惟中身，厥享國五十年。」

受命，鄭謂受殷王嗣位之命。按韓詩外傳：「諸侯世子，三年喪畢，上受爵命于天子。」此即鄭所謂受殷王嗣位之命也。其不以受命爲受命改元者，據史記，文王受命改元，七年而崩，則相差大遠，故不以爲受天命也。其實受命當自天言，史記受命之説，本無所據。中身，鄭謂中年，是也。

周公曰：「烏呼！繼自今嗣王，則其無淫于觀、于逸、于遊、于田，以萬民惟正之共。〔二五〕

三體石經「烏」字下至「于逸」上，較今本應多一字。王師謂酒誥「在今後嗣王，酣身厥命」、多士「在今後嗣王，誕罔顯于天」，皆以「後嗣王」三字連文，則今本脱「後」字耳。漢石經及漢書並作「繼自今嗣王，其毋淫于酒，毋逸于遊田，維正之共」，與古文字異而義無别。按禮記樂記：「酒食者，所以合歡也。」觀，疑爲「歡」之假。莊子天運「名譽之觀」，釋文：「觀，司馬本作讙。」讙與「歡」古通，是其證也。廣雅：「歡，樂也。」

無皇曰：今日耽樂，乃非民攸訓，非天攸若。時人丕則有愆。

皇，漢石經作「兄」。按下文「則皇自敬德」，王本「皇」作「况」。古兄、况同字。詩常棣「况也永嘆」，釋文：「况，本作兄。」桑柔「倉兄填兮」、召旻「職兄斯引」，毛傳並云：「兄，滋也。」國語韋注：「况，益也。」滋與益同義。修華嶽碑「兄乃盛德」，「况」亦作「兄」，皆其證也。然則「無皇曰」猶曰「無益曰」矣。攸，三體石經作「所」。王師謂「攸」字當本作「所」，後人以爾雅訓詁字易之，實則詩、書「攸」字皆訓「用」，無訓「所」。〔二六〕訓，廣雅：「順也。」愆，與「𠍿」同，説文：「過也。」

無若殷王受之迷亂，酗于酒德哉！」

受，漢書、後漢書並作「紂」。蓋古文作「受」，今文作「紂」。酗與「酶」同，説文：「醉醬也。」

周公曰：「烏呼！我聞曰：古之人猶胥訓告，胥保惠，胥教誨，民無或胥譸張爲幻。

「人」與「民」相對成文。人，謂在位之政人也。洪範「人用側頗僻，民用僭忒」，即其例也。猶，古通「由」，猶言以也。胥，釋詁：「相也。」譸，馬本作「輈」。釋詁：「侜張，誑也。」郭注引書「無或侜張爲幻」。按説文引書亦無「胥」字，段玉裁謂無「胥」字爲是。然三體石經「誨」字至下文「聽」字計闕十一字，與今本相合，則古文有「胥」也。幻，説文：「相詐惑也。」

此厥不聽，人乃訓之，乃變亂先王之正刑，至于小大。

厥，王引之謂猶之也。上文「自時厥後」，亦謂自是之後也。訓，廣雅：「順也。」正，與「政」通。正刑，猶言政刑也。小大，謂小大之政刑也。聽，漢石經作「聖」。古聖、聽同音通用。秦泰山碑「皇帝躬聽」，史記「聽」作「聖」，即其證也。漢石經又無「之乃」兩字及「先王之」三字，則與古文異也。

民丕則厥心違怨，丕則厥口詛祝。」

丕，今作「否」。按三體石經作「不」。不、丕古同，則「不」作「否」明矣。又兩「丕則」下三體石經有「用」字，亦似較今本爲長。詛祝，連語。按釋名：「詛，阻也。」隱十一年左傳：「鄭伯使卒出豭，行出雞、犬，以詛射潁考叔者。」〔二七〕是「詛」謂詛咒也。又昭二十年傳：「祝有益也，詛亦有損。」〔二八〕又曰：「雖其善祝，豈能勝億兆人之詛？」則詛、祝本相反爲義。此以「詛祝」連文，則專取詛咒之義耳。

周公曰：「烏呼！自殷王中宗及高宗及祖甲，及我周文王，兹四人迪哲。

中，三體石經作「仲」。古中、仲通用。迪哲，古成語。一作「哲迪」，大誥「弗造哲迪民康」是也。通作「吉迪」，盤庚「乃有不吉不迪」是也。蓋「迪哲」亦謂明哲之意。

厥或告之曰『小人怨女詈女』，則皇自敬德；厥愆，曰：『朕之愆。』允若時，不啻不敢含怒。

厥，猶若也。上文「此厥不聽」，王引之謂猶此之不聽。古「之」與「若」同。盤庚：「邦之臧，惟女衆；邦之不臧，惟予一人有佚罰。」謂邦若臧、邦若不臧也。牧誓：「牝鷄之晨，惟家之索。」謂牝鷄若晨也。「厥」可爲「之」，故亦可爲「若」。此厥不聽，謂此若不聽也。厥或告之曰，謂若或告之也。詈，説文：「罵也。」皇自，漢石經作「兄曰」。按「皇」與「兄」同，上文「無皇曰」，漢石經作「毋兄曰」，是其證也。今本「自」字，疑當爲「曰」之譌。此文「皇曰」，與上文「無皇曰」正同。下文「厥愆曰朕之愆」，亦用「曰」字也。皇曰，猶言益曰也。允，釋詁：「信也。」三體石經作「兄」。今本疑從今文改之，然其義似視古文爲長。不啻，鄭謂「不但不敢舍怒，乃欲屢用之，以知己政失得之源」，則猶言不但矣。

此厥不聽，人乃或譸張爲幻。曰『小人怒女詈女』，則信之；則若時，不永念厥辟，不寬綽厥心，亂罰無罪，殺無辜；怨有同，是叢于厥身。」

辟，釋詁：「法也。」綽，釋言：「寬也。」「怨有同」三字爲句，謂將同怨之也。叢，説文：「聚也。」按厥辟、厥心、厥身，三「厥」字皆當作「乃」。古乃、厥每混用。上文言「女則信之」，下文作「厥」，則不可通矣。同，當假爲「恫」，詩大雅「神罔時怨，神罔時恫」可證。説文：「恫，痛也。」有，疑可用爲「與」，古「有」「又」通「用」，「又」與「與」同。

周公曰：「烏呼！嗣王其監于兹。」

烏呼，漢石經作「於戲」。「監」上無「其」字，與古文微異。

君奭第二十三

史記：「成王既幼，周公攝政，當國踐阼，召公疑之，作君奭。」按此篇次于無逸之後，而史公以爲攝政之時相去過遠，疑未可信。後漢申屠剛傳注：「周公既還政成王，宜其自退，今復爲相，故不說也。」還政之說雖未可據，而以此篇作于雒誥之後，則疑本諸古文家說。中論：「召公見周公既反政而猶不知退，疑其貪位。周公爲之作君奭，然後悦。」亦以爲在反政之後。徐幹於金縢採取古文之説，不以雷電風雨爲周公死後之事，則此當亦本古文之説，故與史記不同。奭，説文：「燕召公名。」君，周公尊之之詞也。

周公若曰：「君奭，弗弔天降喪于殷，殷既墜厥命；我有周既受，我不敢知曰厥基永孚于休。

弗，三體石經作「不」，古通用字。多士「弗弔旻天，大降喪于殷」，與此文同義。基，詩南山有臺「邦家之基」，毛傳：「基，本也。」淮南主術篇注：「基，業也。」孚，讀爲「符」，信也，合也。盤庚「以不浮于天」，「不浮」即「丕符」之假，謂大合于天也。下文「若卜筮罔不是孚」，謂罔不是合也。知曰，三體石經作「智」，然下文又作「智曰」，則假「智」爲「知」，而奪一「曰」字耳。

若天棐忱，我亦不敢知曰其終出于不祥。

若，與「越」同。大誥：「越天棐忱。」越、若並爲語詞，猶言惟也。棐忱，與「匪諶」同，下文「天難諶」，是其義矣。終，馬本及三體石經同作「崇」，漢石經作「道」。按「道」係今文。崇、終古通。詩蝃蝀「崇朝其雨」，毛傳：「崇，終也。」祥，漢石經作「詳」。古祥、詳通。呂刑「告爾祥刑」，後漢劉愷傳作「詳」，是其證。釋詁：「祥，善也。」

烏呼！君。已曰時我，我亦不敢寧于上帝命，

毛公鼎「王曰父厝，已曰及兹卿事寮、太史寮」，與此文例相同。疑「已曰」二字連讀。時，廣雅：「善也。」「時我，我亦不敢寧于上帝命」，與多士「弼我，我其敢求位」文法亦相近也。

弗永遠念天威，越我民。

威，三體石經作「畏」。據敦煌及日本所出未改字尚書，皆未見「威」字。下文「嗣天滅威」，三體石經亦作「畏」。「民」與「天」對舉。酒誥：「迪畏天顯小民。」與此義同。

罔尤違惟人，

尤，説文作「訧」，謂「辠也」，字通作「郵」。釋詁：「郵，過也。」違，與「衺」通，謂邪也。

在我後嗣子孫，大弗克共上下，遏佚前人光在家，

王莽傳引書「我嗣事子孫大不克共上下」，則「在」字似應上屬。然康王之誥云「在我後之人」，則又當下屬矣。共，今本作「恭」。按三體石經作「龔」。古龔、共同聲通用。說文：「龔，給也。」尚書以「共」訓奉，皆假「龔」爲「共」耳。作「恭」則衛包所改。遏，詩傳：「止也。」義與「絶」同。吕刑「遏絶苗民」，是也。佚，王莽傳作「失」。古佚、失通用。惠棟謂古「佚」字皆作「失」。周語「淫失其身」，管子山國軌「未淫失也」，秦詛楚文「淫失湛亂」，皆其明證。按本經當作「失」，失與絶義近也。

不知天命不易；天難諶，乃其墜命，

天命之「天」，當爲衍文。王莽傳：「不知命不易，天應棐諶，乃亡隊命。」是今文無此「天」字。三體石經於上文「下」字起至「命」字，共闕九字。今本有十字，則古文當亦無「天」字也。命不易，與「天難諶」正相對成文。「諶」亦當從石經作「忱」。忱、諶雖古今字，而他篇皆作「忱」，不作「諶」也。墜，三體石經作「隧」。隧、隊古同字。「墜」亦疑即「隊」之或體，如古文「陳」字亦作「陳」是也。

弗克經歷嗣前人，共明德。

經，釋詁：「常也。」歷，釋詁：「艾也。」艾，詩傳：「久也。」共，今本作「恭」。按僞孔傳訓奉，則本作「共」，謂共奉明德也。

在今予小子旦，非克有正；迪惟前人光，施于我冲子。

小子旦，三體石經無「旦」字。正，與「政」同。論語引書云「施于有政」，即其例也。迪惟，發語詞也。立政「迪惟有夏」，正與此同。

又曰：天不可信，我迪惟寧王德延，天不庸釋于文王受命。」

又曰，疑猶「有曰」，謂會有是言耳。迪，今本作「道」。按馬本及三體石經作「迪」。迪惟，與上文「迪惟前人光」同，作「道」者非也。延，釋詁：「長也。」庸，與「用」同。釋，晉語注：「舍也。」庸釋，古成語，謂舍棄之意。多方「非天庸釋有夏，非天庸釋有殷」，是其例也。

公曰：「君奭！我聞在昔，成湯既受命時，則有若伊尹，格于皇天。

君奭，三體石經無「奭」字。格，史記作「假」，三體石經作「佫」。王先生謂方言：「佫，至也。」說文：「徦，至也。」蓋古文作「佫」，今文作「徦」。「佫」與「徦」爲同字。格者，「佫」之假字，「假」則「徦」之假字耳。按「格」猶享也。

在大甲時，〔二九〕則有若保衡。在大戊時，則有若伊陟、臣扈，格于上帝；巫咸乂王家。

保衡，亦謂伊尹，此變文以避重複耳。保，謂太保，猶太保奭，下文亦稱保奭也。衡，詩長發：「實維阿衡，實左右商王。」毛傳：「阿衡，伊尹也。」按阿、伊，衡、尹，並一聲之轉。大戊，三體石經作「大咸」，疑因下文「巫咸」字而譌也。伊陟，鄭謂伊尹之子。史記：「帝大戊立，伊陟爲相。」按湯至大戊，已易九君，恐陟不得爲伊尹之子。書序：「湯既勝夏，欲遷其社，不可，作夏社、疑至、臣扈。」疑至、臣扈，疑即伊陟、臣扈，然以爲湯臣，則非此文之「伊陟、臣扈」矣。巫咸，甲骨文作「咸戊」。亦僅謂之「咸」。白虎通：「殷家於臣民，亦得以生日名子何？不使，亦不止也。」以尚書道殷臣有巫咸，有祖己也。王引之謂今文尚書「巫咸」當作「巫戊」，巫戊、祖己，皆以生日名也。按王説甚允。其名本爲咸戊，故或稱巫咸，或稱巫戊也。「巫咸」與「臣扈」相同。殷人尚鬼，巫爲顯官，故下文又有巫賢也。乂與「艾」同，釋詁：「相也。」

在祖乙時，則有若巫賢。在武丁時，則有若甘盤。

祖乙，史記謂河亶甲子，據卜辭乃仲丁子也。盤，史記作「般」。古般、盤通，如盤庚亦作「般庚」是也。

率惟兹有陳，保乂有殷，故殷禮陟配天，多歷年所。

率，三體石經作「衛」。蓋古本作「衛」。毛公鼎「衒褱不庭方」，「衒」亦从行。陳，漢書李斐注：「道也。」陟，釋詁：「陞也。」配天，雒誥「其自時配皇天」，詩文王「殷之未喪師，克配上帝」，皆其義也。所，猶許也，皆不定之辭。詩「伐木許許」，説文作「所所」；漢書疏廣傳顔注：「幾所，猶言幾許也。」皆其明證。史記「可一年所」，亦謂可一年許。此文「多歷年所」，亦謂多歷年許也。孟子「舜相堯，施澤于民久，歷年多」，是其義也。

天惟純佑命，則商實百姓王人，罔不秉德明恤；

純佑，古成語，金文止作「屯右」。克鼎：「用介康龢屯右。」頌敦：「用追孝蘄匄康虔屯右。」〔三〇〕釋詁：「純，大也。」佑，與「祐」通，謂福祐也。實，王引之謂爾雅：「寔，是也。」「實」與「寔」同。「是」可爲語詞，則「實」亦可爲語詞。詩凡言「實方實苞」「實墉實壑」之類，皆語詞也。商實百姓王人，謂商百姓王人也。按王說未協。實，猶是也。「是」與「之」同。古是、之通用。無逸「惟耽樂之從」，漢書鄭崇傳作「惟耽樂是從」；詩殷武「四方之極」，潛夫論作「四方是極」，是其明證。此文「實」宜訓「之」，謂商之百姓王人也。王人，左傳杜注：「王之微官也。」恤，三體石經作「卹」，謂慎也。

小臣屏侯甸，矧咸奔走。惟茲惟德稱，用乂厥辟。

屏，疑當讀爲「并」。山海經大荒西經注：「屏蓬，即并封也。」周禮春官序疏引國語「屏攝之位」，服注：「屏，猶并也。」是其證矣。矧，猶亦也。三體石經作「矤」。德稱，連文。下文：「丕單稱德。」逸周書祭公解「公稱丕顯之德」，注云：「稱，謂舉行也。」辟，釋詁：「君也。」

故一人有事于四方，若卜筮罔不是孚。

故，王褒四子講德論引書「迪一人使四方」，文選李注作「迪一人有事四方」，皆作「迪」。蓋今文作「迪」，古文作「故」。三體石經亦作「故」，可證。迪與「用」同，「用」之言因也，因與故義同。按三體石經無「有」字，與王褒所引今文同，「有」字疑衍文。古使、事一字，吉金文使、事不分。孚，讀爲「符」，猶合也。

謂四方皆與天子同其德，若卜筮之相符合也。

公曰：「君奭！天壽平格，保乂有殷，有殷嗣天滅威。

壽，廣雅：「久也。」按當讀爲「疇昔」之疇，疇，猶昔也。平，疑當作「丕」。漢書王莽傳集注：「平或爲丕。」是其證也。格與「嘉」同，召誥「天迪格保」，即「嘉保」也。多士「亦惟天丕建保乂有殷」，丕格，與「丕建」文法一例。丕格，與「保乂」亦相對成文。滅威，猶言滅德。廣雅：「威，德也。」桓二年左傳「滅德立違」是也。

今女永念，則有固命，厥亂明我新造邦。」

永念，謂永念天威也。上文「弗永遠念天威」，是其證矣。固，晉語注：「定也。」按「固」讀爲「嘏」，大也。詩皇矣「天立厥配，受命既固」，皆即逸周書皇門篇「用能承天嘏命」之「嘏命」也。亂，與「率」同，詞之用也。

公曰：「君奭！在昔上帝割申勸寧王之德，其集大命于厥躬。

割申勸寧王之德，禮記緇衣作「周田觀文王之德」。鄭注：「古文爲『割申勸寧王之德』，今博士讀爲『厥亂勸寧王之德』。三者皆異，古文似近之，割言蓋也。」按「寧王」當從禮記作「文王」。今本「割」當作「害」，害、周以形近而譌。古害、蓋通用。說文：「夰，大也，讀若蓋。」則「害」亦大也。申，讀爲「陳」，古陳字作「陣」。詩商頌「申錫無疆」，大雅「陳錫哉周」，因可知申錫、陳錫爲一語。勸，當爲「觀」。集，詩葛覃「集于灌木」，毛傳：「止也，謂飛而止於其上也。」

惟文王尚克修和我有夏，亦惟有若虢叔，有若閎夭，有若散宜生，有若泰顛，有若南宮括。」

修，廣雅：「治也。」夏，説文：「中國之人也。」此有夏，即謂有周。立政「乃伻我有夏，式商受命」，康誥「用肇造我區夏」，皆其例也。虢叔以下，皆文王之臣。僖五年左傳：「虢仲、虢叔，王季之穆也，爲文王卿士，勳在王室。」大傳：「文王以閎夭、大公望、南宮括、散宜生爲四友。」墨子：「文王舉閎夭、泰顛于罝網之中，授之政。」史記：「文王禮下賢者，太顛、閎夭、散宜生皆往歸之。」是其事也。泰字疑本作「大」，史記作「太」可證。又大戴禮帝繫篇：「堯取于散宜氏之女，謂之女皇。」似以「散宜」爲氏，然金文有散氏盤，散地在今陝西大散關，即散宜生所封之地。古人以地爲氏，不得爲「散宜氏」也。

又曰：無能往來，兹迪彝教文王，蔑德降于國人。

又曰，猶言有曰也。凡言有曰，多係假設之辭。往來，漢書朱雲傳：「丞相韋玄成，容身保位，亡能往來。」是以「往來」爲進賢退不肖之意。迪，猶用也。彝，釋詁：「常也。」蔑，詩傳：「無也。」此與下文相反成義，謂若無虢叔等能黜陟幽明，斯用常使文王無德降于國人也。

亦惟純佑秉德，迪知天威，乃惟時昭文王，迪見冒，純佑，古語，上文「天惟純佑命」是也。此謂既得天之大祐，而復能秉德也。迪與「猶」同，謂同知天威也。昭與「紹」通，亦謂助也。文侯之命「克左右昭事厥辟」，昭之言助也；下文「惟茲四人昭武王惟冒」，昭亦謂助也。見，荀子賦篇注：「猶顯也。」冒，馬本作「勗」，謂勉也。按當從馬本作「勗」，謂用顯其勗逸也。

聞于上帝，惟時受有殷命哉！武王惟茲四人，尚迪有禄；

聞，承上文見而言。四人，鄭謂至武王時虢叔等有死者，餘四人也。按逸周書克殷解有泰顛、閎夭、南宫忽、南宫伯達。周本紀武王克殷，祭社時「散宜生、太顛、閎夭皆執劍以衛」。又云：「命南宫括散鹿臺之財，發鉅橋之粟。」皆無虢叔之名，則死者當爲虢叔也。禄，詩既醉「天被爾禄」，毛傳：「禄，福也。」按成十三年左傳：「無禄，文公即世。」又曰：「無禄，獻公即世。」襄十五年：「無禄，使人逢天之慼，大命隕隊。」則無禄謂死。迪，讀爲「猶」，四人尚猶有禄，則猶生也。

後暨武王誕將天威，咸劉厥敵；

暨，釋詁：「與也。」將，詩箋：「奉也。」咸，與「減」通。廣雅：「減，殺也。」逸周書世俘解、漢書律曆志並引武成「咸劉商王紂」。文十七年左傳「克減侯宣多」，又昭二十六年傳「則有晉鄭，咸黜不端」，正義：「咸，諸本或作『減』。」是咸、減並謂殺也。劉，説文作「鎦」，謂殺也。

惟茲四人昭武王惟冒，丕單稱德。

冒，説文作「䀎」。按「冒」與上文「迪見冒」同，亦當作「勖」。丕，猶乃也。單，説文：「大也。」稱，逸周書注：「猶舉行也。」

今在予小子旦，若游大川，予往暨女奭其濟。

游，詩傳：「行也。」濟，釋言：「渡也。」此勉召公以同心其濟，即下文「襄我二人」之意。

小子同未在位，

同未，疑即「童昧」之轉。列子黃帝篇注：「童，當作『同』。」字亦作「侗」。論語孔注：「侗，未成器之人也。」顧命「在後之侗」，馬本作「詷」。按同、侗、詷，並「童」之假。未，淮南天文訓及釋名並云：「昧也。」未、昧同聲可通。晉語胥童，亦曰胥之昧。古人名、字相應，亦童、昧義同並用之證。童昧，實即「童蒙」之轉。堯典「昧谷」，淮南子作「蒙谷」，即其證也。是「同未」即「童昧」，亦即「童蒙」之意矣。此小子，疑指成王言也。

誕無我責收，罔勖，不及耇造。

收，俞樾謂當屬上讀。收者，成也。周易井上六，「井收勿幕」，王弼注曰：「井功大成，在此爻矣，故曰井收。」是「收」有成義也。按俞説近是。誕無我責收，謂成王童蒙在位，不責成于公也。及，猶至也。耇，釋詁：「老也。」造，王制鄭注：「成也。」因不責成，故曰罔勖；因罔勖，故曰不至于老成也。

德不降，我則鳴鳥不聞，矧曰其有能格？」

德不降，與上文「蔑德降于國人」之意正同。鳥，釋文：「本或作『鳳』。」按馬注：「鳴鳥，謂鳳皇也。」則蓋因馬注而譌也。格，即上文「格于皇天」「格于上帝」之意。此省文耳。

公曰：「烏呼！君肆其監于兹！我受命無疆惟休，亦大惟艱。

肆，釋詁：「今也。」休，釋詁：「慶也。」召誥「無疆惟休，亦無疆惟恤」，與此同義。

告君乃猷裕，我不以後人迷。」

猷裕，方言：「道也。」康誥「遠乃猷裕」，是也。迷，廣雅：「誤也。」

公曰：「前人敷乃心，乃悉命女，作女民極。

敷，詩傳：「布也。」古乃、厥通用，「乃心」當係「厥心」之譌。極，猶則也。詩「立我烝民，莫匪爾極」，是其義也。

曰：女明勖，偶王在亶，乘兹大命，惟文王德丕承，無疆之恤。」

明、勖，皆謂勉也，古明、勉音近相通。雒誥「公明保予冲子」，顧命「爾尚明時朕言」，「明」並與「勉」同。偶，通作「耦」。廣雅：「偶，耦也。」禮記禮運注：「偶，四輔也。」是「偶」與「輔」同。蓋耦耕則有相輔之意。亶，釋詁：「誠也。」乘，顏氏家訓音辭篇引劉昌宗周官音讀「乘」若「承」，是「乘」猶「承」

也。「無疆之恤」爲句。江聲以「丕承」上屬，是也。

公曰：「君！告女朕允保奭。其女克敬，以予監于殷喪大否，肆念我天威。

允，疑「兄」之譌。無逸「允若是」，三體石經作「兄」，是其證也。保奭，按即大保奭。顧命「乃同召大保奭」，是其證。告女朕兄保奭，猶雒誥言「朕復子明辟」矣。否，詩抑篇釋文：「否，方九反。」則本字亦疑當作「不」，而讀爲「否」耳。念，猶敬也。

予不允惟若茲誥，予惟曰襄我二人，女有合哉！

允，猶用也。皋陶謨「百獸率舞，庶尹允諧」，「允」與「率」同也。不惟，與下文「惟曰」相對成文。酒誥「予不惟若茲多誥」，又曰「予惟曰女劼毖殷獻臣」，是其例也。襄，左傳杜注：「成也。」我二人，謂己與召公。此文言二人，與上文「惟茲四人」相同。僞孔傳以爲文、武，殆非也。

言曰：在時二人，天休茲至。惟時二人弗戡。

言曰，蓋叙人之言也。茲，與「滋」通。説文：「滋，益也。」戡，古通「堪」。釋詁：「堪，勝也。」周語「何德以堪之」，韋注：「堪，任也。」惟時二人弗戡，蓋周公自警之言。

其女克敬德，明我俊民，在讓後人于丕時。

明，猶章也。洪範「俊民用章」，是其義也。讓，疑當作「襄」。周禮保氏注釋文：「襄，本亦作『讓』。」是襄、讓古通之證。襄，謂成也。于，與「以」同。丕時，古成語。詩文王：「有周不顯，帝命不時。」不顯，即丕顯；不時，即丕時也。時、承一聲之轉。孟子引書「不顯哉文王謨，丕承哉武王烈」，詩清廟之「不顯不承」，皆其例也。時、承皆有美義。詩傳：「時，善也。」古「承」與「烝」通。魯語「收穮而烝」，一切經音義引賈逵本「烝」作「承」；漢志「承陽」，續漢志作「烝陽」，是其證。烝，韓詩説：「美也。」則「不時不承」猶言大休大美矣。

烏呼！篤棐時二人，我式克至于今日休。

篤，猶大也。棐，釋詁：「俌也。」雒誥「女受命篤弼」，是其義也。時，當作「寔」，無逸「時舊勞于外」，中論「時」作「寔」即其證也。式，釋言：「用也。」

我咸成文王功于不怠，丕冒。海隅出日，罔不率俾。」

咸，與「諴」通，説文：「和也。」冒，當爲「勖」，謂勉也。俾，釋詁：「從也。」文侯之命「罔不率從」，是也。

公曰：「君！予不惠若兹多誥，予惟用閔于天越民。」

惠，疑當作「惟」。酒誥「予不惟若兹多誥」，又曰「予惟曰女劼毖殷獻臣」；上文「予不允惟若兹誥，予惟曰襄我二人」：並以「不惟」與「予惟」相對成義。此文下作「予惟」，則此「不惠」亦當爲「不惟」也。古惠、惟聲近相假。襄二十六年左傳服注：「惠、伊，皆發聲。」古書「惟」與「伊」，同用爲發聲。閔，詩箋：

「傷悼也。」

公曰：「烏呼，君！惟乃知，民德亦罔不能厥初，惟其終。祗若兹，往敬用治。」

初與終相對成文。詩蕩篇「靡不有初，鮮克有終」，是其義也。祗，釋詁：「敬也。」往者，命其退之辭。堯典「每用往哉」，是其例也。用，與「以」同。

多方第二十四

此篇史記列于多士、無逸之後，與今本篇次略同。惟鄭謂此伐淮夷與踐奄，是攝政三年伐管、蔡時事，其編篇于此，未聞。按篇中有「奔走臣我監五祀」一語，疑是周公監雒後五年之事，應即成王即位之十一年也。或謂攝政三年踐奄，至成王七年營雒，適爲五年。當是雒邑初成，遷殷頑民之後所作。但成王七年僅至雒邑，即反宗周，並無至奄之事，雒誥言之極明。此文首言王來自奄，不云自雒，則非七年所作可知。竊謂史記踐奄在營雒之後，〔三二〕僞孔傳淮夷又叛之說，或有所據。而彝器屢紀淮夷叛亂之事，觀篇中「爾乃迪屢不靜」，又曰「我惟時其教告之，我惟時其戰要囚之，至於再至于三」，疑奄人亦屢叛不服。此篇「王來自奄」，與多士「昔朕來自奄」當非一事，而此篇似應即在改元後五年也。

惟五月丁亥，王來自奄，至于宗周。

五月，武王改元五年五月也。奄，國名。鄭謂奄國在淮夷之北。説文：「郁國在魯。」括地志：「兗州曲阜縣奄里，即奄國之地。」定四年：「武王克商，成王定之。分魯公以殷民六族，因商奄之民，命以伯禽。」蓋奄與淮夷同爲大國，奄地南與淮夷接壤，而其都或在曲阜，故獨有奄里之名。昭九年左傳：「蒲姑、商奄，吾東土也。」史記：「成王既遷殷遺民，東伐淮夷，踐奄，遷其君薄姑。」按薄姑在今山東博興，更在曲阜東北。漢志禮古文經出魯淹中，則奄都之在曲阜，殆無疑義。宗周，謂鎬京也。三體石經「至」上亦有「王」字，與今本異。

周公曰：「王若曰：猷告爾四國多方，惟爾殷侯尹民，

猷，方言：「道也。」惟，猶「暨」也。殷侯，謂殷之諸侯。尹民，一作「尹人」。酒誥：「惟助成王德顯，越尹人祇辟。」釋詁：「尹，正也。」洪範：「凡厥正人。」康誥：「惟厥正人。」古人、民通用，其本字當作「人」爲長。

我惟大降爾命，爾罔不知；

降命，古成語。多士「予大降爾四國民命」，下文「乃有不用我降爾命」，皆其例也。

洪惟圖天之命，弗永寅念于祀。

洪惟，發語詞。大誥：「洪惟我幼冲人」，即其例也。圖，疑當作「啚」。啚即「鄙」之假字。一切經音義引詔定古文官書，圖、啚二形同；韓敕後碑「圖」作「啚」，是圖、啚古通之證。古啚、鄙同字。說文：「啚，嗇也，古文作[illegible]。」齊子仲姜鎛「鄙」作「啚」，與「啚」同。又一切經音義引廣雅：「鄙，猥也。」昭十六年左傳「夫猶鄙我」，杜注：「鄙，賤也。」則鄙謂猥褻賤棄，與下文「寅念」之義相反。寅，釋詁：「敬也。」

惟帝降格于夏，有夏誕厥逸，不肯戚言于民，

降格，謂來享也。此指夏之先世得天命之意。誕，釋詁：「大也。」戚，今本作「慼」，俗字也。詩傳：

「戚，憂也。」言，辭之間也，與「然」字、「焉」字並同。詩大東「睠言顧之」，〔三二〕後漢劉陶傳作「眷然顧之」，荀子宥坐篇作「眷焉顧之」，是其證。舊訓「戚言」爲憂言，失之。

乃大淫昏，不克終日勸于帝之迪，乃爾攸聞。

勸，說文：「勉也。」迪，釋詁：「道也。」馬本作「攸」，謂所也。按下「攸」字，所也。上「迪」字不得作所，馬注誤。

厥圖帝之命，不克開于民之麗，乃大降罰，崇亂有夏。

圖帝之命，即上文圖天之命也。麗，呂刑鄭注：「施也。」按本書言「麗」，或爲法則，或爲刑律，皆不作施義。呂刑「越茲麗刑並制」，又曰「苗民匪察于獄之麗」，與本篇下文「慎厥麗乃勸」，麗皆謂刑律也。其義與「刑」大同小別。顧命「奠麗陳教」，與此文「不克開于民之麗」，麗皆謂法則也。漢書東方朔傳：「孝文皇帝之時，以道德爲麗，以仁義爲準。」麗與準對文，亦取法則之意。以聲類求之，疑即後世之律令。「麗」之得轉爲「律」，猶「驪」之得轉爲「黎」也。古律、黎同部。廣雅釋草：「葎，蔾也。」是其證。此文「民之麗」，猶言民之則。詩烝民「天生烝民，有物有則」，是其義也。崇：釋詁：「重也。」

因甲于內亂，不克靈承于旅。

甲，釋名：「狎也。」釋詁：「狎，習也。」鄭注：「習爲鳥獸之行，于內爲淫亂。」正讀「甲」爲狎也。

鄭意内亂，指桀嬖妹喜之事。晉語：「昔夏桀伐有施，有施氏以妹喜女焉。〔三三〕妹喜有寵。」呂覽：「桀聽于未喜。」是其事也。靈承，古語。多士「惟我周王丕靈承帝事」，下文「惟我周王靈承于旅」，皆其例也。旅，釋詁：「衆也。」

罔丕惟進之共，洪舒于民。

丕、不古通，此文當作「不」。進，疑「賮」之假字。漢書高帝紀蕭何「主進」，注曰：「進字本作『賮』。」是其證。史記呂不韋傳「進用不饒」，索隱引小顔曰：「進，財也。」亦假「進」爲「賮」。共，今本作「恭」。按「惟進之共」與無逸「惟正之共」，文法正同。舒，與「荼」通。考工記注：「荼，古文『舒』。」詩閟宫「荆舒是懲」，史記「舒」作荼；襄二十三年左傳晉魏舒，史記作魏荼，皆其證。洪舒于民，謂大荼毒于民也。

亦惟有夏之民，叨懫日欽，劓割夏邑。

叨，説文作「饕」，謂貪也。重文作「叨」。懫，當作「墊」。説文作「墊」，謂忿戾也，讀與「摯」同。欽，與「厥」通。釋詁：「厥，興也。」割，廣雅：「害也。」湯誓「率割夏邑」，與此義同。

天惟時求民主，乃大降顯休命于成湯，刑殄有夏。

顯，釋詁：「光也。」休，釋詁：「美也。」刑，説文：「罰辠也。」殄，釋詁：「絶也。」

惟天不畀，純，乃以爾多方之義民，不克永于多享。

朱彬謂當以「畀」絶句。多士兩言「惟天不畀」，又曰「惟帝不畀」，是其證。純，讀爲「訰」。玉篇：「訰，亂也。」義，疑「俄」之假字。廣雅：「俄，衺也。」呂刑「鴟義姦軌」，立政「茲乃三宅無義民」，「義」並當作「俄」。文十八年左傳「掩義隱賊」，義、賊並舉，亦其證也。

惟夏之恭多士，大不克明保享于民，

恭，僞孔傳訓爲恭人，疑即取詩小明「念彼共人」之義，其本字當作「共」。依三體石經則本作「龔」。古龔、用通用。墨子非命下引仲虺之誥「用爽厥師」，〔三四〕非命上作「龔喪厥師」。是文「龔」亦疑當作「用」。享，即下文「享天之命」。謂保享于民者，能和其民而後能享天之命也。

乃胥惟虐于民，至于百爲，大不克開。

惟，與「爲」同。皐陶謨「共惟帝臣」，猶言共爲帝臣也；無逸「不義惟王」，猶言不義爲王也。爲，晉語韋注：「行也。」左傳杜注：「治也。」開，晉語韋注：「通也。」

乃惟成湯，克以爾多士，簡代夏作民主。慎厥麗乃勸，厥民刑用勸。

簡，釋詁：「大也。」亦辭也。麗，謂刑律。呂刑「麗刑並制」，又曰「苗民匪察于獄之麗」，是其例也。刑，釋詁：「常也。」

以至于帝乙，罔不明德慎罰，亦克用勸。

帝乙，紂父也。多士「自成湯至于帝乙，罔不明德恤祀」，與此同義。

要因，殄戮多罪，亦克用勸。開釋無辜，亦克用勸。

要因，即「幽因」之假。康誥：「要因服念五六日，至于旬時，丕蔽要因。」王先生釋「要」爲幽，是也。

今至于爾辟，弗克以爾多方享天之命。烏呼！」王若曰：「誥告爾多方，非天庸釋有夏，非天庸釋有殷，乃惟爾辟以爾多方大淫圖天之命，屑有辭。

辟，釋詁：「君也。」庸釋，古語。君奭「天不庸釋于文王受命」，是也。屑，馬謂過也。按多士「大淫泆有辭」，馬本「泆」作「屑」，是此文亦當以「大淫屑有辭」連文，「圖天之命」四字疑因上文而衍也。

乃惟有夏圖厥政，不集于享；天降時喪，有邦間之。

圖，亦當作「啚」，與「鄙」通，[三五]謂閉也。上文「至于百爲，大不克開」，閉即謂不開也。集，詩傳：「就也，止也。」君奭「其集大命于厥躬」，即其義也。享，謂享天之命。間，釋詁：「代也。」

乃惟爾商後王，逸厥逸，圖厥政，不蠲烝，天惟降時喪。

蠲，釋詁：「明也。」酒誥「弗蠲乃事」，是其義也。烝，釋詁：「美也。」

惟聖罔念作狂，惟狂克念作聖。

惟，古與「雖」通。莊子庚桑楚釋文：「唯本作雖。」荀子性惡篇注：「唯讀爲雖。」皆其例也。念，謂敬念也。盤庚「念敬我衆」是也。

天惟五年須夏之子孫，誕作民主，罔可念聽。

須，釋詁：「待也」。夏，今本作「暇」。按詩皇矣正義釋鄭箋引多方「天惟五年須夏之子孫」，注云：「夏之言假。天覬紂能改，故待假其終至五年，欲使傳子孫。五年者，文王八年至十三年也。」周頌武篇正義引書亦同，則鄭注本作「夏」可知。作「暇」者，蓋因訓夏爲假而譌耳。此承上文言天欲喪殷，故欲復求夏之子孫以代之。夏之子孫既不可念聽，故下文又求于多方也。

天惟求爾多方，大動以威，開厥顧天；惟爾多方，罔堪顧之。

大動以威，謂天降大變以示警。金縢「天大雷電以風」之類是也。開，猶啓也，謂啓導之意。顧，詩箋：「猶念也。」禮記大學引大甲「顧諟天之明命」是也。

惟我周王靈承于旅，克堪用德，惟典神天；

靈承，古語。上文「不克靈承于旅」，多士「丕靈承帝事」，是也。典，與「敟」同，説文：「主也。」

天惟式教我用休，〔三六〕簡畀殷命，尹爾多方。

教，釋詁：「效也。」襄二十七年左傳注：「效，致也。」簡，釋詁：「大也。」

今我害敢多誥：〔三七〕我惟大降爾四國民命，爾害不忱裕之于爾多方？

忱裕，即猷裕也。康誥：「遠乃猷裕。」又曰：「乃由裕民。」方言：「猷裕，道也。」道謂之猷裕，道民亦謂之猷裕。「猷裕」之變爲「忱裕」，與「猶豫」之變爲「冘豫」相同。後漢竇武傳注：「冘豫，不定也。」來歙傳注：「冘豫，不定之意也。」是「冘豫」即猶豫之明證。則「忱裕」當即「猷裕」，亦謂勸道之意。下文「爾不克勸忱我命」，勸忱亦謂勸道也。

爾曷不夾介乂我周王，享天之命？今爾尚宅爾宅，畋爾田，

夾，一切經音義引蒼頡云：「輔也。」介，釋詁：「右也。」謂佑助也。又與「艾」同，釋詁：「相也。」畋，説文：「平田也。」詩甫田「無田甫田」，正義引書作「田」。疑本止作「田」也。

爾曷不惠王熙天之命？爾乃廸屢不静，〔三八〕爾心未愛。

惠，釋詁：「順也。」熙，釋詁：「光也。」愛，與「㤅」同，説文：「惠也。」惠之言順也。

爾乃不大宅天命，爾乃屑播天命。

宅，與「度」通。謂不大度天命也。無逸「天命自度」，是其義也。屑，與「泆」通，猶言失也。播，楚辭王注：「棄也。」吴語「今王播棄元老」，是其義也。

爾乃自作不典，圖忱于正。

典，釋詁：「法也。」圖，與上文「圖厥政」同，亦謂否閉也。忱，説文：「誠也。」正，釋詁：「長也。」

圖忱于正，謂不開誠以事其正長也。

我惟時其教告之，我惟時其戰要囚之，

戰，疑當作「單」。公伐郐鐘「攻戰無敵」，戰字作「單」，是其明證。單，說文：「大也。」要囚，亦謂幽囚也。下文「我乃其大罰殛之」，與此同義。

至于再，至于三。乃有不用我降爾命，我乃其大罰殛之。非我有周秉德不康寧，乃惟爾自速辜。」

殛，釋文：「本又作『極』。」古殛、極通用。速，鄉飲酒禮鄭注：「召也。」

王曰：「烏呼！猷告爾有方多士，暨殷多士，今爾奔走臣我監，五祀。

有方，謂多方也。我監，疑即指周公言。雒誥「其後監我士師工」，是周公爲監之證。

越惟有胥伯小大多正，爾罔不克臬。

大傳引此經作「越維有胥賦小大多政」。維、惟，正、政，古通用。賦、伯古音同在第五魚鐸部。王先生謂毛公鼎「執小大楚賦」，楚、胥同從「疋」聲，是當從大傳作「胥賦」爲長。而小大多正，當亦指布縷粟米力役諸征，〔三九〕非僞孔傳伯長正伯之謂矣。按周禮天官序「胥十有二人」，注云：「胥讀爲諝，謂其有才智，爲什長。」又曰：「此民給繇役者。」大射儀注：「胥，宰官之吏也。」燕禮注：「胥，膳宰之吏也。」古之吏胥皆選民之有才智者充之，而其下者則通謂之徒，即所謂力役之征。周禮小司徒「以比追胥」，是其事也。胥、賦並舉，猶漢室之言「繇賦」矣。臬，馬本作「劓」。廣雅：「臬，法也。」謂罔不守常法也。

自作不和，爾惟和哉！爾室不睦，爾惟和哉！爾邑克明，爾惟克勤乃事。

睦，說文：「敬和也。」自作不和，與「爾室不睦」相對成文。先和其身以及其家，而後至於其邑也。

爾尚不忌于凶德，亦則以穆穆在乃位；克閱于乃邑，媒介。

忌，說文作「惎」。玉篇：「諆，謀也。」「惎」與「諆」同。釋詁：「基，謀也。」亦「惎」之假字。謂不謀于凶德耳。穆穆，釋訓：「敬也。」閱，疑當作「說」。詩小弁「我躬不閱」，左傳引作「說」，是其證。說，古之「悅」。介，釋詁：「善也。」謀善與不謀于凶德，正相合也。

爾乃自時雒邑，〔四〇〕尚永力畋爾田，天惟畀矜爾。我有周惟其大介賚爾。

自，廣雅：「用也。」畀矜，古語。多士：「天惟畀矜爾。」一作「肆矜」，多士：「予惟率肆矜爾。」疑皆「夷憐」之轉語，並謂憐閔之意。介，與「匄」古通。克鼎「用介康龢屯右眉壽永命靈終」，師奎父鼎「用匄眉壽黄耇吉康」，詩七月「以介眉壽」，大司工簠「用匄眉壽」，詩楚茨「以介景福」，不嬰敦「用匄多福」：是介、匄並通之證。廣雅：「匄，求也。」又曰：「匄，予也。」蓋相反爲訓。因求而予之亦謂之匄。詩既醉「介爾景福」，謂予爾景福也。漢書廣川惠王越傳「盡取善繪，匄諸宮人」，謂予諸宮人也。則介、賚並與之義，舊訓爲大，非也。

迪簡在王庭，尚爾事，有服在大僚。」

迪，猶用也。簡，詩傳：「擇也。」謂擇用也。尚，廣雅：「加也。」多士「夏迪簡在王庭，有服在百僚」，與此文同而繇簡不一。

王曰：「烏呼！多士，爾不克勸忱我命，爾亦惟不克享，凡民惟曰不享。

勸忱，與上文「忱裕」義同，謂勸道也。享，釋詁：「獻也。」國語注：「食也。」此謂享食其土地室家所有，言女不克享，凡民亦將不克享也。

爾乃惟逸惟頗，大遠王命，則惟爾多方探天之威，我則致天之罰，離逖爾土。」

頗，釋詁：「衺也。」遠，謂遠棄也。探，釋詁：「取也。」逖，與「逷」同，說文：「遠也。」按逖有竄逐意。詩抑篇「用逷蠻方」，泮水「狄彼東南」，是其義也。多士「我乃明致天罰，移爾遐逖」，與此義同。

王曰：「我不惟多誥，我惟祇告爾命。」又曰：「時惟爾初，不克敬于和，則無我怨。」

祇，釋詁：「敬也。」按「祇」讀爲「衹」，說文：「大也。」時惟爾初，蓋謂是時爲女改過自新之會耳。

于，孔廣森謂猶越也。敬于和，猶言敬與和也。康誥「德之說于罰之行」，與此義同。按孔說是也。

立政第二十五

史記：「周之官政未次序，於是周公作周官。官别其宜，作立政，以便百姓，百姓悦。」按「政」當作「正」。篇中屢言「立政」，又曰「立民長伯」，長伯即謂正也。此篇追叙文王立民長伯之事，以爲成王取法，故名之曰「立正」也。

周公若曰：「拜手稽首，告嗣天子王矣。」

告嗣天子王矣，與下文「拜手稽首后矣」，又曰「兹惟后矣」，又曰「今文子文孫孺子王矣」，文皆一例，並有呼以警之之意。

用咸戒于王，曰王左右常伯、常任、準人，

咸，疑即「箴」之假字，左傳杜注：「箴，誡也。」字通作「鍼」。襄二十四年公羊傳「陳咸宜咎」，釋文：「咸，本亦作鍼。」是箴、鍼、咸古皆通用，是其證也。曰，與「越」同，乃也。左右，謂王左右之臣，泛言之也。常伯、常任、準人，疑即三司之别名。下文「宅乃事，宅乃牧，宅乃準」，又曰「任人、準夫、牧作三事」，三事，即三司也。詩十月之交「擇三有事」，又曰「三事大夫」，三事，謂司徒、司馬、司空也。此文下復舉三司之名，則此當統三事之屬官言之，非專稱其長也。常伯牧人，謂司馬之屬。王制「州有伯」，漢書刑法志作「州有牧」。是伯與牧同。酒誥司馬稱圻父，詩傳謂主封圻之甲兵。漢代伯、牧皆主征伐，故統受命于司馬也。準人，漢石经「準」作「辟」，謂司空之屬。酒誥：「宏父定辟。」宏父，即司空也。定辟，謂定一切制作之法式，疑非主刑之官也。常任任人，謂司徒之屬。酒誥：「農父若保。」保、任同義，周禮大司徒注：「保，猶任也。」下文或單稱爲「事」，又稱之曰「常事」，皆同職異名。司徒之屬主治民，事之言治也。漢官儀：「侍中，周成王常伯。」胡廣侍中箴：「亦惟先正，克慎左右，常伯常任，實爲政首。」皆望文生義，未足據也。常伯、常任、準人，謂之三事，或謂之三有事；篇中又謂之三宅、三俊，或謂之三有宅、三有俊。下文「乃用三有宅」，克即宅；曰「三有俊」，克即俊。又曰「嚴惟丕式克用三宅、三俊」，又曰「克知三有宅心，灼見三有俊心」，皆即謂此三事也。蓋以其任事言，謂之三事、三有事；以其居立言，謂之三宅、三有宅；以其才德言，謂之三俊、三有俊，亦名異而實同也。周初官制與周禮不同，其詳不可考見，深足惜也。

綴衣、虎賁。

綴，揚雄雍州箴、班固西都賦、崔瑗北軍中候箴皆作「贅」。古「綴」與「贅」通，顧命「綴輅」，周禮鄭注作「贅路」，是其證也。顧命「狄設黼扆綴衣」，僞孔傳以綴衣爲幄帳，則綴衣當即幕人之官也。虎賁，周禮夏官有虎賁氏，王之侍衛武士也。

周公曰「烏呼！休兹知恤，鮮哉！

休，釋詁：「美也。」茲，讀爲「斯」，猶言乃也。休與恤對文成義。召誥「惟王受命無疆惟休，亦無疆惟恤」，是其義也。鮮，釋詁：「罕也。」

古之人迪惟有夏，乃有室大競籲，俊尊上帝，

迪惟，發語辭。君奭「迪惟前人光」，與此同例。有室，蓋謂卿大夫也。皋陶謨「夙夜浚明有家」，與「亮采有邦」對文。家與室同，故孟子又謂之巨室也。競，疑當爲「兢」之譌。説文「兢，競也。一曰：兢，敬也」。競字各本皆譌作「競」，是其例也。兢之言敬也。籲，小爾雅：「和也。」兢籲，猶言敬和也。多方「不克敬于和」，亦以「敬」「和」並言，是其證矣。「乃有室大競籲」爲句，「俊尊上帝」爲句。俊，夏小正傳：「大也。」彝器每言「畯臣无予」「畯尹四方」，畯、畯並與「俊」通，與此文法正同。

迪知忱恂于九德之行。

迪，猶同也。忱，詩傳：「信也。」恂，釋詁：「信也。」九德之行，即皋陶謨「亦行有九德」是也。

乃敢告厥后曰：拜手稽首后矣。曰：宅乃事，宅乃牧，宅乃準，茲惟后矣。

后，釋詁「君也。」宅，釋言：「居也。」字通作「度」。堯典：「使宅百揆。」宅之言位也，居其位曰宅。

謀面用丕訓德，則乃宅人，茲乃三宅無義民。

謀面，猶黽勉也。謀，古通「敏」。中庸「人道敏政」，注云：「敏，猶勉也。」敏或爲「謀」，是其證。面，

與「勔」通。釋詁：「勔，勉也。」謀面、黽勉，皆疊韻連綿字。詩谷風「黽勉同心」，文選注引韓詩作「密勿同心」。又文賦：「在有無而僶勉。」釋詁注：「蠠没，猶僶勉，皆同爲一語，無定字也。」訓，廣雅「順也」。三宅，即上文宅乃事、宅乃牧、宅乃準也。義，與「俄」同。廣雅：「俄，衺也。」多方「乃以爾多方之義民，不克永于多享」，與此同義。「謀」上漢石經有「亂」字。亂，與「率」同，語助也。

桀德惟乃弗作往任，是惟暴德罔後。

桀德，謂桀之爲德也。作，燕禮、聘禮、鄉射禮注並云：「使也。」任，即下文任人，如牧夫亦單言牧也。往任，謂往日之老臣也。罔後，謂絶其世也。

亦越成湯陟，丕釐上帝之耿命，乃用三有宅，克即宅；曰三有俊，克即俊。

陟，釋詁：「陞也。」堯典「女陟帝位」，是其義也。釐，詩箋：「理也。」耿，説文引杜林説：「光也。」三有宅及三有俊，並謂任人、牧人、準人。宅謂能度其官，俊謂誠有其德也。曰，與「越」同，猶言及也。即，詩傳：「就也。」猶言成也。

嚴惟丕式克用三宅、三俊，其在商邑，用協于厥邑；其在四方，用丕式見德。

嚴惟，與洪惟、爽惟、誕惟相同，皆發語辭也。丕式克用三宅、三俊，「式」字疑因下文而衍。大誥「爾丕克遠省」，亦以「丕克」連文；酒誥「爾大克羞耇惟君」，「大」與「丕」同：皆其明證。協，釋詁：「和也。」

式，假爲「示」。古視、示通。呂氏春秋「式夷」，漢書人表作「視夷」，是式、示、視並通。漢書張良傳注：「式，亦表也。」亦表示之意。見，荀子賦篇注：「猶顯也。」周頌「示我顯德行」，與此正同。

烏呼！其在受德敃。

受德與桀德同。逸周書孔注、呂覽仲冬紀並以「受德」爲紂字，非也。敃，釋詁：「强也。」說文作「忞」，亦謂彊也。

惟羞刑暴德之人，同于厥邦；乃惟庶習逸德之人，同于厥政。

羞，釋詁：「進也。」刑，王引之謂「刑暴德」，與「習逸德」正相對。刑，猶效法也。

帝欽罰之，乃伻我有夏，式商受命，奄甸萬姓。

欽，疑當讀爲「淫」。考工記鄭司農注：「淫，讀爲廞。」周禮司服「廞衣服」、司兵「廞五兵」，司農注並讀爲「淫」，是「欽」之讀爲「淫」，與「廞」之讀爲「淫」同也。淫，釋詁：「大也。」多方「我乃其大罰殛之」，是其義也。伻，猶使也。有夏，即謂有周，蓋取中夏之義。君奭「惟文王尚克修和我有夏」，康誥「用肇造我區夏」，皆其例也。式，釋言：「用也。」奄，說文：「大有餘也。」甸，詩傳：「治也。」

亦越文王、武王，克知三有宅心，灼見三有俊心，以敬事上帝，立民長伯。

灼，說文作「焯」，謂明也。敬事上帝，與「立民長伯」相對爲文。敬天與敬民並重也。

立政：任人、準夫、牧，作三事。

立政，謂總建百官之正長。任人即常任，準夫即準人，牧即常伯，所謂三事也。

虎賁、綴衣、趣馬、小尹、左右、携僕，

趣馬，官名。詩十月之交：「蹶維趣馬。」雲漢：「趣馬師氏。」周禮：趣馬，下士，皁人一，掌贊正良馬，以聽馭夫。吉金文止作「走馬」。大鼎「王召走馬應京」，即其例也。尹，釋言：「正也。」小尹，亦官名。左右，官名。雲漢「膳夫左右」，師虎敦「官司左右」，皆其例也。携僕，亦應爲官名。古携、厮同音。公羊傳：「有厮役扈養。」漢書陳餘傳：「有厮養卒。」携僕，疑即厮僕也。

百司庶府，

庶，釋詁：「衆也。」庶府，如周禮大府、玉府、内府、外府、泉府之屬是也。

大都、小伯、藝人、表臣、百司，

大都，周禮載師注引司馬法：「小都，卿之采地。大都，公之采地。」小伯，與大都對文，疑即小都之長。都、伯互稱，乃變文也。藝，俞樾謂「藝」古止作「埶」，當讀爲「埶」。楚語「居有褻御之箴」，韋注：「褻，近也。」表，猶外也。表臣與褻人，相對成義。百司以上，承大都、小伯言，非天子之官，故百司兩見也。

大史、尹伯、庶常吉士，

尹伯與大史並稱，疑即「尹氏」之譌。尹氏爲内史之長，故每稱内史尹，或曰作册尹。師兑敦「王呼内史尹册命師兑」，師晨鼎「王呼作册尹命師晨」，是也。酒誥「矧大史友、内史友」，毛公鼎「雩大史寮、内史寮」，皆以太史、内史並舉也。常吉，連文。皋陶謨「彰厥有常吉哉」，是其證。常亦有吉義，下文「立政其惟克用常人」，又曰「立政其勿以憸人」，「常」與「憸」義相反，是其證矣。

司徒、司馬、司空、亞旅，夷、微、盧、烝、

亞旅，牧誓「亞旅師氏」是也。微、盧，亦見牧誓，皆戎國也。此文「夷」，疑亦戎名。睘卣有夷伯，是其證。漢志巫縣下：「夷水東至夷道入江。」疑此夷即夷水之戎也。烝，釋詁：「君也。」「烝」與下文「尹」對文，或疑「烝」爲戎名，則昧立民長伯之義矣。

三亳、阪尹，

三亳，説文：「亳，京兆杜陵亭也。」史記六國表：「湯起于亳。」徐廣曰：「京兆杜縣有亳亭。」又秦本紀秦寧公「遣兵伐蕩社。三年，與亳戰。亳王奔戎，遂滅蕩社」。徐廣曰：「社，一作杜。」按作「杜」者是也。蕩社即漢之杜縣。杜一名亳，故封禪書曰於杜亳有三杜主之祠。「杜」字今並譌作「社」。而下文雍管廟亦有杜主，則作「杜」不誤。可知「社」皆「杜」之譌。古地名亳者多，故稱杜亳以别之，正如稱蒙亳、景亳矣。阪，亦地名。封禪書：「秦文公獲若石云於陳倉北阪城，祠之。」即其地也。

文王惟克厥宅心，乃克立茲常事司牧人，以克俊有德。

漢石經：「維厥度心。」無「克」字。漢書敘傳：「西土宅心。」劉德曰：「書曰『惟衆宅心』。」亦無「克」字。三體石經此行亦羡二字，則本無「克」字明矣。厥字，疑古文作「衆」。古衆、終通。儀禮士相見禮注：「今文『衆』爲『終』。」易雜卦傳釋文：「衆，荀作『終』。」是其證。此言文王惟終宅心也。古宅、度通。詩皇矣「帝度其心」，毛傳：「心能制義曰度。」是也。又三體石經尚羡一字，疑「司」字因下文兩言「有司之牧夫」而衍。常事與牧人並言，常任亦稱事，則常事正與常任同矣。俊，夏小正傳：「大也。」

文王罔攸兼于庶言庶獄庶慎；

言，周語「有不祀則修言」，注云：「言，號令也。」慎，承「獄」言，謂慎罰之意。下文「式敬爾由獄，以長我王國」「茲式有慎，以列用中罰」，是其證也。

惟有司之牧夫，是訓用違。庶獄庶慎，文王罔敢知于茲。

有司，謂有所司守也。訓，詩傳：「教也。」學記：「教也者，長善而救其失者也。」用違，堯典：「靖言庸違。」庸、用古通。論衡引堯典作「庸回」。庸、回皆惡德，回，猶邪也。庸、訟，古通。堯典「嚚訟」，史記作「頑凶」。是「庸回」，猶言凶邪也。此謂牧夫有凶德者，文王則教戒之耳。

亦越武王惟率敉功，不敢替厥義德，

敉，讀爲「彌」，詩傳：「終也。」謂終文王之功。大誥曰「有十夫予翼以于敉寧、武圖功」，雒誥「亦未克敉公功」，並其例也。義，詩傳：「善也。」

率惟謀從容德，以竝受此丕丕基。

謀，疑當讀爲「敏」，謂勉也。容，疑亦當本作「睿」。洪範：「思曰睿，睿作聖。」洪範五行傳「睿」作「容」。鄭注：「容，當爲睿。睿，通也。」是其證矣。睿、聖同義，是「睿德」猶言聖德也。基，漢石經作「其」，「基」之省文也。

烏呼！孺子王矣。繼自今，我其立政：立事、準人、牧夫。我其克灼知厥若，丕乃俾亂相我受民，和我庶獄庶慎。時則勿有間之，自一話一言。

繼自今，此篇凡四見，蓋係當時成語，意謂自今以後也。厥若，猶言厥善，厥道也。雒誥「厥若彝及撫事」、康王之誥「用奉恤厥若」，其義並同。

俾，釋詁：「使也。」亂，釋詁：「治也。」相，昭二十五年左傳杜注：「治也。」亂相，與盤庚「亂越」同義，皆謂治也。勿，論衡作「物」。蓋今文假「物」爲「勿」也。間，釋詁：「代也。」此承上文「罔攸兼于庶言庶獄庶慎」之意。

我則末惟成德之彥，以乂我受民。

末，逸周書孔注：「終也。」彥，釋訓：「美士爲彥。」是也。乂，釋詁：「治也。」

烏呼！予旦已受人之徽言，〔四一〕咸告孺子王矣。

漢石經作「旦以前人之微言」，無「予」字，「已受」作「以前」，「徽」作「微」。按已、以古通。前、受古文並从「舟」，蓋以形近致譌，而今文之義較長。古徽、微二字，形、聲、義三者並近。詩傳：「徽，美也。」漢志「昔仲尼没而微言絶」，顔注謂「精微要妙之言」，是亦美言也。

繼自今，文子、文孫，其勿誤于庶獄庶慎，惟正是乂之。

文者，美稱。文子、文孫，猶彝器之稱文祖、文考也。正，釋詁：「長也。」乂，謂治也。言惟治其正長，不必自理庶獄，以小誤大也。

自古商人，亦越我周文王立政：立事、牧夫、準人，則克宅之，克由繹之，

宅，即上文「宅乃牧事，宅乃牧，宅乃準」是也。由繹，即紬繹也。説文：「繹，抽絲也。」廣雅：「繹，抽也。」抽與紬同。是紬、繹義同，故得連用。紬繹有理道之意，疑即「由裕」一語之轉，亦謂道也。按左傳吴蹶由，韓非説林作蹶融，爾雅釋天：「周曰繹，商曰肜。」肜、融古字通。左傳「其樂也融融」，思玄賦注作「肜肜」。是由、融、肜、繹，並一聲之轉，與「猷」或作「裕」者同也。古「猷」與「欲」「容」並通，故一作「裕」。

兹乃俾乂國，則罔有立政用憸人。不訓于德，是罔顯在厥世。

俾乂，亦疑「保乂」一語之轉。「國」字當上屬爲句。憸，説文「詖也」。引書作「譣」。釋文：「一作『㤜』。」説文：「㤜，疾利口也。」與詖邪之義頗近。訓，廣雅：「順也。」在，漢石經作「哉」，古同聲通用字。

繼自今，立政其勿以憸人；其惟吉士，用勱相我國家。

勱，説文：「勉力也。」引書「國」作「邦」。按古文用「邦」，今文用「國」。玉篇亦作「邦」，則古文本作「邦」也。

今文子、文孫，孺子王矣。其勿誤于庶獄，惟有司之牧夫。

惟有司之牧夫，與上文「惟有司之牧夫，是訓用違」同義。此蓋承上文而省耳。

其克詰爾戎兵，以陟禹之迹，方行天下，至于海表，罔有不服，

詰，周禮鄭注：「謹也。」戎，説文：「兵也。」陟，説文：「登也。」方，猶溥也。齊語「以方行天下」，與此同義。

以覲文王之耿光，以揚武王之大烈。烏呼！繼自今，後王立政，（四二）其惟克用常人。」

覲，大傳雒誥篇作「勤」。按作「勤」者是也。「勤」之誤爲「覲」，猶君奭「觀」之譌爲「勸」也。耿，漢石經、大傳、東觀餘論並作「鮮」。蓋今文作「鮮」，與古文異。常人，俞樾謂猶吉士，是也。上文「庶常吉

士」、皋陶謨「彰厥有常吉哉」，並以「常吉」連文並舉，其義同也。

周公若曰：「大史，司寇蘇公！式敬爾由獄，以長我王國。

呼大史者，大史記言之官，欲其誌之。呼司寇者，司寇主刑之官，欲其慎之。蘇公，成十一年左傳「昔周克商，蘇忿生爲司寇」是也。式，釋言：「用也。」由，讀爲「修」。廣雅：「修，治也。」

茲式有慎，以列用中罰。」

式，亦謂用也。列，廣雅：「布也。」中，晉語注：「平也。」〔四三〕呂刑「士制百姓于刑之中」，又曰「故乃明于刑之中」，皆中罰之意也。

顧命第二十六

史記：「成王將崩，懼太子釗之不任，乃命召公、畢公率諸侯以相太子而立之。成王既崩，二公率諸侯以太子釗見于先王廟，〔四四〕申告以文王、武王之所以爲王業之不易，務在節儉，毋多欲，以篤信臨之，作顧命。」按朱彬謂此篇以「顧命」名篇，馬、鄭本自「高祖寡命以上」爲顧命，「王若曰」以下爲康王之誥。禮記緇衣「君子寡言而信，以成其行」，鄭注：「寡當爲顧，聲之誤也。」則寡命亦當爲顧命，即取篇末二字名篇，以題上事。其説是也。

惟四月，哉生魄，王不懌。

魄，漢書律曆志作「霸」。〔四五〕古霸、魄通。哉生魄，月之二日或三日也。懌，馬本作「釋」。古釋、懌通用。漢志作「王有疾不豫」，似今文多二字。懌、豫，釋詁並云：「樂也。」

甲子，王乃洮頮水。

甲子，承哉生魄言。哉生魄可有五日或六日，則甲子當在三日之後，八日之前也。洮，馬謂洮髮也，鄭讀爲「濯」。頮，漢志作「沬」。説文：「沬，洒面也。古文作頮。」

相被冕服，凭玉几。

相，鄭謂正王服位之臣，爲大僕，是也。被，楚辭招魂注：「覆也。」冕，淮南主術篇注：「王者冠也。」凴，今本作「憑」。按説文作「凭」，謂依几也，讀若「凴」。周禮鄭司農注亦作「凴」，則本當作「凴」。

乃同召大保奭、〔四六〕芮伯、彤伯、畢公、衛侯、毛公、師氏、虎臣、百尹、御事。

太保，官名。奭，燕召公也。芮，詩桑柔疏引鄭書序注：「周同姓國，在畿内。」彤，漢書古今人表作「師」。王謂彤姒姓之國。今陝西華州有彤城，或即其地也。畢，史記：「畢公高爲周同姓，武王伐紂而高封于畢。」其地今在長安縣西北。毛，史記：「武王立于社南，毛叔鄭奉明水。」周禮大宰注：「毛亦畿内國也。」鄭謂公，兼官，以六卿爲正次。芮伯入爲宗伯，畢公入爲司馬。蓋以召公爲太保，畢、毛亦稱公，當是三公也。大傳：「天子三公，司徒公、司馬公、司空公。」周禮鄭注：「天子六卿，與太宰、司徒同職者，謂之司徒公；與宗伯、司馬同職者，謂之司馬公；與司寇、司空同職者，謂之司空公。一公兼二卿，舉下以爲稱。」此鄭所謂「公，兼官也」。按三公實即三司，立政謂之三事。詩十月之交「擇三有事」，毛公鼎「粤參有嗣」，是也。其時是否有六卿不可知。試以鄭説推之，則大保即司徒。鄭謂此文係依六卿之正次，則太保奭當爲大宰兼司徒，稱司徒公無疑。司徒公即三司之司徒也。酒誥「農父若保」，農父即司徒，而主保息萬民。立政謂之常任，保、任同義。則司徒之名大保，殆可信也。大師，疑即司馬。詩常武：「大師皇父，整我六師。」則大師主兵，與司馬之職正合。酒誥「圻父薄違」，詩傳謂主封圻之甲兵。圻父，即司馬。立政謂之常伯、牧人。州伯、州牧，皆主鎮守封圻，征伐不庭。亦即酒誥之圻父，似皆即大師，在三司則爲司馬也。大傅，疑即司空。酒誥：「宏父定辟。」是司空主定一切制作之法式。立政謂之準人，其義相同，皆即大傅，在三司則爲司空也。惟大傅之名，古籍罕見；與司空之命名亦似不甚吻合，令人不能無疑。禮記内則「十年出就外傅」，鄭注：「傅，教學之師也。」則大傅，或即百工之師歟？周禮本非周制，而各官復亡，其遺聞亦不可得見矣。以此推之，則召公自爲大保，畢公當爲大師，毛公當爲大傅，實即三司之司徒、司馬、司空也。大傳謂之司徒公、司馬公、司空公，猶存三司之遺意。六卿之職，當由三司分出，周初疑無六卿也。師氏，主兵之官。牧誓「亞旅師氏」，是也。虎，漢書人表作「龍」，疑即立政之虎賁也。

王曰：「烏呼！疾大漸，惟幾！病日臻。

漸，周易序卦：「進也。」幾，釋詁：「危也。」病，説文：「疾加也。」臻，釋詁：「至也。」

既彌留，恐不獲誓言嗣，兹予審訓命女。

彌，釋詁：「久也。」説文作「镾」。按彌留，疑與「彌離」爲一語之轉。釋詁注：「彌離，猶蒙蘢耳。」釋樂：「大琴謂之離。」孫炎謂聲留離也。古留離雙聲連語。釋鳥注：「留離，或作鶹離，通作流離。」詩旄丘「流離之子」，釋文：「流離，鳥名。」文選上林賦注引張揖曰：「流離，放散也。」蓋聲放散而不明謂之留離；精神蒙蘢而不明謂之彌離，或謂之彌留，其義可互通也。誓，周禮典命注：「猶命也。」審，説文：「詳，審議也。」則審亦爲詳矣。

昔君文王、武王，宣重光，奠麗陳教，則肄肄不違，用克達殷，集大命。

宣，詩淇奥釋文引韓詩云：「顯也。」重，釋詁：「崇，重也。」則「重」亦猶崇也。奠，猶定也。麗，與「教」對文，猶言法則。君奭「大不克開于民之麗」是也。陳，周語注：「布也。」肄，詩傳：「勞也。」則肄肄亦猶勞勞也。違，與「回」通，謂邪也。達，疑當讀爲撻。詩「撻彼殷武」，釋文引韓詩：「撻，達也。」子衿「挑兮達兮」，太平御覽引作「撻」，是其證矣。漢石經作「通」，「達」之訓詁字。集，漢石經作「就」。詩傳：「集，就也。」

在後之侗，敬御天威，嗣守文、武大訓，無敢昏逾。

侗，馬本作「詷」。説文作「在夏后之詷」。段玉裁謂徐鼎臣、李仁甫本衍「夏」字，徐楚金本無「夏」字，是也。古后、後通用。侗、詷，亦通用字。論語集解孔注：「侗，未成器之人也。」古侗、童通。童蒙爲幼稚之義，亦爲蒙昧不明之意也。在後之侗，成王自謙之詞。御，今本作「迓」，誤。古「御」亦訓迎也。周易荀注：「御，行也。」昏，與「泯」通。牧誓「昏棄厥遺王父母弟不迪」，昏棄，即泯棄也。逾，説文：「𨒫進也。」𨒫與「越」同，謂逾越也。

今天降疾，殆弗興弗悟。爾尚明時朕言，用敬保元子釗弘濟于艱難，〔四七〕柔遠能邇，安勸小大庶邦。

殆，猶將也。檀弓「夫子殆將病也」，「殆將」重言，其義相同。故或止言「殆」。易繫辭下傳「其殆庶幾乎」，吕覽高義篇「殆未能也」，殆亦將也。興，釋言：「起也。」悟，説文：「覺也。」明，猶勉也。時，當讀爲「承」，時、承一聲之轉。楚策「仰承甘露而飲之」，新序「承」作「時」，即其證也。釗，康王名也。弘，釋詁：「大也。」能，猶善也。堯典「惟時柔遠能邇」，與此同義。

思夫人自亂于威儀，爾我以釗冒貢于非幾。」

夫人，淮南本經注：「衆人也。」襄八年左傳杜注、周語韋注：「猶人人也。」亂，釋詁：「治也。」冒，文十八年左傳「貪于飲食，冒于貨賄」，杜注：「冒，亦貪也。」又襄四年傳「冒于原獸」，杜注：「冒，貪也。」周語「國之將亡，其君貪冒辟邪」，亦貪、冒同義之證。馬、鄭本作「勖」，假勖爲冒也。貢，馬、鄭王本並作「贛」，馬謂陷也。古「贛」讀如「陷」。莊二十四年公羊傳注：「五曰贛諫」，白虎通作「陷諫」，即其例也。非幾，當即「誹譏」之省。説文：「譏，誹也。」古非、誹，幾、譏通用。荀子引王制「關市幾而不征」，禮記「幾」作「譏」，齊語注：「幾，通作譏。」是幾、譏古通。荀子解蔽「百姓怨非而不用」，楊注：「非，或爲誹。」襄十四年左傳「聞君過則非謗」，釋文：「非，本作誹。」楚辭大招注：「譏，非也。」吕覽大樂、淮南氾論注並云：

「非，猶譏也。」〔四八〕「非」皆即誹。是非、誹古通。廣雅：「譏，譴也。」隱五年穀梁傳注：「非，責也。」則「非幾」正如今言譴責矣。

茲既受命，還出綴衣于庭。

既，漢石經作「即」。古即、既通。還，謂群臣退也。綴衣，鄭謂連綴小斂大斂之衣于庭中。然下文復言設綴衣，則綴衣非斂衣，鄭説非也。僞孔傳：「綴衣，幄帳。群臣既退，徹出幄帳于庭。」其説是也。按周官幕人「掌帷幕幄帟綬之事」，注云：「在旁曰帷，在上曰幕，四合象宮室曰幄，王所居之帳也。帟，坐上承塵也。凡四物者，以綬連繫焉。」則綴衣即指此矣。

越翌日乙丑，成王崩。

翌，今本作「翼」。按集韻引作「翌」，作「翼」者非也。成王，今本無「成」字。按釋文引馬本有「成」字，周禮司几筵注、漢書律曆志、白虎通崩薨篇皆有「成」字，是古今文同有「成」字明矣。

大保命仲桓、南宮毛，〔四九〕俾爰齊侯呂伋，以二干戈、虎賁百人，逆子釗于南門之外。

大保，即召公也。仲，漢書古今人表作「中」，「毛」作「髦」，古皆通用。仲桓、南宮毛，二臣名。俾，釋詁：「從也。」爰，與「于」同。呂伋，史記：「大公卒，子丁公呂伋立。」是大公望之子也。從于齊侯呂伋者，俞樾謂齊侯尊也。逆，白虎通作「迎」。今文「逆」皆作「迎」。南門，江聲以爲外朝之皋門，是也。

延入翌室，恤宅宗。

翌，今本亦作「翼」。按僞孔傳及正義並訓爲「明」，則本作「翌」。翌室者，明室也。段玉裁謂明室，即明堂；明堂，即路寢也。按路寢無大室，與明堂各別。段氏合之，非也。明室，即指路寢。古者君薨必于路寢，故知明室當在路寢。其稱爲明室者，以其爲居喪之室，死者所在。猶送死之器謂之明器，贈死之衣謂之明衣，祭祀之水，謂之明水，祭祀之齋謂之明齋也。恤，釋詁：「憂也。」後漢書班固傳注引此經「延入翼室，恤度宗」，謂度，居也；宗，尊也。白虎通宗族篇：「宗，尊也，爲先祖主也。」則此謂憂居，爲喪主耳。

丁卯，命作册度。

作册，官名，即內史也。雒誥「命作册逸祝册」，即其例也。度，詩傳：「法度也。」禮記月令注：「謂制大小也。」此蓋謂度其禮之緐簡也。

越七日癸酉，伯相命士須材。

伯相，亦謂大保奭也。須，說文：「頦，待也。」晉語注：「待，備也。」材，古通「財」。史記「養財以任地」，大戴記「財」作「材」，是其證也。財，聘義謂璧琮亨幣也。

狄設黼扆綴衣。

狄，喪大記：「狄人設階。」亦通作「翟」，禹貢「羽畎夏翟」，周禮注「翟作狄」，詩簡兮「右手秉翟」，韓詩「翟」作「狄」，皆其證。祭統：「翟，樂吏之賤者也。」扆，漢石經作「衣」。古衣、依通。周禮司几筵云：「王位設黼依。」鄭注：「依之制，如屏風然。」釋宫：「牖户之間謂之扆。」此就其設之地而言之。蓋古文作「扆」，今文作「衣」，實一物也。黼，考工記：「白與黑謂之黼。」釋器「斧謂之黼」。蓋一言其色，一言其介采也。

牖間南鄉，敷重蔑席，黼純；華玉仍几。

牖，説文：「穿壁以木爲交窗也。」大戴記盛德篇謂明堂之制，一室而有四户八牖。是每室皆有二牖夾户。下文出廟門俟，則此當在廟。大廟與明堂同，則此牖間，正指二牖之間。觀「扆」之从户、衣，亦可知其蔽户而立之意。此位正在黼扆之南。周官司几筵：「凡封國命諸侯，王位設黼依，依前南鄉，設莞筵。」「左右玉几。」並與此合。惟此則爲命天子之禮，此位當爲大王之位。以下西序、東序，則爲王季、文王，而西夾則爲武王也。鄉，今本作「嚮」。古嚮、饗字皆止作「鄉」也。敷，説文作「布」。敷與布同，皆謂鋪陳也。蔑，説文作「莫」，謂火不明也。引周書：「布重莫席，纖蒻席也，讀與蔑同。」則古文假「莫」爲「蔑」。馬注與許同，字亦作「篾」。鄭謂「析竹皮之次青者」，則鄭本字當作「篾」。按説文：「蒻，蒲子，可以爲平席。」世謂蒲平。則蒻似蒲而小，故謂之蒲子。亦通稱爲蒲，故又謂之蒲平。蔑謂細義，故以纖蒻釋之。實則此以蒲子作之，即蒻席也。稱纖蒻者，因蒲蒻可通稱，妨其相混耳。純，釋器：「緣謂之純。」則謂席之緣飾也。仍，釋詁：「因也。」周禮司几筵「凡吉事變几，凶事仍几」，鄭司農注：「變几，變更其質，謂其飾。」乃，因也，因其質，謂無飾也。

西序東鄉，敷重厎席，綴純；文貝仍几。

序，釋宫：「東西墻謂之序。」厎，玉篇作「蔗」，引孔注：「蔗，蒻苹也。」按蒻苹，即蒲苹。釋名：「蒲苹，以蒲作之，其體平也。」馬、王同以爲青蒲席，則此爲蒲席，上文爲蒻席，大同而小異。厎謂平義，故以蒲平釋之。鄭以爲篾之纖致者，則取致義也。綴，大戴記盛德篇盧注：「飾也，以爲畫飾。」周禮司几筵有「紛書黻繢四純」，此當即繢純也。文貝，謂貝之有文者。釋魚「餘蚳，黄白文；餘泉，白黄文」。即其類也。

東序西鄉，敷重豐席，畫純；雕玉仍几。

豐，鄭謂刮涑竹席，王謂莞席。按鄭以刮涑不刮涑爲豐、筍二席之别，殊于豐義無當。莞，説文：「艸也，可以作席。」小雅鄭箋：「莞，小蒲之席也。」殷敬順謂莞音官，似蒲而圓。廣雅又謂之葱蒲。蓋莖圓而中空，故謂之葱蒲。莞之言管也，正取中空之義。中空而圓，故作席必豐厚也。雕，與「彫」同。釋器「彫謂之琢」，是也。

西夾南鄉，敷重筍席，玄紛純；漆仍几。

西夾，謂堂西之夾室，即所謂右个也。筍，馬謂箬箬也，鄭謂析竹青皮也，引禮器曰：「若竹箭之有筍。」按今禮器「筍」作「筠」。古筍、筠同字，故説文古文「鈞」从旬作「銞」。漢書高帝紀韋昭注：「竹皮，竹筠也。今南夷取竹幼時，績以爲帳。」則竹皮當謂幼竹之皮。蓋幼竹謂之筍，故幼竹之皮亦通謂之筍。説文：「箁，竹箬也。」又曰：「楚謂竹皮曰箬。」則箬亦兼竹皮之通稱。馬、鄭之説，可互通也。此當以幼竹之青皮作之，故曰筍席。玄紛，鄭謂以玄組爲之緣，則即謂玄組也。

越玉五重。

越玉，馬謂越地所獻玉也。按周禮鄭司農注引顧命「越七日陳寶，赤刀大訓弘璧琬琰在西序」，則不以此句下屬，疑此蓋不在西序也。越，廣雅：「與也。」五重，謂五層也。此承上文而言，或通設于牖間、西序、東序、西夾四席也。

陳寶：赤刀、大訓、弘璧、琬、琰在西序；〔五〇〕

陳，廣雅：「列也。」寶，説文作「宲」，古「保」字也。吉金文「保」與「寶」通。赤刀，鄭謂武王誅紂時刀赤爲飾，周正色也。大訓，鄭謂禮法，先王德教，虞書典、謨是也。弘，釋詁：「大也。」琬，説文：「圭有琬者。」段玉裁謂當作「圭首宛宛也」，謂圜剡之，與「丘上有丘爲宛丘」同義。琰，説文：「璧上起美色也。」段謂「璧」當爲「圭」。周禮鄭注：「凡圭剡上寸半。琰圭剡半以上，又半爲瑑飾。」是其證也。

大玉、夷玉、天球、河圖在東序；

大玉，鄭謂華山之球也。夷玉，説文：「醫無閭之珣玗璂，周書所謂夷玉也。」鄭謂東北之珣玗琪，亦與許同。天球，鄭謂雍州所貢之玉，色如天者；馬謂玉磬也。按皋陶謨「戛擊鳴球」，鄭以球爲玉磬，是也。班固典引蔡邕注引作「顓頊河圖、雒書在東序」。疑今文三家之駁文也。

胤之舞衣、大貝、鼖鼓在西房，兑之戈、和之弓、垂之竹矢在東房。

胤、兑、和、垂，鄭謂皆古人造此物者之名。大貝，大傳謂文王被囚牖里，散宜生之江淮之浦取大貝，大如車渠，是也。鼖，釋詁：「大鼓也。」房，謂室之兩旁也。

大路在賓階面，綴路在阼階面，先路在左塾之前，次路在右塾之前。〔五一〕

路，今本作「輅」。按釋名：「路，亦車也。」謂之路者，言行于道路也。儀禮鄭注：「君所乘車曰路。」凡周禮巾車，禮記明堂位、禮器、郊特牲「輅」皆作「路」，則本當作「路」也。綴，周禮典路鄭司農注作「贅」，古贅、綴通。鄭謂大路，玉路。贅，次在玉路後，謂玉路之貳也。先路，象路。不陳金路、革路、木路者，主于朝祀而已。按周禮巾車掌王之五路，玉路以祀，金路以賓，同姓以封；象路以朝，異姓以封；革路以即戎，以封四衛；木路以田，以封蕃國。此文僅有朝祀之禮，故鄭謂僅設玉、象二路。大戴記朝事篇：「乘大路，建大常十有二旒，樊纓十有再就。」周禮巾車：「一曰玉路，鍚樊纓十有再就，建大常十有二斿。」此大路即玉路之明證，鄭説是也。惟馬謂不陳戎路者，兵車非常，故不陳之，則以此當玉、金、象、木四路，與鄭微異矣。阼，儀禮士冠禮注：「猶酢也。」東階，所以荅酬賓客也。塾，釋宮：「門側之堂也。」

二人雀弁，執惠，立于畢門之内。四人綦弁，執戈，上刃，夾兩階戺。

雀弁，鄭謂赤黑曰雀，言如爵頭色也。雀弁制如冕，黑色，但無藻耳。按士冠禮爵弁服，雜記士弁而祭于公，則弁爲士服也。惠，僞孔傳謂三隅矛，鄭謂蓋斜刃，宜芟刈也。畢門，在左右二塾之間。綦，詩曹風正義作「騏」，馬本亦作「騏」，謂青黑色也。古騏、綦通。説文：「騏，馬青驪文如博棊也。」刃，淮南原道篇注：「矛戈之刃也。」戺，廣雅：「砌也。」張衡西京賦：「金戺玉階。」則戺與階略近。僞孔傳謂堂廉曰戺，是正在堂外與階相接之地。程瑶田謂階之兩旁，自堂至廢地，斜安一石，掩階齒而輔之，如今樓梯，必有兩髀以安步級，俗謂之樓梯腿也。按程説非是，程以戺爲階旁之石，則人不能斜立于石上。若謂夾于其旁，則又相去過遠，固不如僞孔傳之爲安也。

一人冕，執劉，立于東堂。一人冕，執鉞，立于西堂。

堂，鄭謂序内半以前曰堂，是也。劉，鄭注：「今鑱斧也。」鉞，與「戉」通，説文：「大斧也。」

一人冕，執戣，立于東垂。一人冕，執瞿，立于西垂。一人冕，執鋭，立于側階。

戣，説文：「兵也。」垂，釋詁：「邊也。」此謂堂外之邊，東西之盡處也。瞿，亦兵器。鄭謂戣瞿，蓋今三鋒矛也。鋭，説文作「鈗」，謂侍臣所執兵也。按玉篇、廣韻、集韻皆僅有「鋭」，釋爲矛屬，陸德明釋文音以税反，則説文字本作「鋭」。又岳珂刊正九經三傳沿革例改越中本「執脱」爲「執鋭」，並云説文以爲兵器，亦其明證。側階，鄭注：「東下階也。」又雜記鄭注：「亦旁階也。」按鄭謂爲東下階，則當在東房之後。在正室之旁，故曰側階。王行禮畢，由堂退入室，由室經東房而下。此爲王降時設衛也。

王麻冕黼裳，由賓階隮。

麻冕，論語孔注：「緇衣冠也。」古者積麻三十升布以爲之，故曰麻冕。隮，詩傳：「升也。」王由賓階者，時大保攝成王居主位，故王爲賓也。

卿士、邦君麻冕蟻裳，入即位。大保、大史、大宗，〔五二〕皆麻冕彤裳。

蟻，鄭謂色玄也。彤，廣雅：「赤也。」大宗，即下文上宗，相禮之官也。王先生謂王黼裳，卿士邦君蟻裳者，居喪釋服，不純吉也。大保、大史、大宗彤裳純吉者，大保攝成王爲册命之主，大宗相之，大史命之，皆以神道自處，故純吉也。

大保承介圭，上宗奉同瑁，由阼階隮。

介圭，釋器：「圭大尺二寸謂之玠。」是也。上宗，周禮大宗伯「王命諸侯則儐」，此儐大保以命康王也。同瑁，裴松之三國志注：「虞翻别傳：翻奏鄭玄解尚書違失四事，以顧命康王執瑁，古『月』字似『同』，從誤作『同』。既不覺定，復訓爲杯。玉人職：『天子執瑁以朝諸侯。』謂之酒杯，誤莫大焉。」按虞説亦未允。古本作「同」，鄭釋爲酒杯。「同」即「冃」字。今本作「同瑁」，非也。白虎通作「銅」，則今文作「銅」，由

「同」孳變也。知「同」即冒者，典瑞「祼圭有瓚」，鄭司農云：「於圭頭爲器，可以挹鬯祼祭謂之瓚，故詩曰『衈彼玉瓚，黄流在中』。國語謂之鬯圭，以肆先王，祼先王祭也。」則祼圭即酒器。亦謂祼玉。鬱人「凡祼玉濯之陳之以贊祼事」，鄭注：「祼玉，謂圭瓚璋瓚。」郊特牲：「祼以圭璋。」詩樸棫箋：「祭祀之禮，玉祼圭瓚。諸侯助之祼以璋瓚。」則祼玉統圭璋言之，同爲祼酒之器。圭瓚，即祼圭也。古者諸侯見天子有祼禮。周禮大行人：「上公，王禮再祼而酢。諸侯、諸伯，王禮壹祼而酢。諸子、諸男，壹祼不酢。」是天子朝諸侯用祼禮，其必用祼圭可知。司儀：「詔王儀南鄉，見諸侯。」「及其擯之，各以其禮。公於上等，侯、伯於中等，子、男於下等。其將幣亦如之，其禮亦如之。」鄭注：「將幣，享也。禮，謂以鬱鬯祼之也。」亦天子朝諸侯用祼圭之證。則玉人謂「天子執瑁以朝諸侯」者，瑁亦當即祼圭矣。祼圭，尺有二寸。今本禮記作「天子執瑁四寸以朝諸侯」。按虞翻所引無「四寸」二字，疑「四寸」係衍文也。下文「王受同而三宿三祭三咤」，又謂「大保以異同秉璋以酢」，知此亦用祼禮。「同」即祼圭。則同、瑁本爲一物。「同」字上从冃，取冒圭之意；下从口，則象瓚之形。譌變爲「冃」，從目，目亦象瓚之形也。

大史秉書，由賓階隮，御王册命。

大史由賓階隮者，王先生謂大史，居大保右也。覲禮：「天子賜侯氏以車服，大史是右。」少儀：「贊幣自左，詔儀自右。」祭統：「史自君右，執册命之。」是大史位在大保之右。時大保在阼階上西面，大史後升，不可越大保而趨其右，故由賓階也。御，鄭謂猶嚮也。時王在西階東面，大史迎而命之也。彝器言王命諸侯，皆在大室行之，諸侯立中廷北向，王南面。此于堂上行之，而用賓主禮者，以大保雖攝先王而身本爲臣，不敢全君臣之禮也。

曰：「皇后凴玉几，道揚末命，命女嗣訓，臨君周邦。

皇后，謂成王也。道，周語注：「達也。」揚，與「颺」同。皋陶謨「拜手稽首颺言」，是也。訓，謂文、武大訓也。臨，猶監也。詩大明「上帝臨女」，是其義也。

率循大弁，燮和天下，用答揚文、武之光訓。」

弁，各本作「卞」。古卞、弁同，詩「小弁」，漢書作「小卞」即其證。「卞」即「弁」之省文。「弁」疑當讀爲「辨」。古本作「帥修大辨」，「帥」與「率」、「循」與「修」，皆古通用字，則「卞」「辨」當可通。齊策齊貌辨，古今人表作昆辯，元和姓纂作昆弁，亦可證也。辯，説文：「治也。」辨，荀子議兵注亦云：「治也。」燮，釋詁：「和也。」答，猶對也。克鼎「克拜稽首敢對揚天子魯休」，虢叔旅鐘「旅對天子魯休揚」。或連言，或分言，其義一也。

王再拜，興，答曰：「眇眇予末小子，其能而亂四方以敬忌天威。」

答，白虎通作「對」，其義同也。眇眇，文選幽通賦曹大家注：「微也。」而，與「能」古字通。堯典「柔遠能邇」，漢督郵班碑作「渘遠而邇」；周易屯彖傳「宜建侯而不寧」，鄭本「而」作「能」，謂能猶安也。漢書顔注：「能，善也。」是「而」亦有安善之義。亂，釋詁：「治也。」然則「而亂」，猶言安治矣。敬忌，古成語，謂敬畏之意。康誥「惟文王之敬忌，乃由裕民」，即其例也。

乃受同瑁，王三宿三祭三咤。上宗曰：「饗！」

受，王先生謂受同者王，授之者大宗也。下句有王字，「受」疑當作「授」爲是。大保之介圭，與大史之册書，當于此時同授王，不書者，略也。授同者，獻王也。下文「大保受同，降盥以異同秉璋以酢」，又曰「大保受同祭嚌宅」。古禮有獻始有酢；不獻王，則何酬之有矣？知大宗授同者，周禮大宗伯「大賓客則攝而載果」，鄭注：「載，爲也。」「果」讀爲祼。代王祼賓客以鬯。君無酌臣之禮，言爲者，攝酬獻耳。拜送，則王也。時大保攝主以命康王，故知授同者大宗，拜送者則大保也。「瑁」亦衍字，「同」即瑁也。宿，鄭注：「徐行前曰肅。」是讀「宿」爲肅也。咤，鄭注：「却行曰咤。」按肅，釋詁：「進也。」故鄭以前行訓之。咤，俗字，說文作「詫」，謂奠爵酒也。馬本與說文音義同。通典引白虎通：「王再拜興祭嚌，乃受宗人同。」是今文「詫」作「嚌」也。周禮大行人：「上公王禮再祼而酢，諸侯、諸伯王禮壹祼而酢，諸子、諸男壹祼不酢。」此所獻爲王，視上公爲尊，故三祼而酢也。饗者，上宗侑王之辭。

大保受同，降，盥，以異同秉璋以酢。授宗人同，拜。王答拜。大保受同，祭，嚌，宅，授宗人同，拜。王答拜。

盥，説文：「澡手也。」以異同自酢者，不敢襲尊者之爵。古敵者之禮，皆主人獻賓，賓酬主人，惟獻尊者乃酌以自酢。此時嗣王已即位，故大保退而以臣自處。璋，郊特牲：「祼用圭璋。」詩棫樸箋：「祭祀之禮，王祼以圭瓚；諸臣助之，祼以璋瓚。」此文「同」即圭瓚，故執異同以終攝主之禮，復秉璋以明臣節也。嚌，雜記鄭注：「嘗也。」嚌至口，啐至齒。王祭而奠之，大保祭而嚌之。王兼居君父之喪，大保但居君喪，衣有間也。

大保降，收。諸侯出廟門俟。〔五三〕

降，謂降自堂上也。燕禮：「主人酢于西階下。」此酢在堂上，與彼異也。收，猶少牢饋食禮云「有司徹」，謂禮畢而收徹禮器諸物也。此云出廟門，則行禮在廟可知。俟，猶待也，待王出視朝也。

王出在應門之內，大保率西方諸侯入應門左，畢公率東方諸侯入應門右，皆布乘黃朱。

應門，詩傳：「王之正朝曰應門。」布乘，白虎通作「黼黻」。按布、黼同聲相假。「乘」字當本作「黻」。「黻」者，「韍」之假字。〔五四〕古黻、韍通。古文作「市」。説文「市，韠也」。上古衣蔽前而已，市㠯象之。天子朱市，諸侯赤市，卿大夫蔥衡。从巾，象連帶之形。韍，篆文市。俗作「紱」。文選揚荆州誄注：「黻與紱，古今字。」是假「黻」爲「韍」之證。字或作「紼」，或作「芾」。詩采芑「朱芾斯皇」，毛傳：「朱芾，黃朱芾也。」斯干鄭箋：「芾者，天子純朱，諸侯黃朱。」采菽「赤芾在股」，鄭箋：「冕服謂之芾。」芾，大古蔽膝之象也。候人「三百赤市」，毛傳：「芾，韠也。」釋文：「祭服謂之市。」白虎通紼冕篇：「紼者，行以蔽前者爾。有事因以别尊卑，彰有德也。天子朱紼，諸侯赤韍。」漢書輿服志注：「韍，如巾，蔽膝。」皆其明證。此諸侯朝王，故必佩芾，黄、朱言其色，布言其質。古「韈」亦從韋，从韋之字，不必皆爲皮韋也。疑「韍」之从韋，本取圍繞膝前之意。説文：「韓，井垣也。从韋，取其帀也。」是其證。鄭以此爲獻四黄馬朱鬣，又以韍爲皮製，示不忘本，皆不可從。

賓稱奉圭，兼幣。曰：「一二臣衛，敢執壤奠。」

賓，孔廣森謂當讀爲「擯」。覲禮「嗇夫承命，告于天子」，注云：「嗇夫爲末擯，承命于侯氏。下介傳而上，上擯以告天子。」又曰：「侯氏入門右，坐奠圭，再拜稽首。擯者謁。」注云：「謁猶告也。」則王見諸侯，皆擯者傳辭。此亦擯者以其圭幣告之，並稱其辭曰：「一二臣衛，敢執壤奠也。」按孔説是也。稱，猶舉也。説文引書稱「奉玠圭」。陳喬樅謂今文作「玠圭」。詩崧高：「錫爾介圭。」韓弈：「韓侯入覲，以其介圭。」是諸侯之命圭亦得謂之介圭。陳説亦是也。衛，逸周書職方解孔注：「爲王扞衛也。」壤，秦策注：「地也。」奠，禮記鄭注：「獻也。」此新王即位，諸侯來見，故云以壤地獻於天子，待天子之後命。舊訓爲土壤所出，非也。

皆再拜稽首。王義嗣德，答拜。

義者，中庸：「宜也。」王義嗣德，疑仍是擯者代稱諸侯之詞。答拜，與「皆再拜稽首」相對，並爲叙事之文。

大保暨芮伯咸進，相揖，皆再拜稽首，

相揖，謂大保與芮伯相見而揖。康王之誥：「群公既皆聽命，相揖趨出。」是退朝時亦有此儀也。皆再拜稽首，則同拜王也。

曰：「敢敬告天子，皇天改大邦殷之命，惟周文、武誕受羑若，克恤西土。

羑，馬謂道也。按「羑」通作「牖」，淮南氾論注：「羑，古牖字。」是其證也。詩板篇「天之牖民」，毛傳：「道也。」與馬義合。其本字蓋作「誘」。詩板篇「牖民孔易」，韓詩外傳「牖」作「誘」，是其證也。又疑「羑」爲「久」之假字。「羑」之爲久，猶「羕」之爲永也。「久」與「厥」，古字極相同。秦公敦「厥」字作「久」，是其證。則「羑若」與厥若，當爲一語。康王之誥：「用奉恤厥若。」立政：「我其克灼知厥若。」

恤，釋詁：「憂也。」

惟新陟王，畢協賞罰，戡定厥功，用敷遺後人休。

陟，釋詁：「假、陟、登，陞也。」曲禮告喪曰天王登假，則「陟」亦謂登假之義。新陟王，當即新崩之成王也。畢，釋詁：「盡也。」戡，與「堪」通。釋詁：「戡，克也。」敷，説文：「㪔也。」

今王敬之哉！張皇六師，無壞我高祖寡命。」

皇，詩傳：「大也。」詩常武「整我六師」、孟子「則六師移之」，皆以六師爲言。周禮王六軍，蓋六師即謂六軍也。寡，讀爲「嘏」，禮記緇衣「君子寡言而信，以成其行」，鄭注：「寡當爲『顧』，聲之誤也。」史記十二諸侯年表宋共公瑕，左傳作顧，是瑕、顧、寡並通，故「寡」可爲「嘏」也。

康王之誥第二十七

史記：「太子釗遂立，是爲康王。康王即位，徧告諸侯，宣告以文、武之業以申之，作康誥。」按歐陽、大小夏侯以此同爲顧命，馬、鄭分爲二篇。是今文、古文不同。兹從古文。至僞孔本分「王出在應門之内」以下爲康王之誥，於今古文皆無所取，故不從也。

王若曰：「庶邦侯、甸、男、衛，惟予一人釗報誥：昔君文、武丕平富，不務咎，厎至齊信，

丕，釋詁：「大也」。平，讀爲「抨」，釋詁：「從也。」又通作「俾」。富，與「福」通。易謙彖傳「鬼神害盈而福謙」，釋文：「福，京作富。」是其證。丕伻富，謂大順從其福也。務，説文：「趣也。」咎者，福之反，猶洪範言咎徵也。厎，與「至」同義。齊，釋言：「中也。」文十八年左傳「齊聖廣淵」，是其義也。馬以「齊」字絶句。按齊信，猶言中信，吕刑「罔中于信」，是其義，馬讀非也。

用昭明于天下。則亦有熊羆之士、不二心之臣，保乂王家，用端命于上帝。

端，孟子「仁之端也」，趙注：「端，首也。」家語禮運篇「五行之端」，注云：「端，始也。」則端命，猶雒誥言基命矣。

皇天用訓厥道，付畀四方。〔五五〕乃命建侯樹屏，在我後之人。

訓，廣雅：「順也。」畀，釋詁：「予也。」樹，成二年左傳：「立也。」屏，釋言：「蔽也。」屏蔽，以喻諸侯也。在，王引之謂相顧在也。襄王廿六年左傳衛獻公使讓大叔文子曰：「吾子獨不在寡人。」吴語：「昔吴伯父不失春秋，必率諸侯以顧在余一人。」是「在」有顧意。

今予一二伯父，尚胥暨顧，綏爾先公之臣服于先王。

伯父，天子稱諸侯也。覲禮：「天子呼諸侯，同姓大國曰伯父，異姓曰伯舅；同姓小邦曰叔父，異姓曰叔舅。」按專言則别，散文則通。此伯父，通呼諸侯也。暨，謂相與共事。無逸「爰暨小人」，是其義也。顧，謂顧在也。綏，與「綏」通。詩車攻、韓奕釋文並云：「綏，本作綏。」釋詁：「綏，繼也。」

雖爾身在外，乃心罔不在王室，用奉恤厥若，無遺鞠子羞。

漢書谷永傳「乃」作「迺」、「罔」作「無」，皆通用字。恤，與「卹」通，猶言慎也。厥若，古語，雒誥「厥若彝及撫事」、立政「我其克灼知厥若」，皆其例也。鞠，釋言：「穉也。」

群公既皆聽命，相揖，趨出。王釋冕，反喪服。

釋，小爾雅：「解也。」反喪服，謂去吉服而反凶服。白虎通無「反」字，非也。

粊誓第二十八〔五六〕

粊，今本作「費」。按説文：「粊，惡米也。周書有粊誓。」周禮雍氏、禮記曾子問鄭注并作「粊」，則本作「粊」可知。史記索隱：「粊，地名，即魯卿季氏之費邑也。」則唐初猶作「粊」，此衛包依小司馬改之。史記作「肸」，徐廣曰：「一作『獮』。」大傳作「鮮」。段玉裁謂鮮、肸、獮三字雙聲，皆今文也。孔謂粊，魯东郊之地名也。小司馬以費、粊音近，遂以「費」當之。考費初爲小國，隱元年左傳費伯帥師城郎，是也。後併于魯以賜季氏，僖元年傳「公賜季友汶陽之田及費」，是也。其故城在今費縣西北二十里，東去曲阜約一百七十餘里。小司馬之説，疑可信也。史記以此篇爲伯禽作，謂在管、蔡反叛之時。堯典正義孔以粊誓在文侯之命後第九十九，鄭以爲在吕刑前第九十七。今從鄭本，次之於此。吕刑舊以爲穆王時事，鄭意此篇在吕刑前，當即從史記也。然考之史實，則殊未盡然。竊疑西周諸侯，當承王命征伐，而此篇無一語道及王命，當是東周以後諸侯自專攻伐時代之作品。且其文字與秦誓相去不遠。據魯頌閟宫「奄有龜蒙，遂荒大東；至于海邦，淮夷來同」，又曰「保有鳧繹，遂荒徐宅；至于海邦，淮夷蠻貊」，此確叙魯公征討徐戎、淮夷之事。泮水：「既作泮宫，淮夷攸服；矯矯虎臣，在泮獻馘。」亦明爲克服淮夷獻功之事。則詩、書所載，自屬一事。而閟宫有「莊公之子」一語，鄭箋以爲僖公時事，似尚可信。考左傳僖十三年：「公會諸侯于咸，淮夷病杞故。」十四年春：「諸侯城緣陵，遷杞。」十五年：「楚人伐徐，公孫敖會諸侯救徐。」徐與淮夷，二名一地。故常武云：「率彼淮浦，省此徐土。」而閟宫兼言徐戎、淮夷，泮水則止言淮夷。僖十四年公羊傳謂遷杞因爲徐、莒所脅，徐即淮夷也。蓋淮爲水名，徐爲國名。淮水之夷，以徐爲大，言淮夷固可以包徐戎，言徐戎亦可以統淮夷也。據左傳，是僖之十三、十四年淮夷、徐戎其勢尚盛，至遷杞以避其鋒。而翌年又有救徐之舉，似克服淮夷、徐戎當在十四年；淮夷、徐戎既服於魯，故楚人來争，而魯又會諸侯以救之也。此後淮夷之一部似服于魯，故昭二十七年左傳范獻子曰「季氏甚得其民，淮夷與之」，是其證也。

公曰：「嗟！人無譁，聽命！徂兹淮夷、徐戎竝興。

譁，説文：「讙也。」徂，通作「且」。周頌載芟「匪且有且」，毛傳：「且，此也。」是徂、兹二字同義。酒誥：「我西土棐徂邦君御事小子。」匪徂，謂在昔也。字通作「䖒」。彔卣：「䖒淮夷敢伐内國。」䖒，亦兹也。徐，周禮雍氏注釋文引劉昌宗本作「郐」，説文：「郐，邾下邑也。魯東有郐城。」史記魯世家：「傾公十九年，楚伐我，取徐州。」徐廣曰：「徐州在魯東。」按徐戎爲淮夷中之大國，其地西北與魯接壤，而其南跨淮水南北。後漢書東夷傳謂周穆王時徐戎僭號稱王，陸地而朝者三十六國。金文沇兒鐘有郐王庚。又江西高安出土者，有徐王義楚之耑。是稱王是實，而其勢力疑且及江西矣。

善敹乃甲胄，敿乃干，無敢不弔。

敹，説文：「擇也。从攴，宷聲。」引書無「善」字。又云：「冞，从网，米聲。或从卣，作宷。」段玉裁謂「敹」當讀如「彌」。今音了彫切，疑非也。弓鏄「敳睪吉金」、陈斯𣪘「敹睪吉金」，並「敹擇」連文，説文訓擇是也。冑，説文：「兜鍪也。」兜鍪，首鎧也。弔，即古「淑」字，金文亦作「盄」，史記訓善，是也。

備乃弓矢，鍛乃戈矛，礪乃鋒刃，無敢不善。

鍛，説文：「石也。」箋云：「鍛石，所以爲鍛質也。」蓋鍛者鍛物之石，用之鍛物亦得名鍛，正如礪本礪刃之石，用之礪刃亦得名礪也。礪古止作「厲」。昭十二年左傳：「磨厲以須。」則厲猶言磨也。鋒者，「鏠」之省。説文：「鏠，兵耑也。」

今惟淫舍牿牛馬，

淫，釋詁：「大也。」舍，釋詁郭注：「放置也。」牿，説文：「牢也。」大徐本引書無「淫舍」二字，小徐本無「舍」字，蓋譌脱也。鄭謂「牿」爲梏牿之「梏」，施梏于牛馬之脚，使不得走失。按鄭説非也。牿牛馬，謂所牢之牛馬。牿與「牢」同。「牢」可用以代牛羊，如言大牢、少牢、百牢，皆是也；故「牿」亦可用以代牛馬，下文「無敢傷牿」，即無敢傷牛馬，是也。

杜乃擭，敜乃穽，無敢傷牿。牿之傷，女則有常刑。

杜，釋文：「亦作『𢾈』。」説文：「𢾈，閉也。」古𢾈、杜通。擭，鄭謂柞鄂也。擭、鄂，一聲之轉。大傳謂捕獸機檻，是也。魯語「鳥獸成，設穽鄂」，周禮冥氏「掌爲穽擭，以攻猛獸」，皆是物也。敜，說文：「塞也。」穽，說文作「阱」，謂陷也。之，猶若也。謂牿若傷也。常，古通「尚」。尚、上亦通，即吕刑之「上刑」也。

馬牛其風，臣妾逋逃，勿敢越逐。祇復之，我商賚女。乃越逐不復，女則有常刑。

風，鄭謂走逸也。釋名：「風，放也，氣放散也。」放散，與走逸相近。臣妾，鄭謂厮役之屬。越，淮南主術篇注：「散也。」方言：「散，殺也。」是「越」有殺義。祇，釋詁：「敬也。」復，謂反之原所也。商，當爲「賣」之省。金文「賞」字皆作「賣」。俎子鼎「王賣𠨘伐貝二朋」，〔五七〕小盂鼎「王命賣盂」，皆其例也。亦省作「商」。般甗「王商作册般貝」，是其證。則「商賚」即賞賚矣。

無敢寇攘，踰垣墻，竊馬牛，誘臣妾，女則有常刑。

寇，鄭謂强取也。攘，攘奪也。誘，荀子正名篇注：「誑也。」

甲戌我惟征徐戎，峙乃糗糧，無敢不逮，女則有大刑。

峙，今本作「峙」。按釋詁：「峙，具也。」詩大雅崧高：「以峙其粻。」則「峙」乃「峙」之譌。糗糧，說文作「餱粻」，謂餱，乾食也。詩大雅公劉：「乃裹餱糧。」古粻、糧同字。釋言：「粻，糧也。」說文：「糗，熬米麥也。」蓋熬米麥而乾之以爲行糧，與餱義得通。說文：「餥，餱也。陳楚之間相謁食麥飯曰餥。」是麥飯亦通名餱之證。逮，釋詁：「及也。」不及，謂少也。

魯人三郊、三遂，峙乃楨、榦。甲戌我惟築，無敢不共；〔五八〕女則有無餘刑非殺。

遂，史記作「隧」，古同聲通用。周禮小司徒：「天子六軍，出于六鄉，六遂副焉；大国三軍，出于三鄉，三遂副焉。」釋地：「邑外謂之郊。」則「郊」即鄉，「遂」在鄉之外也。楨，釋詁：「榦也。」無餘刑非殺者，鄭謂盡奴其妻子，不遺其种類。在軍使給厮役，反則入于罪隸、舂槀，不殺之也。

魯人三郊、三遂，峙乃芻茭，無敢不多；女則有大刑。

芻，說文：「刈艸也。」茭，鄭謂乾芻也。

呂刑第二十九

呂，通作「甫」，史記：「甫侯言於王，作修刑辟。」又曰：「命曰甫刑。」禮記、孝經並作「甫刑」，惟國語韋注謂周穆王之相甫侯所作呂刑也。蓋今文作「甫」，古文作「呂」。鄭謂周穆王以呂侯爲相，則此篇當爲穆王時事。詩崧高：「生甫及申。」此篇惟呂命王，同以國名用爲人名，如他書之言周、召、管、蔡矣。史記集解：「呂在南陽宛縣西郊。」即今南陽縣也。

惟呂命王，享國百年，耄，荒度作刑，以詰四方。

惟呂命王，即史記甫侯言于王之意。緇衣鄭注：「傅説作書，以命高宗。」則臣之告君，亦可通言命矣。論衡：「高宗享國百年，周穆王享國百年，並未享國之時，皆出百三十四十歲矣。」按史記：「穆王即位，春秋已五十年矣。」文穎曰：「穆王立五十五年崩，則百年當總未即位時計之。」〔五九〕耄，詩傳：「老也。」釋文：「亦作薹。」段玉裁以爲「薹」之譌。薹，與老同。周禮大司寇鄭注作「旄」，漢書刑法志作「眊」，群經音辨作「秏」，音耄，則旄、眊、秏〔六〇〕並「耄」之同聲通假字也。荒，釋詁：「大也。」度，釋詁：「謀也。」皋陶謨「惟荒度土功」，疑此文亦當以「荒度」連文。周禮作「度作詳刑」，漢志作「度時作刑」，疑以意增，非本如此。詰，周禮鄭注：「謹也。」

王曰：「若古有訓，蚩尤惟始作亂；延及于平民，罔不寇賊，鴟義，姦宄，奪攘，矯虔。

若，與「越」同，亦發語詞。君奭「若天棐忱」，是其例也。蚩尤，馬謂少昊之末，九黎君名。鴟，馬謂輕也。潛夫論作「消」。按廣雅：「蚩，輕也。」一切經音義引蒼頡：「蚩，相輕侮也。」蚩、鴟音近，疑馬讀「鴟」爲蚩。義，與「俄」同。廣雅：「俄，衺也。」王師謂「鴟義」二字當是成語，不得分別釋之。如必欲求之，或即後世所謂「抵巇」歟？奪，說文作「敓」，謂强取也。矯，周禮司刑鄭注及漢書武帝紀孟康注並作「撟」。說文：「撟，一曰擅也。」虔，方言：「殺也。」韋昭謂凡稱詐爲撟，强取爲虔。義亦相近。

苗民弗用靈，制以刑，惟作五虐之刑曰法，殺戮無辜。

苗民，楚語：「少昊之衰也，九黎亂德。」又曰：「其後三苗復九黎之德。」苗，即黎也。字亦作「里」。後漢書南蠻傳注：「里，蠻之別號。」是也。靈，緇衣作「命」，墨子作「練」，皆一聲之轉。靈，詩箋：「善也。」制，墨子作「折」，「虐」作「殺」。制、折雙聲，虐、殺同義。曰，疑與「越」同。廣雅：「越，與也。」下文「麗刑並制」，「麗」即法律，與此義同。

爰始淫爲刵、劓、劅、黥。

刵劓，今本作「劓刵」。按僞孔傳及正義與鄭注皆先「刵」後「劓」，則本作「刵劓」。刵，說文作「刖」，「刵」乃譌字。康誥「無或劓刵人」，王引之謂「刵」爲「刖」之譌，是也。劅，今本作「椓」。鄭謂椓，破陰也。按堯典正義引鄭本作「劓」，説文作「劅」，則本當作「劓」。夏侯等書作「臏宮劓割頭庶剠」。臏與刖刑相當，今文以刖足，爲去膝蓋也。宮劓割，王引之謂當作「宮割劓」。文王世子鄭注：「宮割，淫刑也。」則宮割即劅矣。頭庶剠，太平御覽引鄭注：「涿鹿黥，皆先以刀斧傷人，墨布其中也。」黥、剠同字，庶、鹿形近相譌。涿，古音如「獨」，故涿鹿周書作「獨鹿」。頭、獨、涿，古皆同部，則以音同相假，皆即黥也。

越茲麗刑並制，罔差有辭。

麗，謂法律，疑即古之「律」字。多方「慎厥麗乃勸」，下文「苗民匪察于獄之麗」，皆其義也。當以「麗刑並制」爲句。麗、刑大同小別也。差，呂覽君守篇注：「過也。」有辭，古語，猶言有罪。多士「大淫泆有辭」，是其義也。此謂無過者亦有罪，即上文殺戮無辜之意。

民興胥漸，泯泯棼棼，罔中于信，以覆詛盟。

胥，釋詁：「相也。」大傳：「唐虞象刑而民不敢犯，苗民用刑而民興犯漸。」以「胥」爲犯。按興，猶同也，偏也。「犯」字疑因上文而譌。漸，猶詐也。荀子正論「上幽險則下漸詐矣」，盤庚「暫遇姦宄」，「暫」與「漸」同。泯泯棼棼，論衡寒温篇作「湎湎紛紛」，皆一聲之轉。逸周書祭公解「汝無泯泯芬芬」，孔注：「泯、芬，亂也。」中，當爲「忠」之省。孝經釋文：「中，本亦作忠。」漢張遷碑「中謇于朝」、魏橫海將軍呂君碑「君以中勇」，「忠」並作「中」，是其例也。于，與「越」同，猶言與也。覆，詩傳：「反也。」王制鄭注：「敗也。」詛盟，周禮「詛祝掌盟詛」，鄭注：「盟詛主于要誓。大事曰盟，小事曰詛。」是也。

虐威庶戮，方告無辜于上；上帝監民，罔有馨香德，刑發聞惟腥。

戮，論衡變動篇作「僇」。戮，廣雅：「辱也。」戮、僇通。庶戮，謂衆被刑戮之人。方，論衡作「旁」，方、旁古今字。說文：「旁，溥也。」上，論衡作「天帝」。馨香德，與酒誥「弗惟德馨香祀登聞于天」同義。

皇帝哀矜庶戮之不辜，報虐以威，遏絶苗民，無世在下。

皇，詩傳：「大也。」孟子趙注引下「文帝清問下民」，無「皇」字，則此疑亦無「皇」字也。皇帝，鄭謂顓頊，趙岐謂即天也。按此承上文「上帝監民」而言，當即上帝，趙說爲長。且下文「上帝不蠲，降咎于苗，苗民無辭于罰，乃絶厥世」，與此正同，則帝非顓頊明矣。以，論衡作「用」。古以、用通用，其義並同。威，即酒誥「天降威」是也。遏，釋詁：「止也。」世，晉語注：「嗣也。」

乃命重、黎，絶地天通，罔有降格。

重、黎，楚語：「顓頊受之，乃命南正重司天以屬神，命火正黎司地以屬民，使復舊常，無相侵瀆，是謂絶地天通。」又曰：「其在周，程伯休父其後也。當宣王時，失其官守而爲司馬氏。寵神其祖，以取威于民，曰重寔上天，黎寔下地。」按楚語以無相侵瀆爲絶地天通，與上文「遏絶苗民」無涉，其說非也。重、黎寔相傳爲主天、地之二神，故上帝使之絶地天通。絶地天通，即所以遏絶苗民也。多士「則惟帝降格」，多方「惟帝降格于夏」，降格皆謂神來享佑之意。此文「罔有降格」，即不享佑苗民之意，非無相侵瀆之說也。

群后之逮在下，明明棐常，鰥寡無蓋。

群后，即指三后言也。逮，小爾雅：「屬，逮也。」則逮，亦屬也。明、勉音近，古通。明明，猶勉勉也。墨子「逮」作「肆」，古隶聲、聿聲同部相通；「棐」「無」並作「不」，亦通用字。而以此文在「有辭于苗」下，則似較今本爲長。棐、匪古通。明明匪常，言其勉之甚也。蓋，洪頤煊謂猶害也。〔六一〕釋言：「蓋，裂也。」釋文：「舍人本作害。」蓋、害古同聲通用字。按洪說是也。

皇帝清問下民，鰥寡有辭于苗。

清，三國志鍾繇傳作「親」。按于省吾謂「清問」當爲「靜聞」之假。堯典「直哉惟清」，史記作「直哉惟靜潔」；呂覽知士靜郭君，史記孝文本紀集解作清郭君。是清、靜古通之證。莊子庚桑楚釋文：「聞，元嘉本作問。」論語釋文：「聞，本作問。」是問、聞古亦通用。其說是也。孟子趙注引此經無「皇」字，謂帝爲天，是也。鄭以爲帝堯，疑以三后爲堯臣而云然，實非也。有辭，古語，謂皆以苗爲有罪辭也。墨子「于」作「有」，「有」亦「于」之假字也。

德威惟畏，德明惟明，乃命三后，恤功于民。

畏，史記作「威」。古畏、威通用。德威、德明者，天也；惟畏、惟明者，人也。命，墨子作「名」。古名、命通用。三后，即下文伯夷、禹、稷也。恤，與「卹」通，謂慎也。墨子謂此言三聖人者，謹其言，慎其行，是也。功，詩傳：「事也。」

伯夷降典，折民惟刑；

折，釋文：「馬、鄭、王皆作悊。」墨子作「哲」。古「折」與悊、哲通。折，猶制也。上文「制以刑」，墨子「制」作「折」，即其證也。大傳作「伯夷降典禮，折民以刑」。

禹平水土，主名山川；稷降播種，農殖嘉穀。

名，潛夫論作「命」，謂命以名也。釋水從釋地以下至九河，〔六二〕皆禹所名也。按襄十一年左傳「司慎司盟，名山名川，群神群祀，先王先公，七姓十二國之祖，明神殛之」。則「名山川」三字當連讀，非命名之謂也。農，廣雅：「勉也。」殖，文選藉田賦注引蒼頡云：「種也。」嘉，釋詁：「美也。」

三后成功，惟殷于民。

惟殷，墨子作「維假」。惟、維同字。假與「格」同，孟子趙注：「正也。」殷、正同義，堯典「以殷仲春」，又曰「以正仲夏」，是其例也。然則假、殷亦字異而義同矣。

士制百姓于刑之中，以教祗德。穆穆在上，明明在下。灼于四方，罔不惟德之勤。

士，即皋陶「作士」之士，謂理官也。祗，釋詁：「敬也。」穆穆，釋訓：「敬也。」明明，猶勉勉也。灼，廣雅：「灼灼，明也。」後漢書梁統傳「士」作「爰」、「中」作「衷」。中、衷古通用；「士」作「爰」，則今文與古文異也。按俞樾謂「士」當本作「爰」，「士」乃僞孔所改，此句正承上文三后而言，不得另有士也。

故乃明于刑之中，率乂于民棐彝。

乂，釋詁：「治也。」棐彝，康誥「勿用非謀非彝」，非、棐同字，皆謂非法也。此倒文，猶言用乂非彝于民也。或謂于、其古通，言治其民之非彝也。亦通。

典獄非訖于威，惟訖于富。

典，通作「敟」，說文：「主也。」訖，釋詁：「止也。」王引之謂訖，竟也。富，讀曰「福」，威、福相對爲文。洪範亦曰「作福作威」。言非終于立威，惟終於立福也。詩瞻仰「何神不富」，毛傳：「富，福也。」郊特牲：「富也者，福也。」古富、福通用。按王說是也。

敬忌，罔有擇言在身。

敬忌，古語。康誥「惟文王之敬忌，乃裕民」，是其例也。擇，王引之謂當讀爲「殬」，說文：「殬，敗也。」孝經：「口無擇言，身無擇行。」太玄：「言正則無擇，行正則無爽。」〔六三〕法言：「君子言也無擇，聽也無淫。擇則亂，淫則僻。」蔡邕司空楊公碑：「用罔有擇言失行，在于其躬。」凡「擇」皆言敗也。按王說是矣。表記「身」作「躬」，多「而」字，謂而罔有擇言在躬，意亦同也。

惟克天德，自作元命，配享在下。」

克，宣八年左傳注：「成也。」元，當作「大」。元命，猶大命也。多士「厥惟廢元命」，是其義。配享，謂配天而享大命。詩文王「永言配命」，多士「享天之命」，義並相同。

王曰：「嗟！四方司政典獄，非爾惟作天牧？

天牧，襄十四年左傳「天生民而立之君，使司牧之」，是其義也。

今爾何監？非時伯夷播刑之迪？

播，與「譒」通，說文：「敷也。」迪，釋詁：「道也。」緇衣引作「不迪」，「不」疑衍字也。

其今爾何懲？惟時苗民匪察于獄之麗，罔擇吉人觀于五刑之中，惟時庶威奪貨，斷制五刑，以亂無辜。

懲，後漢竇融傳注：「創也。」廣雅：「恐也。」受創，則有儆恐之意。麗，猶律也。上文「麗刑並制」，是其義也。庶威，與上文「庶戮」同義。庶戮，謂庶被刑戮者；庶威，謂衆作威虐者。斷，淮南說林：「是而行之，故謂之斷。」亂，釋詁：「治也。」

上帝不蠲，降咎于苗，苗民無辭于罰，乃絶厥世。」

蠲，周語「明神弗蠲」、晉語「於是乎國人不蠲」、楚語「不蠲其爲」，韋注：「蠲，潔也。」無辭，與有辭相反。有辭自討罪者言之，謂受討者有罪辭也；無辭自受罰者言之，謂無辭可辨也。

王曰：「烏呼，念之哉！伯父、伯兄，仲叔、季弟，幼子、童孫，皆聽朕言，庶有格命。

庶，謂庶幾也。格，與「假」同，詩傳：「大也。」字當作「嘏」，逸周書皇門解「用能承天嘏命」是也。

今爾罔不由慰曰勤，爾罔或戒不勤。

由慰，連語。管子小問篇注：「由由，悦也。」古通作「繇」。釋水釋文：「繇，古由字。」釋詁：「繇，喜也。」則由慰猶言喜慰矣。曰，唐石經作「日」。按作「曰」之義爲長。

天齊于民，俾我一日。

齊，釋言：「中也。」論語「齊之以禮」，又曰「齊之以刑」，皆其義也。于，後漢書楊賜傳作「乎」，古于、乎通用；「俾」作「假」，蓋今文本作「假我一日」也。馬本「俾」作「矜」，謂哀也。按「俾」疑讀爲「畀」。多士「天惟畀矜爾」，畀、矜並舉，其義相近，故得相通。畀、俾古通用字。洪範「不畀洪範九疇」，史記「畀」作「從」。釋詁：「俾，從也。」則假「俾」爲「畀」。書序「王俾榮伯作賄肅慎之命」，史記「俾」作「賜」。釋詁：「畀，賜也。」則假「畀」爲「俾」，是其證也。畀我一日，與「假我一日」之意相同，故古文作「畀」，今文作「假」也。

非終惟終，在人。

終，詩蕩篇「靡不有初，鮮克有終」，君奭「亦罔不能厥初，惟其終」，並以「終」爲戒也。

爾尚敬逆天命，以奉我一人。雖畏勿畏，雖休勿休；惟敬五刑，以成三德。

休，周語韋注：「喜也。」三德，洪範「一曰正直，二曰剛克，三曰柔克」是也。

一人有慶，兆民賴之，其寧惟永。」

慶，詩傳：「善也。」兆，禮記内則注：「萬億曰兆。」賴，漢書晉灼注：「利也。」大戴禮保傅、淮南子主術「兆」並作「萬」，張衡東巡誥「慶」一作「𨔵」，並三家異文。

王曰：「吁，來！有邦有土，告爾詳刑。

詳，今本作「祥」。按周禮大宰、大司寇注並引「度」作「詳刑」。鄭謂詳，審也。漢書叙傳注、後漢劉愷傳注、王仲宣從軍詩注並作「詳」，則本字不作「祥」明矣。

在今爾安百姓，何擇，非人？何敬，非刑？何度，非及？

爾，墨子作「而」，皆謂女也。何擇非人，墨子作「女何擇言人」，「言」疑譌字。史記「非」下皆有「其」字，「及」作「宜」，疑係加字以釋經義，非原文也。「及」作「宜」，其義較長。度，釋詁：「謀也。」

兩造具備，師德五辭；五辭簡孚，正于五刑。

造，史記徐廣注：「一作遭。」古造、遭通用。古文作「造」，今文並作「遭」，「造」爲「曹」之假借。説文：「轉，獄之兩曹也。在廷東，从棘；治事者，从曰。」兩轉，即此兩造之本字也。具，詩傳：「俱也。」師，即周禮士師之屬，主獄之官也。按「師」疑假爲「斯」，皋陶謨「師女昌言」，今文作「斯」可證。五辭，謂五刑之辭也。簡，明也。孚，讀爲「符」，信也，合也。盤庚「以不浮于天」、君奭「若卜筮罔不是孚」，並同。正，呂覽高注：「治也。」于，與「以」同。

五刑不簡，正于五罰；五罰不服，正于五過。

服，呂覽高注：「從也。」按「服」假爲「孚」，禹貢「三百里納秸服」，即「秸稃」。古服、伏、包、孚通用。如伏羲之伏，易繫辭作「包」，列子作「庖」，漢書律曆志作「炮」，〔六四〕此包、伏通也；文選陸士衡詩注：「服與伏同，古字通。」一切經音義枹、桴二字同體，說文「罦」或从孚作「罬」：是伏、服、包、孚可通之證。罰，謂出金贖罪。下文「其罰百鍰」之類，是也。過，謂眚災誤犯也。堯典：「眚災肆赦。」故五過又經于五罰也。

五過之疵，惟官，惟反，惟內，惟貨，惟來。

疵，釋詁：「病也。」此謂聽獄者之作弊也。官，謂挾勢也。反，孟子「惡聲至，必反之」，蓋謂挾怨也。內，謂女謁。貨，謂財賄。來，馬本作「求」。按作「求」者爲長。漢律：「諸爲人請求于吏以枉法，而事已行者，皆屬司寇。」即其例也。又說文：「賕，以財物枉法相謝也。」求必以財，「賕」即「求」之後起字。

其罪惟鈞，其審克之。五刑之疑有赦，五罰之疑有赦，其審克之。

均，晉語注：「同也。」克，漢書刑法志作「核」。按「克」乃「核」之假字。古「克」與「刻」通，詩雲漢箋：「克，當作刻」，莊子秋水篇釋文「刻本作剋」，剋、克同字，是其證。刻、核古通，微子「我舊云刻子」，論衡「刻」作「孩」，即其例也。刻與「克」通，又與「核」通，故克、核亦可相通也。

簡孚有衆，惟貌有稽。

簡孚，謂明驗也。貌，說文作「緢」，古文假「緢」爲「貌」也。周禮小司寇：「以五聲聽訟獄，求民情：一曰辭聽，二曰色聽，三曰氣聽，四曰耳聽，五曰目聽。」是稽貌之意也。史記作「訊」，今文與古文異。稽，周禮鄭注：「考合也。」有，猶是也。

無簡不聽，具嚴天威。

聽，廣雅：「從也。」史記作「疑」，似於文不協也。具，廣雅：「共也。」史記作「共」。共之言奉也。嚴，詩傳：「敬也。」

墨辟疑赦，其罰百鍰，閱實其罪。

墨，史記作「黥」，義同。辟，謂罪也。鍰，史記作「率」。周禮職金正義引夏侯、歐陽說同。史記索隱謂舊本「率」亦作「選」，大傳作「饌」。率與選、饌皆雙聲通假字。〔六五〕大傳謂一饌六兩，與夏侯、歐陽說古以六兩爲率相同。鍰，說文作「鋝」，謂「鍰亦鋝也。周書曰罰百鍰。鋝，重十一銖二十五分銖之十三也」。按古文作「鍰」，今文作「率」，古元、術二部通用。説文「鋝」下又引周禮曰：「重三鋝，北方以二十兩爲三鋝。」則與今文六兩爲率亦相近矣。閱，當爲「説」。詩小弁「我躬不閱」，左傳「閱」作「説」，是其證。説，即古「脱」字也。實，與「寔」同，通作「置」。周易坎釋文：「寔，姚本作置。」是其證也。説文：「置，赦也。」則閱實，猶言脱赦矣。

剕辟疑赦，其罰惟倍，閱實其罪；剕辟疑赦，其罰倍差，閱實其罪。

惟倍，史記作「倍灑」，徐廣曰：「灑一作蓰，五倍曰蓰。」段玉裁謂書之「倍差」、孟子之「倍蓰」、史記之「倍灑」，三字同在支歌，古音相近，謂倍之而又不止于倍也，「差」是正字。按段説是也。今文剕刵之罰相同。倍差，馬謂倍二百爲四百鍰也。差者，又加四百之三分之一，凡五百三十三三分之一也。是馬以倍差承惟倍言。刵，釋詁：「刖也。」説文：「跀，斷足也。」史記、大傳、白虎通並作「臏」，漢書作「髕」。説文：「髕，厀耑也。」白虎通：「臏者，脱其臏也。」按周禮司刑注及大傳注並謂周改「臏」爲「刖」，則疑作「刵」者是也。

宮辟疑赦，其罰六百鍰，閱實其罪。大辟疑赦，其罰千鍰，閱實其罪。

六百，史記作「五百」，今文與古文異。大，大傳作「死」。大辟，即死刑也。

墨罰之屬千；劓罰之屬千；剕罰之屬五百；宮罰之屬三百；大辟之罰，其屬二百；五刑之屬三千。

刑，隸釋引三體石經作「型」，古文假「型」爲「刑」也。

上下比罪，無僭亂辭，勿用不行，惟察惟法，其審克之。

上下，謂刑之輕重，下文所謂上刑、下刑是也。比，王制「凡聽五刑，必察小大之比以成之」，鄭注：「小大，猶輕重。已行故事曰比。」釋文：「比，例也。」僭，詩傳：「差也。」亂辭，連文，朱彬謂糾紛難理之辭，是也。不行，謂已蠲除之法。晉書刑法志引春秋保乾圖「王者三百年一蠲法。已蠲罰，又行之，則刑罰不信，民無所措手足」，是其義也。察，謂明察，不僭于亂辭也。法，謂守没，不用已除之法也。

上刑適輕下服，下刑適重上服，輕重諸罰有權。

適，呂覽適威篇注：「宜也。」謂律雖一定，而情有重輕，亦可原情而有權宜也。服，昭八年左傳注：「行也。」孟子「善戰者服上刑」，是其義也。後漢劉愷傳引書「適」作「挾」，疑用今文也。權，荀子臣道篇注：「變也。」孟子「執中無權」，是其義也。

刑罰世輕世重，惟齊非齊，有倫有要。

世，後漢應劭傳作「時」，其義相同。周禮大司寇：「掌建邦之三典：一曰刑新國，用輕典；二曰刑平國，用中典；三曰刑亂國，用重典。」是世輕世重之義也。要，周禮鄭司農注：「簿書也。」廣雅：「約也。」呂覽具備篇注：「要，約最簿書。」謂總最之簿書也。

罰懲非死，人極于病。

懲，後漢竇融傳注：「創也。」極，孟子離婁注：「惡而困之也。」王氏藝文志考引「人」作「佞」。

非佞折獄，惟良折獄。罔非在中，察辭于差。

佞，論語孔注：「口才也。」良，詩傳：「善也。」差，即上文「罔差有辭」之差，謂過失也。

非從惟從，哀敬折獄。

非從惟從，與上文「非終惟終」文法一例，謂從與不從也。敬，大傳作「矜」，于定國傳作「鰥」。矜、鰥古通。敬、矜，亦聲近相通。梓材「至于敬寡」，「敬」即矜，亦即鰥也。論語「雖哀矜而勿喜」，則此文當作「矜」也。折，大傳、漢書作「哲」，古哲、折通用。鹽鐵論作「制」。

明啓刑書，胥占，咸庶中正。其刑其罰，其審克之。

啓，猶開也。胥，釋詁：「相也。」占，史記索隱引郭璞曰：「自隱度也。」庶，釋言：「尚也。」

獄成而孚，輸而孚。

輸，王引之謂「成」與「輸」相對爲文，「輸」之言渝也，謂變更也。爾雅：「渝，變也。」廣雅：「輸，更也。」獄辭或有不實，又察其曲直而變更之，後世所謂平反也。隱六年左傳：「鄭人來渝平，〔六六〕更成也。」

公羊、穀梁「渝」作「輸」。秦詛楚文「變輸盟制」，謂變渝也。是「輸」與「渝」通。易豫上六曰「成有渝」，是「成」與「渝」相反。按王說是也。

其刑上備，有并兩刑。」

備，當爲「犕」，古「服」字也。後漢皇甫嵩傳注：「犕，古服字。」易繫辭下傳「服牛乘馬」，說文作「犕牛乘馬」，是其證也。上備，即上文「下刑適重上服」之上服也。并兩刑爲一，則其刑重，故須上服也。

王曰：「烏呼！敬之哉！官伯、族姓，朕言多懼，朕敬于刑，有德惟刑。

官伯，謂司牧、典獄也。族姓，謂伯父、伯兄、仲叔、季弟、幼子、童孫也。有德惟刑，言慎刑則即有德也。

今天相民。作配在下，

相，馬謂助也。作配，謂周受命以配上帝。召誥「其自時配皇天」，是也。

明清于單辭；民之亂，罔不中。聽獄之兩辭，無或私。

單辭，後漢書明帝紀「明察單辭」，注云：「猶偏辭也。」朱浮傳「有人單辭告浮事者」，注云：「謂無證據也。」按「單辭」對「兩辭」言，謂一面之辭也。亂，即上文之亂辭。當以「民之亂罔不中」爲句，謂民之亂辭，罔不得其中，即無僭亂辭之意也。

家于獄之兩辭，獄貨非寶，惟府辜功，報以庶尤。

家，疑當爲「處」。襄四年左傳「各有攸家」，釋文：「本或作攸處。」是其證。此謂處于獄之兩辭耳。獄貨，謂因獄致財賄也。府，國策注：「聚也。」辜，謂罪也。功，與罪相對成義。尤，與「訧」同，說文：「罪也。」此謂處于獄之兩辭，不受兩面之財賄；惟聚集其功與罪，而報斷以庶刑也。

永畏惟罰，非天不中，惟人在命。天罰不極，庶民罔有令政在于天下。」

在，廣雅：「尻也。」尻，即處也。極，詩傳：「中也。」令，釋詁：「善也。」

王曰：「烏呼！嗣孫，今往何監，非德？

何監，非德，與上文「何擇，非人？何敬，非刑？何度，非及」句法一例。舊以「非德」下屬，非也。

于民之中，尚明聽之哉！

中，謂獄訟之成也。周禮鄉師「士師受中」，鄭注：「受中，受獄訟之成也。」

哲人惟刑，無疆之辭，屬于五極。

哲，當作「折」。上文「哀敬折獄」，大傳「折」作「哲」，即其證。上文「伯夷降典，折民惟刑」，與此正同。極，猶則也。詩殷武「四方之極」，韓詩「極」作「則」，是其證。五則，即五刑也。

咸中有慶，受王嘉。師監于兹詳刑。」

慶，詩傳：「善也。」嘉，釋詁：「美也。」「師」屬下讀。釋詁：「師，衆也。」

文侯之命第三十

書序：「平王錫晉文侯秬鬯圭瓚，作文侯之命。」鄭謂「義」讀曰「儀」，儀、匹皆仇也，故名仇字儀。按晉文侯名仇，見桓二年左傳及晉世家。篇中呼「父義和」者三，「義和」當是文侯之名，故鄭云然也。史記晉世家及新序並以爲襄王命文公重耳之事。馬本無「平」字，不以「義和」爲人名，似與史公相同。然詩譜：「鄭武公與晉文侯定平王于東都。」隱六年左傳：「我周之東遷，晉、鄭焉依。」國語：「晉文侯于是乎定天子。」又僖二十八年左傳叙襄王享文公之事，曰「用平禮也」，杜注以周平王享晉文侯仇之禮享晉侯。則文侯之相平王，平王之命文侯，皆似實有其事。書序雖僞，此説疑非妄也。文公不名義和，且不稱文侯，疑書序是也。

王若曰：「父義和！丕顯文、武，克慎明德，

義，釋文：「亦作誼。」古義、誼通用。丕，釋詁：「大也。」克，史記訓能，是也。明德，連文。僖四年左傳「明德惟馨」，是也。

昭升于上，敷聞在下，惟時上帝集厥命于文王。

昭，説文：「日明也。」升，史記訓登，是也。敷，史記作「布」，班固典引作「鋪」，後漢東平憲王傳作

「傳」，並通用字。文王，史記作「文武」，蓋今文本作文、武也。

亦惟先正，克左右昭事厥辟，

正，釋詁：「長也。」先正，謂文侯之先人臣事于文、武者也。左右，詩傳：「助也。」昭、紹古通。下文「女克紹乃顯祖」，三體石經、唐石經並作「昭」。釋詁：「紹，助也。」〔六七〕辟，釋詁：「君也。」

越小大謀猷，罔不率從，肆先祖懷在位。

越，三體石經作「粵」，古通用字。猷，釋詁：「謀也。」肆，釋詁：「故也。」懷，詩箋：「安也。」

嗚呼！閔予小子，嗣，造天丕愆。

閔，三體石經作「愍」。古愍、閔通。詩箋：「閔，傷悼之言也。」嗣，三體石經作「孠」。說文「孠，古文嗣。」釋詁：「嗣，繼也。」「嗣」當上屬，謂嗣位也。造，王謂遭也。史記集解徐廣曰：「造，一作遭。」丕，釋詁：「大也。」愆，與「僁」同，釋言：「過也。」

殄資澤于下民，侵戎我國家純。

殄，釋詁：「絕也。」資，詩傳：「財也。」澤，孟子「君子之澤」，趙注：「澤，祿也。」侵戎，連文。說文：「侵，漸進也。」按「侵」與「浸」同。戎，釋詁：「大也。」純，讀爲「沌」，亂也。

即我御事，罔或耆壽，俊在厥服；

即，各本作「既」，古即、既通用。漢書成帝紀「或」作「克」、「俊」作「咎」、「服」作「躬」。按或、克同部，俊通作「嚳」，告、咎古同部字。躬，説文作「躳」，「服」作「艆」。躳、艆形近致譌，而古文爲長。俊，夏小正傳：「大也。」服，釋詁：「事也。」立政「俊尊上帝」，吉金文每言「畯尹四方」，並以「俊」爲句首也。

予則罔克。曰：惟祖惟父，其伊恤朕躬。

克，釋詁：「勝也。」伊，釋詁：「維也。」恤，説文：「憂也。」躬，史記作「身」，無「其伊」二字。

烏呼！有績予一人永綏在位？

績，釋詁：「成也。」又曰：「功也。」此文「績」字兼有成、功二義，謂有成我永綏在位之功者乎？史記「有績」二字止作「繼」，義稍疏矣。綏，釋詁：「安也。」史記作「其」。

父義和！女克紹乃顯祖，女肇刑文、武，用會紹乃辟，追孝于前文人。

紹，三體石經、唐石經並作「昭」。古昭、紹通。釋詁：「紹，繼也。」肇，詩江漢釋文引韓詩：「長也。」「刑」之言效法也。繪紹，當是成語。紹，釋詁：「助也。」〔六八〕追孝，古成語。祭統：「祭者，所以追養繼孝也。」是追孝之本義。引申爲能繼前人之志之意。追敦「用追孝于前文人」、楚良臣余義鐘「以追孝先祖」、邾遣敦「用追孝于其父母」、師奎父鼎「用追孝于剌仲」，皆其例也。

女多修，扞我于艱。若女，予嘉。」

修，離騷王注：「遠也。」天問「其修孰多」，是其義也。扞，說文作「攼」，謂止也。一切經音義引說文作「捍」。一作「扞」。莊子釋文引說文：「扞，抵也。」扞、攼、捍，皆古今字。文六年左傳注：「扞，衛也。」

王曰：「父義和！其歸視爾師，寧爾邦。用賚爾秬鬯一卣、

師，釋詁：「衆也。」賚，說文：「賜也。」秬鬯，雒誥：「乃命寧予以秬鬯二卣。」卣，釋器：「中尊也。」

彤弓一、彤矢百，玈弓一、玈矢百，馬四匹。

彤，詩傳：「彤弓，朱弓也。」則彤謂朱也。玈，今本作「盧」，玆依正義。法言作「黸」，三體石經作「旅」。按說文：「齊謂黑爲黸。」僖二十八年左傳杜注：「旅，黑弓。」釋文：「旅，本或作玈。」蓋古本作「旅」，孳乳爲「玈」，又通假爲「黸」「盧」也。

父往哉！柔遠能邇，惠康小民，無荒寧。

能，猶善也。堯典「柔遠能邇」，與此正同。惠，釋詁：「愛也。」康，釋詁：「安也。」荒寧，古語。無逸「不敢荒寧」、毛公鼎「女毋敢妄寧」，皆其例也。

簡恤爾都，用成爾顯德。」

簡，釋詁：「大也。」三體石經作「柬」。漢書晉灼注：「柬，古簡字。」都，鄭謂國都也。言都不言鄙，由近以及遠也。

秦誓第三十一

史記謂：「秦穆公自敗于殽，益厚孟明等，使將兵伐晉。渡河焚船，大敗晉人，取王官及鄗，以報殽之役。晉人皆城守，不敢出。於是穆公乃自茅津渡河，封殽中尸以爲發喪，哭之三日，乃誓於軍中。」是此篇作在報殽之後。書序以爲即在三師敗歸之時。左傳三師敗歸，秦伯嚮師而哭曰：「孤遠蹇叔，以辱二三子，孤之罪也。不替孟明，孤之過也。」與此篇文情相似，故書序據以爲說，是亦未可厚非也。

公曰：「嗟！我士，聽無譁！予誓告女群言之首。

公，白虎通號篇：「尚書曰『公曰嗟』，公謂秦伯也。」我士，史記作「士卒」。首，曾子問鄭注：「本也。」

史記「予」作「余」，無「群言」四字。

古人有言曰：「民訖自若，是多盤。」責人斯無難；惟受責，俾如流，是惟艱哉！

訖，釋詁：「止也。」若，釋言：「順也。」盤，俞樾謂當作「般」。盤庚釋文：「盤，本又作般。」君奭「甘盤」，史記燕世家作「甘般」，是盤與般通。說文：「般，辟也。」然則「多般」，猶云多辟。詩板篇「民之多辟」，鄭箋：「民之行多爲邪辟。」是其義也。按俞說是也。俾，釋詁：「從也。」謂從人之責言，如流水之從下也。

我心之憂，日月逾邁，若弗員來。

逾，呂覽高注：「益也。」邁，釋言：「行也。」員，今本作「云」。按正義：「員，即云也。」則本字當作「員」。廣雅：「員、云，有也。」「有」之言或也。若弗員來，謂若弗或來也。

惟古之謀人，則曰未就予忌；惟今之謀人，姑將以爲親。

古，詩傳：「故也。」此謂故人舊臣也。忌，説文作「諅」，謂「毒也。从心，其聲。周書曰『來就諅諅』」。段玉裁謂「來」當是「未」之譌。「諅諅」之上脱「予」字。「諅諅」之下當有脱文。如「圛，升雲半有半無」「堲，疾惡也」「莫席，纖蒻席也」，皆引書而釋之，與其字之本義不必合，則「諅」不必訓毒可知。俞樾謂「諅」當訓謀。廣韻：「諅，教也，一曰謀也。」未就予諅者，未能成我之所謀也。釋詁：「基，謀也。」釋文：「基，亦作諆。」玉篇：「諆，謀也。」諅與基、諆，並聲近而義通，則「諅」之訓謀，蓋古訓也。按段、俞説皆是也。姑，詩傳：「且也。」

雖則員然，〔六九〕尚猷詢兹黄髮，則罔所愆。

員，猶有也。尚猷，連文。僖四年左傳「十年尚猶有臭」，是其例也。詢，釋詁：「謀也。」愆，漢書李尋傳注作「僁」。〔七〇〕僁、愆同字。僁，籀文也，史記訓過，是也。新序雜事「罔」作「無」。

番番良士，旅力既愆，我尚有之。

番番，史記：「古之人謀，黄髪番番。」則「番」當爲「皤」之省。説文：「皤，老人髪白皃也。」良，詩傳：「善也。」旅，蓋「膂」之省。廣雅：「膂，力也。」考工記「上旅謂要以上，下旅謂要以下」，旅即説文「膂」字，脊骨之訓也。愆，昭二十六年左傳注：「失也。」有，王引之謂有之言親之也，古者謂相親曰有。昭二十年左傳「是不有寡君也」，杜注：「有，相親有也。」王風葛藟「謂他人母，亦莫我有」，言他人不我親也；小雅四月「盡瘁以仕，寧莫我有」，言我盡瘁事國，而王曾不我親也。按「有」與「友」通，相友則有相親之意，王説是也。尚，當讀爲「常」。

仡仡勇夫，射御不違，我尚不欲。

仡仡，説文：「勇壯也。」馬本作「訖訖」，古同聲通用。違，後漢書注：「失也。」

惟截截善諞言，〔七二〕俾君子易辭，我皇多有之？

截截，文十二年公羊傳作「諓諓」。越語韋注：「諓諓，巧辯之言。」廣雅：「諓諓，善也。」説文十二篇引周書：「戔戔巧言。」戔戔，即諓諓。今文作「戔戔」，古文作「截截」，字異義同。諞，馬本作「偏」。按作「諞」爲長。説文：「諞，巧言也。」公羊傳作「竫」，劉向九歎王注作「靖」，説文一作「巧」。古竫、靖通，靖謂善也。善言，亦巧言也。俾，釋詁：「使也。」易辭，公羊傳作「易怠」，何注：「易怠，猶輕惰也。」按「辭」當爲「怠」之假。古辭、辝通用，辝古文作「𨐨」，亦从台。又説文：「𤔲，籀文辭。」𤔲即古司字，吉金文司字皆如此作。是「辭」一作「司」也。古司聲、台聲相通。堯典「弗嗣」，史記作「不台」，後漢班彪傳注「台讀曰嗣」，皆其證。嗣與「司」通。高宗肜日「王司敬民」，史記作「嗣」。台與「怠」亦通。盤庚「無戲怠」，漢石經「怠」作「台」。故辭、怠亦可通。史記集解徐廣曰：「怡，一作辭。」「怠」之作辭，與「怡」之作辭同也。皇，公羊傳作「況」。古皇、況通。按「皇」爲「遑」之假，猶言何也。

昧昧我思之，如有一介臣，斷斷猗無他技。

昧昧，廣雅：「暗也。」如，禮記大學作「若」。介，馬謂耿介，一心端慤者。按釋文：「介，馬本作介。」段玉裁謂此不可通，當是馬本作「砎」。集韻：「砎，硬也。」釋文又謂字一作「个」。个，即「介」之別體也。斷斷，廣雅：「誠也。」説文作「㫁」，古文斷。猗，禮記大學作「兮」，正義「兮」是語詞。古文尚書「兮」爲「猗」，公羊傳作「焉」。猗、焉，皆語詞也。他，説文作「它」，古文他。技，坊記注：「藝也。」公羊傳何注「他技，奇巧異端也」。

其心休休焉，其如有容。

休休，鄭謂寬容也，公羊傳何注：「美大貌。」其義可互備也。如，公羊傳作「能」。按古如、而通用。劉向説苑能字皆作「而」，故如、能可通。此文疑作「能」爲允。大學「容」下有「焉」字。

人之有技，若己有之；人之彥聖，其心好之，不啻如自其口出。

彥，釋訓：「美士爲彥。」大學注：「彥或作盤。」盤與「般」同，方言：「大也。」盤、彥音近相通。不啻，無逸鄭注：「猶不但也。」

是能容之，以保我子孫，黎民亦職有利哉！

是，大學作「寔」，古通用字。論衡刺孟篇引書「黎民亦尚有利哉」，是「黎民」當下屬也。職，與「尚」同。釋詁：「職，主也。」廣雅：「尚，主也。」其義相同。大學引作「尚亦有利哉」，亦以「職」爲尚也。

人之有技，冒疾以惡之；人之彥聖，而違之俾不達。

冒，大學作「媢」，鄭注：「妒也。」以，猶而也。惡，漢書衡山王傳注：「謂讒毁之也。」違，大學鄭注：「戾也。」詩傳：「去也。」俾，釋詁：「使也。」達，大學作「通」。通，亦達也。

是不能容，以不能保我子孫，黎民亦曰殆哉！

以，猶用也。古以、用通。殆，釋詁：「危也。」曰，與「爰」通，猶言於是也。

邦之杌隉，曰由一人；邦之榮懷，亦尚一人之慶。

杌，説文作「阢」。廣雅：「阢，高也。」高則有危懼之意，故字亦作「卼」。易困「臲卼」，釋文：「卼，本或作杌。」廣雅：「臲卼，危也。」隉，説文：「危也。」榮，晉語注：「樂也。」懷，釋詁：「安也。」尚，疑本作「猶」。詩抑篇「尚可磨也」，史記晉世家「尚」作「猶」，即其證。荀子富國篇注：「由，與猶同。」則「亦猶」即「亦由」，正承上文「由」字而言。慶，詩傳：「善也。」

校勘記

〔一〕「雒」字諸本作「洛」，此作者有意而改。後皆同。

〔二〕「翌」字諸本作「翼」，亦作者有意而改。後皆同。

〔三〕「巳」字舊誤「已」，今改正。

〔四〕「材」字左傳原書作「財」。

〔五〕二「邑」字舊皆誤「邑」，今改正。

〔六〕二「自」字舊皆誤「自」，據原銘改正。

〔七〕「辭」字舊誤「詞」，今改正。

〔八〕「辭」字舊亦誤「詞」，今改正。

〔九〕「辭」字舊亦誤「詞」，今改正。

〔一〇〕「與」下舊衍「之」字，據史記原書删。

〔一一〕「已」字舊脱，據諸本增。

〔一二〕「女」（諸本作「汝」）字舊脱，據諸本增。

〔一三〕「御」諸本作「迓」，此作者有意而改。

〔一四〕「任」字舊訛「在」，據漢書原書改。
〔一五〕「弘」字舊作「宏」，據諸本改。「恭」字舊脱，據諸本增。
〔一六〕「于」字舊誤「子」，據堯典原文改。
〔一七〕「義」下舊衍「罰」字，據義删。
〔一八〕「兩」，疑「古」字之誤。
〔一九〕「並」字舊作「并」，今改正字。
〔二〇〕「俌」字舊誤「備」，據爾雅原書改。
〔二一〕「寢苫枕凷」，舊誤作「寢苦枕由」，據禮記喪服大記原書改。
〔二二〕「帝」字舊誤「希」，據詩經原書改。
〔二三〕「卅」字舊誤「世」，今改正。
〔二四〕「昊」字舊誤「吳」，據諸本改。
〔二五〕「共」字諸本作「供」，此作者有意改用古字。
〔二六〕按此下舊有「本作所」三字，涉前衍，今删。
〔二七〕「頴考叔」，舊誤「頴」爲「穎」，據左傳原書改。
〔二八〕「十」字舊脱，據引文考原書增。

〔二九〕「大」諸本作「太」，三體石經作「大」。下「大戊」同。

〔三〇〕「匂」字舊誤「匈」，脱「康」字，據原銘增正。

〔三一〕「踐」字舊誤「殘」，據上文改。下同。

〔三二〕「東」「睢」二字舊誤倒，今乙正。

〔三三〕「有施氏」，今見本作「有施人」。

〔三四〕「仲」字舊誤「中」，據墨子原書改。

〔三五〕「鄙」下舊衍「否」字，今以義删。

〔三六〕「式」字舊誤「時」，據諸本改。

〔三七〕「害」，諸本作「曷」。下同。

〔三八〕「爾」字舊脱，據諸本增。

〔三九〕「粟米」字舊作「栗米」，依義改。

〔四〇〕「爾」字舊誤「作」，據諸本改。

〔四一〕「已受」字舊誤「己受」，據諸本改。注文同。

〔四二〕「後王」二字舊脱，據諸本增。

〔四三〕「注」字舊脱，據原書補。

〔四四〕「太」字舊作「大」，據史記原書改。
〔四五〕「曆」字舊誤「歷」，今改正。
〔四六〕「大」，諸本改作「太」。
〔四七〕「弘」字舊作「宏」，據諸本改。
〔四八〕「氾」字舊誤「汜」，今改正。
〔四九〕「大」，諸本亦作「太」。
〔五〇〕「弘」字舊作「宏」，據諸本改。
〔五一〕「次路」字舊作「次輅」，據上文及諸本改。
〔五二〕三「大」字諸本並作「太」，此亦作者有意而改。下文同。
〔五三〕按諸本顧命終此，以下爲康王之誥。
〔五四〕「皾」字舊誤作「黻」，據字書及上下文改。
〔五五〕「四方」下舊衍「民」字，據諸本删。
〔五六〕「粊」諸本作「費」，此作者有意而改，詳注内。按此篇諸本在吕刑後。
〔五七〕按：「伐」字今隸「戉」。
〔五八〕「共」諸本作「供」，此作者有意而改。

〔五九〕「穎」字舊誤「耄」，今據引文考史記集解改正。
〔六〇〕「秏」字舊誤作「耗」，據上文改。
〔六一〕「煊」字舊作「宣」，今改本字。
〔六二〕「釋地」二字疑誤。
〔六三〕「太」舊亦作「大」，今改本字。
〔六四〕「曆」字舊誤「歷」，今改正。
〔六五〕「字」字舊誤「子」，今改正。
〔六六〕「人」字舊作「伯」，據左傳原書改。
〔六七〕「助」上舊衍「猶」字，今删。
〔六八〕「助」上舊亦衍「猶」字，今删。
〔六九〕「員」，諸本作「云」，此蓋作者有意而改。
〔七〇〕「李尋傳」，舊脱「李」字，據漢書補。
〔七一〕「截」字舊作「戳」，非正字，據諸本改。注内同。